자료구조 C++ 프로그래밍

「자료구조 구현 소스코드」

홍봉희 편저

부산대학교출판문화원

자료구조 C++ 프로그래밍
「자료구조 구현 소스코드」

초판 인쇄 2022년 8월 24일
초판 발행 2022년 8월 31일

편저 홍 봉 희

펴낸이 차 정 인
펴낸곳 부산대학교 출판문화원

출판등록 제1983-000001호 1983. 11. 10.
주소 부산광역시 금정구 부산대학로63번길 2 (우편번호 46241)
대표전화 (051) 510 - 1932
전송 (051) 512 - 7812
메일 pnupress@pusan.ac.kr
홈페이지 https://press.pusan.ac.kr/

ISBN 978-89-7316-752-4 03000

이 도서는 부산대학교 출판문화원 강의교재 개발 지원사업(2022-2)의
지원으로 제작되었습니다.

머리말

SW 코딩 역량은 자료구조 구현 능력에 달려 있다. 어떤 자료구조를 사용하느냐에 따라 구현된 SW의 성능과 기능이 달라진다. SW 개발은 class와 함수를 만드는 것이다. main( ) 함수는 가능한 한 데이터 입력, insert, delete, search 등의 다른 함수 호출만 사용하는 것이 좋다. SW 코딩 능력은 class에 어떤 함수를 만들고 어떤 변수를 사용하여 알고리즘을 구현할 것에 대한 design choice를 잘하는 능력이다. 예를 들면 search 함수를 만들 때 class의 public member 함수로 만들 것인지 아니면 일반 함수로 만들 것인지를 선택(choice)해야 한다.

C++ 언어를 구사할 수 있어야 C++로 된 자료구조를 공부할 수 있다. 이 책은 C++를 사용하여 구현된 소스 코드를 포함하고 있다. 자료구조는 이론 과목이 아니므로 각 자료구조에 대하여 소스 코드를 사용하여 구현하고 test하는 실습으로 습득해야 한다. 추천하는 자료구조 학습 방법은 단순히 제시된 소스 코드를 보지 말고 필요한 소스 코드를 작성하는 연습을 반복하는 것이다. 그리고 제시된 소스 코드에 새로운 기능을 추가하거나 성능을 개선하는 소스 코드 변경 작업을 통하여 구현 능력을 향상하는 것이 바람직하다.

이 책에서는 자료구조에 대한 insert, delete, search 등을 처리하기 위하여 입력 데이터를 받아 해당 자료구조를 만드는 방법에 중점을 두었다. 구현하고자 하는 자료구조를 동작시키기 위해 화면에서 데이터를 임의로 입력받거나 난수를 생성하여 자동으로 해당 자료구조를 만드는 방법으로 실습하는 것이 효과적이다.

자료구조와 알고리즘은 별개의 다른 주제가 아니고 매우 밀접하여 거의 하나의 topic이라고 생각해야 한다. 예를 들면 2개의 linked list를 merge 하는 알고리즘의 구현은 singly linked list, circular linked list, head node가 있는 circular linked list 등에 따라 달라진다. 즉, class의 data member 변수를 어떻게 사용하느냐에 따라 구현 알고리즘이 복잡해질 수도 있고 간단해질 수도 있다. 따라서 자료구조의 설계, 자료구조의 data representation에 따라 알고리즘의 성능도 달라질 수 있다.

stack, queue, linked list, tree, hashing은 C++ STL에서 제공하므로 굳이 자료구조를 만들 필요가 없다고 오해할 수 있다. C++ STL을 사용하면 구현이 간단해질 수는 있으나 성능이 떨어질 수 있다. 응용에 따라 C++ STL을 가져다 사용하는 것이 좋을 수도 있고 직접 hash map, heap 등을 구현하여 사용하는 것이 더 우수할 수도 있다.

자료구조와 알고리즘 내용으로 이 책에서 다루지 못한 heap structure로서 leftist tree, binomial heaps, Fibonacci heaps와 search structures로서 AVL tree, 2-3 trees, 2-3-4 trees, red-black tree, B-tree, splay trees, digital search tree, trie를 학습하여 SW 코딩의 진정한 고수가 되기를 바란다.

2022년 8월 홍봉희

목차 / CONTENTS

6장

Graphs

1장

자료구조가 필요한 이유는?

1장 자료구조가 필요한 이유는?

1.1 행렬 연산을 하는 C 프로그래밍 문제

S/W는 요구사항의 분석, 소프트웨어 구성 요소의 설계, 구현, 테스트, 그리고 유지보수 단계를 거쳐 개발된다. 소프트웨어 구성 요소는 복잡한 시스템을 좀 더 간단한 모듈로 나누고, 각 모듈은 더 작은 함수나 자료구조로 세분된다. 따라서 소프트웨어의 개발 능력은 자료구조를 설계하고 구현하는 프로그래밍 skills이 매우 중요하다.

자료구조를 매우 간단하게 설명하면 프로그래밍할 때 사용하는 변수들이 표현하는 데이터로 볼 수 있다. C 언어에서 좀 더 복잡한 데이터로서 array 또는 struct 이 가장 간단한 자료구조로 생각할 수 있다. 그런데 C 언어의 array 변수나 struct 변수들은 모든 함수에서 변경하는 것이 가능하므로 데이터값의 변화를 추적하여 디버깅하기가 어렵다. 따라서 객체 지향 개념을 지원하는 C++ 언어로 자료구조를 설계하고 구현하는 것이 어떤 이점이 있는지를 먼저 설명할 것이다.

자료구조 입력 데이터로서 난수를 생성하여 사용한다. C 프로그래밍으로 난수를 생성하기 위하여 srand1( )로 난수 생성을 위한 seed를 static으로 저장 관리한다. 난수 생성 함수 rand1( )는 함수 호출할 때마다 변경되는 next를 사용한다. static 변수를 함수 rand1( )안에서 사용할 수도 있고 함수 밖에서도 사용할 수 있는데 scope rule 관점에서 차이가 있다.

```
//소스 코드1.1: 난수 생성
#include <stdio.h>
#include <stdlib.h>
static unsigned long int next = 1;

int rand1(void)
{
	// static unsigned long int next = 1;
	printf("rand1( )::next = %ld₩n", next);
```

```
        next = next * 1103515245 + 12345;
        return (unsigned int)(next / 65536) % 32768;
}

void srand1(unsigned int seed)
{
        next = seed;
}

int main(void)
{
        int count;
        unsigned seed;

        printf("Please enter your choice for seed.₩n");
        while (scanf("%u", &seed) == 1)
        {
                srand1(seed);
                // srand1((unsigned int) time(0));

                for (count = 0; count < 5; count++)
                        printf("%d₩n", rand1( ));
                printf("Please enter next seed (q to quit):₩n");
        }
        printf("Done₩n");
        return 0;
}
```

2차원 배열로 행렬(matrix)을 만들고 "소스 코드1:난수 생성"을 사용하여 행렬을 초기화한다. 2개의 행렬을 더 하는 Add( ) 함수를 구현할 때 row 숫자, column 숫자가 다른 행렬을 처리하고자 할 때 "소스 코드1.2: 행렬 연산" 프로그램은 수정되어야 한다. int matrixB [BROWS][BCOLS];에 대하여 get_data(matrixB, BROWS);을 처리하기 위해서는 함수 프로토타입으로서 int get_data2(int(*p)[BCOLS], int BROWS);이 추가되어야 한다. row, col의 숫자가 다른 행렬을 처리하기 위해 get_data2( )와 같은 코드의 중복이 필요한데 SW 개발에서 코드 작성을 최소화해야 하고, 코드 중복은 절대 피해야 하는 가장 기본적인 원칙을 지키지 못하는 문제가 있다. 다음 소스 코드1.2에서 matrixB, matrixC에 대하여 데이터를 난수로 입력받고 출력하는 코드를 완성해 본다.

```
//소스 코드1.2: 행렬 연산
//다른 크기의 행렬을 get_data( ) 함수로 처리하는 문제를 해결하기 위한 class 사용
#include <stdio.h>
#include <stdlib.h>
#include "time.h"
#define AROWS 3
#define ACOLS 4
#define BROWS 4
#define BCOLS 5
#define CROWS 3
#define CCOLS 5
/*
행렬이 여러 개일 때 하나의 function으로 처리하는 방법을 고안
*/

int get_data(int(*p)[ACOLS], int n)
{

        for (int i = 0; i < n; i++)
                for (int j = 0; j < n; j++)
                        p[i][j] = rand1( ) % (N * N);
        return 1;
}

void show_data(int(*p)[ACOLS], int n)
{
        for (int i = 0; i < n; i++)
        {
                for (int j = 0; j < n; j++)
                        printf("%d ", p[i][j]);
                printf("₩n");
        }
}

void multiply(int matrixA[ ][ACOLS], int ar, int matrixB[ ][BCOLS], int br, int matrixC[ ][CCOLS],
int cr) {

}

int main(void)
{
        int matrixA[AROWS][ACOLS];
        int matrixB[BROWS][BCOLS];
        int matrixC[CROWS][CCOLS];
```

```
        srand(time(NULL));
        get_data(matrixA, AROWS);
        show_data(matrixA, AROWS);
        get_data(matrixB, BROWS);
        show_data(matrixB, BROWS);

        multiply(matrixA, AROWS, matrixB, BROWS, matrixC, CROWS);
        show_data(matrixC, AROWS);
        system("pause");
        return 0;
}
```

C++의 클래스를 사용하면 행렬 연산을 위한 소스 코드의 중복 문제를 해결할 수 있다. C 프로그래밍의 함수들, get_data( ), show_data( ), multiply( )를 class의 public 함수로 구현하여 main( ) 함수는 매우 간단히 구현하는 대신에 SW 개발이 클래스 구현이라는 것을 느낌이 들어야 한다.

1.2 C++ class 프로그래밍

C 프로그래밍을 먼저 실습한 후에 C++ 프로그래밍으로 넘어갈 때 가장 먼저 부딪히는 문제가 클래스를 왜 만들며 생성자 함수, 클래스의 public 함수의 구현과 호출 방식에 익숙하지 않은 점이다. 자료구조 프로그래밍을 위한 선행 학습으로 클래스를 책이나 인터넷 소스 코드를 보지 않고도 컴퓨터 화면에서 직접 소스 코드를 작성할 수 있을 정도로 3번 이상 반복 코딩 작성 실습이 필요하다.

클래스 프로그래밍 실습을 위해 다음과 같이 4단계로 나누어 코딩 실습한다. step1: simple class 소스 코드를 작성하는 단계로서 main( )에서 생성자 호출, public 함수의 호출 사용하는 실습이다. step2: 객체들의 배열로서 10개 이상의 객체를 생성하고 객체들의 특정 field에 대한 최대, 최소, 평균값을 구하는 함수를 구현한다. step3: 객체 배열을 표현하는 다른 클래스를 정의하고 객체들의 최대, 최소, 평균값을 구하는 함수를 다른 클래스의 public 함수로 구현한다. step4: 행렬을 클래스로 정의하고 private 데이터 멤버는 1차원 배열로 표현하여 2차원 또는 3차원의 배열을 1차원 배열로 표현하도록 행렬 클래스를 구현한다. 새로 구현하는 행렬 클래스는 row, column의 개수가 다른 모든 행렬을 표현할 수 있어야 한다.

step1: Simple 클래스의 구현으로 Employee 클래스를 만든다. main( ) 함수에서는 생성자 호출, public 멤버 함수의 호출을 실습한다. default 생성자, 변환 생성자, 복사 생성자, 치환 문, ++ 연산자, Show(0, operator<<( )를 구현할 수 있어야 한다. 특히 static 변수의 초기화를 할 수 있어야 한다.

```
//소스 코드1.3: Simple class 구현
#include <iostream>
using namespace std;

class Employee {
        int enum;
        string ename;
        float salary;
        string dept;
        static int count;//객체가 생성될 때마다 count++
public:
        Employee( );
        Employee(int);
        Employee(const Employee&);
        ~Employee( ); 2
        Employee& operator=(const Employee&);
        int operator++( );
        static int Show( );//count 값을 초기화
        friend ostream& operator << (ostream& stream, Employee&);
};

void main( ) {
        Employee sd1;
        Employee sd2(10);
        Employee sd3(sd2);
        Employee::Show( );
        sd1.Show( );
        Employee sd4 = sd2;
        sd3 = sd2;
        cout << endl;
        cout << sd4;
        system("pause");
}
```

step2로서 객체들의 배열을 main( )에서 선언한 후에 salary의 최대, 최소, 평균을 구하는 함수를 구현한다. C 프로그래밍에서 정수 배열에 대한 최대, 최소, 평균 함수의 구현은 비교적 간단하다. 객체들의 배열을 정의하고 객체 배열에 대한 loop 문을 사용한 최대, 최소, 평균을 구하는 함수를 class Employee의 함수를 사용하여 구현할 수 있어야 한다.

```
//소스 코드1.4: 객체 배열
#include <iostream>
using namespace std;
#define N 10
class Employee {
	int enum;
	string ename;
	float salary;
	string dept;
	static int count;//객체가 생성될 때마다 count++
public:
	Employee( );
	Employee(int);
	Employee(const Employee&);
	~Employee( );
	Employee& operator=(const Employee&);
	int operator++( );
	static int Show( );//count 값을 초기화
	friend ostream& operator << (ostream& stream, Employee&);
};

Employee::Employ( ) { ...}
Employee::Employ(int n) { ...}

void initializeEmployee(Employee *emp[ ], int);
void ShowEmployee(Employee *emp[ ], int);

void main( ) {
	int num = N;
	Employee *emp[N];//객체들의 배열
	initializeEmployee(emp, num);
	ShowEmployee(emp, num);
	//min, max, average 함수의 구현
	system("pause");
}

void initializeEmployee(Employee *emp[N], int n)
{
```

```
        for (int i = 0; i < n; i++)
        {
                cin >>enum>>....
                emp[i] = new Employee(...);
        }
}
```

step3으로서 객체 배열을 처리하는 클래스를 만드는 구현 코딩한다. 클래스 EmpTable의 데이터 멤버가 Employee data[N]; 도서 표현되어 EmpTable의 생성자에서 new Employee( )를 호출한다. 즉 클래스 EmpTable은 클래스 Employee를 사용하여 데이터 멤버를 표현한다. main( )에서 EmpTable의 생성자를 호출하며 EmpTable( )에서 Employee의 생성자를 호출한다.

```
//소스 코드1.5: 객체 배열을 처리하는 클래스를 구현
#include <iostream>
using namespace std;
#define N 10
class Employee {
        int enum;
        string ename;
        float salary;
        string dept;
        static int count;//객체가 생성될 때마다 count++
public:
        Employee( );
        Employee(int);
        Employee(const Employee&);
        ~Employee( );
        Employee& operator=(const Employee&);
        int operator++( );
        static int Show( );//count 값을 초기화
        friend ostream& operator << (ostream& stream, Employee&);
};

Employee::Employ( ) { ...}
Employee::Employ(int n) { ...}
class EmpTable {//객체 배열 처리하는 클래스
        int top;
        Employee data[N];
public:
        void initializeEmployee( );
```

```
        void ShowEmployee( );
};

void EmpTable::initializeEmployee( )
{
        int n = top;
        for (int i = 0; i < n; i++)
        {
                cin >>enum>>....
                        data[i] = new Employee(...);
                }
}

void EmpTable::ShowEmployee( ) {
...
}

void main( ) {
        int num = N;
        EmpTable empt;
        empt.initializeEmployee( );
        empt.showEmployee( );
        system("pause");
}
```

step4로서 행렬을 클래스로 정의할 때 private 데이터 멤버는 1차원 배열로 표현한다. 2차원 행렬의 row, column의 숫자를 표현하기 위한 데이터 멤버를 포함한다. 3차원 행렬을 표현하기 위해서는 2차원 행렬의 개수를 표현하는 matrixs 데이터 멤버를 포함하여 처리할 수 있다. 행렬의 연산으로 Add( ), Subtract( ), Multiply( )를 포함한다. 소스 코드 1.6은 C 프로그램으로 작성된 행렬 입력과 출력, Add, Multiply를 class를 사용한 버전으로 작성하는 실습 대상이다. class를 사용함으로써 행렬의 row, col이 다른 경우에도 소스 코드의 중복 없이 구현할 수 있음을 실습으로 공부한다.

```
//소스 코드1.6: 행렬을 표현하는 클래스
//다른 크기의 행렬을 get_data( ) 함수로 처리하는 문제를 해결하기 위한 class 사용
//C program의 배열 처리를 class를 사용한 프로그램으로 수정
#include <stdio.h>
#include <stdlib.h>
#include "time.h"
#define AROWS 3
```

```
#define ACOLS 4
#define BROWS 4
#define BCOLS 5
#define CROWS 3
#define CCOLS 5

class Matrix {
private:
        int rows, cols;
        int* data;
public:
        int get_data( );
        int show_data( );
        int sort_data( );
        int addMatrix(Matrix&);
        int MultiplyMatrix(Matrix&, Matrix&);
};

/*
행렬이 여러 개일 때 하나의 function으로 처리하는 방법을 고안

int get_data(int(*p)[ACOLS], int n)
{

        for (int i = 0; i < n; i++)
                for (int j = 0; j < n; j++)
                        p[i][j] = rand( ) % (N * N);
        return 1;
}

void show_data(int(*p)[ACOLS], int n)
{
        for (int i = 0; i < n; i++)
        {
                for (int j = 0; j < n; j++)
                        printf("%d ", p[i][j]);
                printf("₩n");
        }
}

void multiply(int matrixA[ ][ACOLS], int ar, int matrixB[ ][BCOLS], int br, int matrixC[ ][CCOLS],
int cr) {

}
*/

int main(void)
```

```
{
        Matrix matrixA(AROWS,ACOLS);
        Matrix matrixA1(AROWS, ACOLS);
        Matrix matrixB(BROWS,BCOLS);
        Matrix matrixC(CROWS,CCOLS);

        srand(time(NULL));
        /*
        get_data(matrixA, AROWS);
        show_data(matrixA, AROWS);
        get_data(matrixB, AROWS);
        show_data(matrixB, AROWS);

        multiply(matrixA, AROWS, matrixB, BROWS, matrixC, CROWS);
        show_data(matrixC, AROWS);
        */
        system("pause");
        return 0;
}
```

행렬을 표현하기 위한 class에서 static을 사용하여 데이터 배열을 표현하는 data representation을 실습한다. class Matrix 내에서 static int *data; 글 사용하여 각 행렬 객체들이 이 배열을 공유하는 방식으로 구현한다. 소스 코드 1.7은 static을 사용한 배열을 표현하는 class 사용 예제로서 소스 코드를 완성하는 실습은 2장의 다항식 클래스를 이해하기 위한 선행 학습이다.

```
//소스 코드1.7: static 데이터를 사용하는 행렬 클래스
//다른 크기의 행렬을 get_data( ) 함수로 처리하는 문제를 해결하기 위한 class 사용
//C program의 배열 처리를 class를 사용한 프로그램으로 수정
//static 사용한 버전으로 수정
#include <stdio.h>
#include <stdlib.h>
#include "time.h"
#define AROWS 3
#define ACOLS 4
#define BROWS 4
#define BCOLS 5
#define CROWS 3
#define CCOLS 5

class Matrix {
private:
```

```
        int rows, cols;
        static int* data;
        static int free;
        int start, finish;
        int terms;
public:
        int get_data( );
        int show_data( );
        int sort_data( );
        int addMatrix(Matrix&);
        int MultiplyMatrix(Matrix&, Matrix&);
};

/*
행렬이 여러 개일 때 하나의 function으로 처리하는 방법을 고안

int get_data(int(*p)[ACOLS], int n)
{

        for (int i = 0; i < n; i++)
                for (int j = 0; j < n; j++)
                        p[i][j] = rand( ) % (N * N);
        return 1;
}
void show_data(int(*p)[ACOLS], int n)
{
        for (int i = 0; i < n; i++)
        {
                for (int j = 0; j < n; j++)
                        printf("%d ", p[i][j]);
                printf("₩n");
        }
}

void multiply(int matrixA[ ][ACOLS], int ar, int matrixB[ ][BCOLS], int br, int matrixC[ ][CCOLS],
int cr) {

}
*/

int Matrix::free = 0;
int* Matrix::data = new int[100];

int main(void)
{
        Matrix matrixA(AROWS, ACOLS);
        Matrix matrixA1(AROWS, ACOLS);
```

```
        Matrix matrixB(BROWS, BCOLS);
        Matrix matrixC(CROWS, CCOLS);

        srand(time(NULL));
        matrixA.get_data( );
        /*
        show_data(matrixA, AROWS);
        get_data(matrixB, AROWS);
        show_data(matrixB, AROWS);

        multiply(matrixA, AROWS, matrixB, BROWS, matrixC, CROWS);
        show_data(matrixC, AROWS);
        */
        system("pause");
        return 0;
}
```

배열의 각 원소가 다른 클래스 객체일 때 객체 배열이라 한다. 이 배열을 클래스로 정의한 예제이다. 자료구조로서 data representation을 객체 배열로 표현하고 이 객체를 정의한 클래스를 사용하여 배열을 클래스로 설계한 것이다. 소스 코드 1.8은 2장의 다항식 표현을 위한 배열 자료구조 실습을 위한 전 단계로 작성한 것이다.

```
//소스 코드1.8: 객체 배열 클래스
//다른 크기의 행렬을 get_data( ) 함수로 처리하는 문제를 해결하기 위한 class 사용
//C program의 배열 처리를 class를 사용한 프로그램으로 수정
//static 사용한 버전으로 수정
#include <iostream>
#include <stdio.h>
#include <stdlib.h>
#include "time.h"
/*
#define AROWS 3
#define ACOLS 4
#define BROWS 4
#define BCOLS 5
#define CROWS 3
#define CCOLS 5
*/
#define TERMS 5
#define MaxExp 10
using namespace std;
```

```
class Matrix;

class Term
{
        friend Matrix;
private:
        float coef;
        int exp;
};

class Matrix {
private:
        int rows, cols;
        static Term* TermElement;
        static int free;
        int start, finish;
        int terms;
public:
        int get_data( );
        int show_data( );
        int sort_data( );
        int addMatrix(Matrix&);
        //int MultiplyMatrix(Matrix&, Matrix&);//난이도 높다 - 알고리즘 문제임
};

/*
행렬이 여러 개일 때 하나의 function으로 처리하는 방법을 고안

int get_data(int(*p)[ACOLS], int n)
{

        for (int i = 0; i < n; i++)
                for (int j = 0; j < n; j++)
                        p[i][j] = rand( ) % (N * N);
        return 1;
}
void show_data(int(*p)[ACOLS], int n)
{
        for (int i = 0; i < n; i++)
        {
                for (int j = 0; j < n; j++)
                        printf("%d ", p[i][j]);
                printf("₩n");
        }
}
void multiply(int matrixA[ ][ACOLS], int ar, int matrixB[ ][BCOLS], int br, int matrixC[ ][CCOLS],
```

```
int cr) {

}
*/

int Matrix::free = 0;
Term* Matrix::TermElement = new Term[100];

int main(void)
{
	Matrix matrixA(TERMS, MaxExp);//항의 수, 최고차항 지수
	/*
	Matrix matrixA1(AROWS, ACOLS);
	Matrix matrixB(BROWS, BCOLS);
	Matrix matrixC(CROWS, CCOLS);
	*/
	srand(time(NULL));
	matrixA.get_data( );//계수와 지수를 난수를 생성하여 입력, 지수는 같은 것이 없어야 한다.
	/*
	show_data(matrixA, AROWS);
	get_data(matrixB, AROWS);
	show_data(matrixB, AROWS);

	multiply(matrixA, AROWS, matrixB, BROWS, matrixC, CROWS);
	show_data(matrixC, AROWS);
	*/
	system("pause");
	return 0;
}
```

```
//소스 코드1.9: 행렬을 표현하는 클래스
//Once again, complete the following code.
// Do not use 2-D array, such as int a[2][3];
#include <iostream>

#include <stdlib.h>
using namespace std;

// implement the functions : add, sub, mult, transpose
class Matrix {
public:
	Matrix(int row, int col);
	int GetData( );
	Matrix Transpose( );
	int Display( );
```

```
        Matrix Multiply(Matrix b);
        Matrix Add(Matrix b);
        Matrix Sub(Matrix b);
        Matrix Multiply2(Matrix b);
        int CompareRowCol(Matrix b);
private:
        int rows, cols;
        int* Term;
};

Matrix::Matrix(int row, int col) : rows(row), cols(col)
{
        Term = new int[rows * cols];
}

int Matrix::GetData( ) {
        int input_value;
        cout << "rows = " << rows << "  cols = " << cols << endl;
        for (int j = 0; j < rows * cols; j++)
        {
                cout << "term value = ";
                cin >> input_value;
                cout << " " << endl;
                Term[j] = input_value;
        }
        return 0;
}

Matrix Matrix::Transpose( ) {
        Matrix b(cols, rows);

        int n = rows * cols;
        for (int i = 0; i < cols; i++)
        {
        //To be implemented
        }
        cout << endl;
        return b;
}

Matrix Matrix::Multiply(Matrix b) {
        if (cols != b.rows) cout << "Incompatible matrices" << endl;
        Matrix d(rows, b.cols);
        for (int i = 0; i < rows; i++)

        {
                for (int j = 0; j < b.cols; j++)
```

```
		{
			//To be implemented
		}
	}
	return d;
}

Matrix Matrix::Add(Matrix b) {
	if (cols != b.cols) cout << "Incompatible matrices" << endl;
	if (rows != b.rows) cout << "Incompatible matrices" << endl;

	Matrix d(rows, cols);
	for (int i = 0; i < rows; i++)

	{
		//To be implemented
	}
	return d;
}

Matrix Matrix::Sub(Matrix b) {
	if (cols != b.cols) cout << "Incompatible matrices" << endl;
	if (rows != b.rows) cout << "Incompatible matrices" << endl;

	Matrix d(rows, cols);
	for (int i = 0; i < rows; i++)

	{
		for (int j = 0; j < cols; j++)
		{
			//To be implemented
		}
	}
	return d;
}

Matrix Matrix::Multiply2(Matrix b) {
	if (cols != b.rows) cout << "Incompatible matrices" << endl;
	Matrix bXpose = b.Transpose( );
	Matrix d(rows, b.cols);
	//  Must be implemented by using bXpose
	return d;
}

int Matrix::CompareRowCol(Matrix b) {
	if (cols != b.rows) return 1;
	else return 0;
```

```
}

int Matrix::Display( ) {

        int n;
        n = rows * cols;
        for (int i = 0; i < rows; i++)
        {
                //To be implemented
        }
        cout << endl;
        return 0;
}

int main( )
{
        Matrix a(12, 13);
        Matrix b(13, 14);
        Matrix c(12, 14);
        Matrix d(12, 14);
        Matrix t(14, 13);
        cout << "Enter first matrix: " << endl;
        a.GetData( );
        cout << "Enter second matrix: " << endl;
        b.GetData( );
        cout << "Display first matrix: " << endl;
        a.Display( );
        cout << "Display second matrix: " << endl;
        b.Display( );
        t = b.Transpose( );
        cout << "Transpose( ) of Matrix b" << endl;
        t.Display( );

        /* If colum of first matrix in not equal to row of second matrix, asking user to enter
the size of matrix again. */
        if (a.CompareRowCol(b))
        {
                cout << "Error! column of first matrix not equal to row of second.";
                cout << "Enter rows and columns for first matrix: ";
        }
        c = a.Multiply(b);//not using transpose( )
        cout << "Multiply of Matrix a,b" << endl;
        cout << c;
        d = c.Sub(d);
        cout << d;
        cout << "using transpose( )" << endl;
        t = b.transpose( );
```

```
        c = a.Multiply2(t);//using transpose( )
        cout << c;
        system("pause");
        return 0;
}
```

1.3 알고리즘 구현

행렬의 add( ), multiply( ) 함수의 구현과 같이 어떤 문제를 해결하기 위하여 정해진 일련의 절차 또는 단계 들을 표현한 것을 알고리즘(algorithm)이라 한다. 알고리즘 용어는 9세기 페르시아 수학자인 알-콰리즈미(Muhammad al-kwarizmi)의 라틴어 이름은 algorismus에서 유래되었다. 알고리즘을 표현하기 위하여 순서도(flowchart)로 표현하거나 간략화된 코딩 스타일로 기술한다.

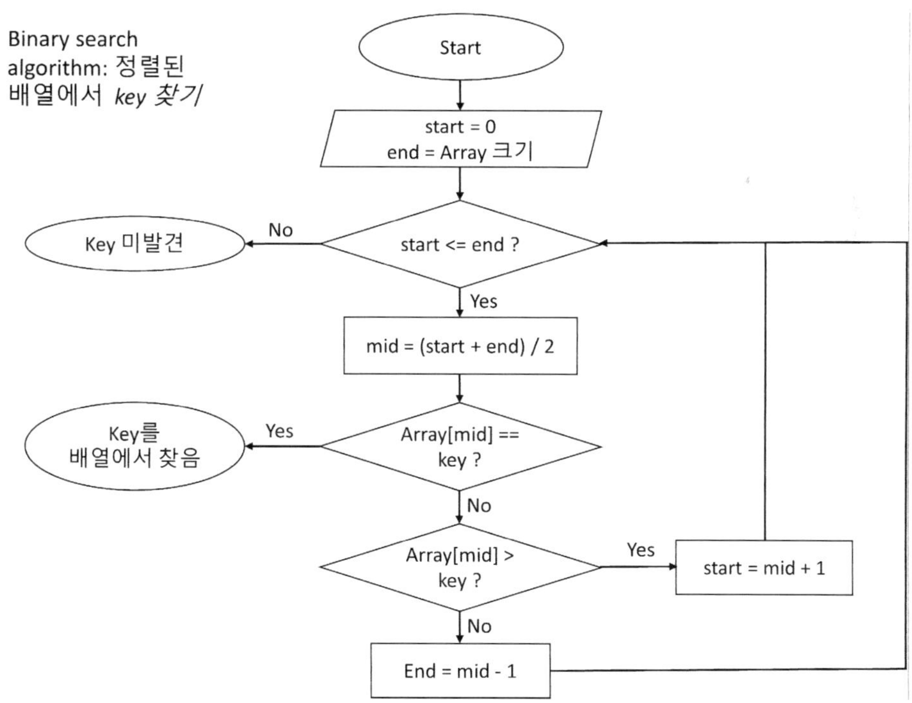

그림 1.1 Binary Search 알고리즘.

그림 1.1[1, 2, 3]은 binary search 알고리즘을 순서도로 표현한 것으로 배열에 숫자가 오름차순이 정렬(sort)되어 있다고 가정한 것이다. 소스 코드1.10: binary search는 오름차순으로 정렬된 배열에서 변수 x값의 배열 index를 반환하는 알고리즘이다. 소스 코드1.11: recursive binary search 알고리즘[1, 2]은 소스 코드1.10의 non-recursive 알고리즘을 recursive 함수로 작성한 것이다. 1장에서 recursive 함수로 알고리즘을 작성하는 실습을 충분히 해야 4장의 linked list, 5장의 tree의 copy( ) 알고리즘을 쉽게 작성할 수 있다.

```
//소스 코드1.10: binary search
int BinarySearch(int *a, const int x, const int n)
{
        int left = 0, right = n - 1;
        while (left <= right)
        {
                int middle = (left + right) / 2;
                if (x < a[middle]) right = middle - 1;
                else if (x > a[middle]) left = middle + 1;
                else return middle;
        }
        return -1;
}
```

```
//소스 코드1.11: recursive binary search 알고리즘
int BinarySearch(int 8a, const int x, const in left, const int right)
//search the sorted array a[left], ..., a[right] for x
        if (left <= right) {
                int middle = (left = right) /2;
                if (x < a[middle]) return BinarySearch(a, x, left, middle-1);
                else if (x > a[middle]) return BinarySearch(a, x, middle+1, right);
                return middle;
        }
        return -1; //not found
}
```

알고리즘을 recursive 함수로 기술하면 매우 간단히 표현할 수 있다. 피보나치(Fibonaci) 숫자는 1항, 2항은 1이며 3항부터는 바로 앞의 두 항의 합으로 계산하는 수열이다. F1 = F2 = 1이고 Fn = Fn -1 = Fn -2로 표현되는 수열이다. 피보나치수열을 F0 = 0, F1 = 1, Fn = Fn -1 + Fn-2으로 표현할 수도 있다. 이외에 피보나치수열을 이전 3개 항의 합으로 만드는 수열로도 가

능하다: F0 = 0, F1 = 1, F2 = 1, Fn = Fn -1 + Fn -2 + Fn -3. 소스 코드1.12: Fibonacci numbers를 non-recursive 함수와 recursive 함수로 구현하는 실습을 해야 한다.

```
//소스 코드1.12: Fibonacci numbers
#include <iostream>
using namespace std;
void Fibonacci(int*, int);

int main(void) {
        int Fibo[1000];
        const int maxIndex = 1000;
        for (int i = 0; i < maxIndex; i++)
                Fibo[i] = 0;
        Fibonacci(Fibo, maxIndex);
        cout << endl;
}

void Fibonacci(int a[ ], int rows)
{
        if (rows <= 1) cout << rows << endl;
        else
        {
                // a[i+2] = a[i+1] +a[i] + a[i-1]
        }
}
//void Fibonacci(int a[ ], int rows)
        //{ recurive algorithm으로 구현}
```

set의 모든 가능한 순열(permutations)을 구하는 것을 recursive 알고리즘으로 표현한다. n개의 집합 시에 n! 가지 경우 수가 존재한다. (a, b, c, d)에 대한 순열(permutate)을 구하기 위해서 a followed by all permutations of (b, c, d), b followed by all permutations of (a, c, d), c followed by all permutations of (a, b, d), d followed by all permutations of (a, b, c)으로 해결할 수 있다. "followed by all permutations" 표현은 recursion으로 알고리즘을 만들 수 있다. n개의 순열을 만드는 것은 n-1개의 순열을 만드는 것을 집합 개수만큼 반복하면 된다. 소스 코드 10[1]의 Permutations( ) 함수에서 (i = 0) => (permutation a, xxx), (i = 1) => (permutation b, xxx), (i = 2) => (permutation c, xxx), (i = 3) => (permutation d, xxx)를 구하는 것을 recursive 함수로 구현할 수 있다.

```
//소스 코드1.13: recursive permutation(순열)
// 배열 원소를 3, 4, 5개 등으로 증가시켜서 실행 실습
#include <iostream>
#include "swap.h"
using namespace std;

void swap(int& left, int& right) {
	int temp = left;
	left = right;
	right = temp;
}
void Permutations(char *a, const int k, const int m)
{
	if (k == m - 1)
	{
		for (int i = 0; i <= m; i++) cout << a[i] << "";
		cout << endl;
	}
	else
		for (int i = k; i < m; i++)
		{
			swap(a[k], a[i]);
			Permutations(a, k + 1, m);
			swap(a[k], a[i]);
		}
}

void main( )
{
	char a[5];
	char input;
	for (int i = 0; i < 3; i++)
	{
		cout << "The next item = ";
		cin >> input;
		a[i] = input;
		cout << endl;
	}
	Permutations(a, 0, 3);
	system("pause");
}
```

2장

배열 기반 자료구조

2장 배열 기반 자료구조

C/C++의 배열을 직접 사용하는 대신에 클래스의 데이터 멤버로 배열을 사용하는 자료구조로서 set, bag, arraylist, vector를 실습한다. 그리고 polynomial을 기술하기 위해 다항식 항들을 배열로 표현하는 클래스를 사용하는 자료구조와 알고리즘을 실습한다. 자바 library로 지원하는 collection 자료구조를 C++로 구현하는 코딩으로 실습한다.

2.1 Set과 Bag 자료구조

여러 개의 objects(object 들의 collection)을 포함하거나 저장하는 data structure를 표현하는 class를 container이라 부른다. container class의 예제로서 bag, set, list, map 등이 있다. Bag는 duplicate를 허용하고 객체들이 no ordering이다. Bag는 가방에 물건 넣듯이 저장 순서가 없고, 중복된 값이 포함될 수 있으며 물건을 꺼낼 때도 아무 물건을 꺼낸다. 클래스 Bag에서 필요한 함수로 IsEmpty( ), IsFull( ), Push( ), Pop( ), Occurrences( ){//bag에 포함된 같은 element의 개수}, HowMany( ){//Bag에 포함된 element 개수} 등을 구현한다. 소스 코드2.1에서 template는 private 데이터 멤버인 array의 타입을 매개변수를 사용하여 code를 instantiation(매개변수 대신에 int로 바꾼 코드를 생성하는 것을 말한다) 한다. 이러한 template에 대한 사용은 main( )에서처럼 "Bag<int> b(4);"으로 사용한다. 실수의 Bag를 만들려면 "Bag<float> b(4);"로 작성하면 된다. template를 parameterized type이라고 부른다. Occurrences( ) 함수를 포함하도록 구현하는 실습을 한다.

```
//소스 코드2.1: Bag 클래스
#include <iostream>
#include <memory>
#include <iostream>
using namespace std;
```

```
#define MaxSize 100

template <class T>
class Bag {
public:
	Bag(int bagCapacity = 10);
	~Bag( );
	bool IsFull( );
	int Size( ) const; //HowMany( )에 해당됨
	bool IsEmpty( ) const;
	virtual T& Pop( ) const;
	virtual void Push(const T&);
private:
	T* array;
	int capacity;
	int top;
};

//Visual Studio2019에서 bag.h, bag.cpp로 분리하지 않아야 함
template <class T>
Bag<T>::Bag(int bagCapacity) : capacity(bagCapacity)
{
	if (capacity < 1) throw "Capacity must be > 0";
	array = new T[capacity];
	top = -1;
}

template <class T>
Bag<T>::~Bag( ) { delete[ ] array; }

template <class T>
void ChangeSizeID(T*& a, const int oldSize, const int newSize)
{
	if (newSize < 0) throw "New length must be >= 0";
	T* temp = new T[newSize];
	int number = oldSize;
	if (oldSize > newSize) number = newSize;
	//copy(a, a + number, temp);
	memcpy(temp, a, number);
	delete[ ] a;
	a = temp;
}
template <class T>
int Bag<T>::Size( ) const {
	return top + 1;
}
```

```
template <class T>
bool Bag<T>::IsEmpty( ) const {
	return top < 0;
}

template <class T>
void Bag<T>::Push(const T& x)
{
	if (top == capacity - 1)
		// 현재 버전은 ordering 상태에서 push한다. non-ordering되게 push가 가능하게 수정
	{
		ChangeSizeID(array, capacity, 2 * capacity);
		capacity *= 2;
	}
	array[++top] = x;
}

template <class T>
T& Bag<T>::Pop( ) const
{
	T retValue;
	if (IsEmpty( )) throw "Bag is empty, cannot delete";
	int deletePos = top / 2;
	retValue = array[deletePos];
	// 실습 사항: no ordering상태로 pop되게 수정
	//copy(array + deletePos + 1, array + top + 1, array + deletePos);
	memcpy(array + deletePos, array + deletePos, top + 1);
	top--;
	return retValue;
}

template <class T>
inline bool Bag<T>::IsFull( )
{
	if (top == MaxSize - 1) return TRUE;
	else return FALSE;
}

int main( ) {
	Bag<int> b(4);
	//Bag<float> fo(10);에 대하여도 구현할 것
	//화면에서 임의 숫자를 입력받아 Push( ) 호출하도록 수정
	b.Push(3);
	b.Push(5);
	b.Push(1);
	b.Push(6);
	if (b.IsEmpty( )) {
```

```
            cout << "empty" << endl;
        }
        else {
            cout << "not empty" << endl;
        }
        while (!b.IsEmpty( )) {
            cout << b.Element( ) << endl;
            b.Pop( );
        }
        system("pause");
        return 0;
}
```

Set은 순서가 없고 중복이 없는 objects의 collection이다. 소스 코드2.1의 클래스 Bag를 고쳐 Set을 구현하는 코딩 실습으로 constructor, destructor, public 멤버 함수를 코딩하고 main( )에서 Set을 사용하는 테스트 프로그램을 작성하는 실습으로 클래스 구현이 자료구조 구현임을 익히는 것이 필요하다.

```
//소스 코드2.2: Set 클래스
#include <iostream>
#include <memory>
#include <iostream>
using namespace std;
#define MaxSize 100

template <class T>
class Set {
public:
        Set(int bagCapacity = 10);
        ~Set( );
        bool IsFull( );
        int Size( ) const; //HowMany( )에 해당됨
        bool IsEmpty( ) const;
        virtual T& Pop( ) const;
        virtual void Push(const T&);
private:
        T data[MaxSize];
        int capacity;
        int top;
};
```

2.2 ArrayList와 Vector 자료구조

class Collection을 소스 코드2.3처럼 abstract class로 표현하고 ArrayList를 Collection의 subclass로 구현한다. Collection은 elements의 group이다. 여기서 Collection은 duplicate를 허용할 수도 있고 안 할 수도 있다. elements 들의 순서가 있을 수도 있고(ordered) 없을 수도(unordered) 있다. class Collection은 abstract class로서 모든 public function이 pure virtual 함수로 표현된다. Java의 Collection framework를 C++로 구현하는 실습은 자료구조의 C++ 구현과 자바의 자료구조에 대한 library를 익히는 효과가 있다.

class List는 ordered collection으로 sequence를 표현한다. List는 duplicate를 허용하며 index를 사용하여 구분한다. abstract class인 Collection과 달리 List는 index를 사용하는 추가되었기 때문에 Collection의 subclass로 구현한다[13].

```
//소스 코드2.3: List 클래스
class Collection {
public:
        virtual bool Add(E, e) = 0; //collection 끝(E)에 e를 추가한다
        virtual bool AddAll(E, Collection c) = 0; //c의 모든 elements를 끝에 추가한다
        void Clear( ); //collection의 모든 element를 삭제한다
        bool Contains(Object o); //객체 o를 포함하고 있으면 true
        virtual bool ContainsAll(Collection c) = 0; // 객체들 c를 포함하고 있으면 true
        bool Equals(Object o); //collection의 객체들이 o과 같으면 true
        bool IsEmpty( ); //collection이 비어 있으면 true
        bool Remove(Object o); //collection에서 객체 o를 삭제하면 true
        virtual bool RemoveAll(Collection c) = 0; // collection에서 객체들 c를 삭제하면 true
        virtual bool RetainAll(Collection c) = 0; // collection에서 객체들 c를 포함하면 true
        int Size( ); //collection의 element 숫자
        virtual Object[ ] ToArray( ) = 0; //collection의 모든 element들의 배열을 return한다
};

class List : public Collection {
public:
        virtual bool Add(int index, T e) = 0; //collection의 index에 e를 추가한다
        virtual bool AddAll(int index, Collection c) = 0; //c의 모든 elements를 index 위치에 추가한다
        T get(int index); //collection의 element를 return한다.
        bool Remove(int index); //collection에서 index의 객체를 삭제한다.
        int LastIndexof(Object o) = 0; //전달된 객체에 대한 last occurrence의 index를 return한다.
```

```
해당 객체가 없으면 -1를 return한다.
        List<T> SubList(int fromIndex, int toIndex) = 0; // from에서  to 구간의 sublist를 return한다.
};
```

ArrayList는 resizable-array로서 C/C++의 배열과 같은 순차적인 list로서 배열 색인(index)으로 각 element의 값에 접근한다. 기존 배열과 다른 점은 배열은 크기가 변하지 않지마는 ArrayList는 저장 용량(capacity)을 넘으면 크기가 동적으로 변하는데 현재 포함된 element 개수의 2배 용량으로 확대한다. 특정 index의 element를 삭제하면 다음 위치의 element를 모두 당겨와야 한다. 특정 index에 값을 insert 하면 index 위치부터 모든 element 들이 우측으로 이동해야 한다. ArrayList는 자바 library[14]로써 제공하는 자료구조로서 C++로 구현하고 이를 test하는 main( ) 코드를 작성한다.

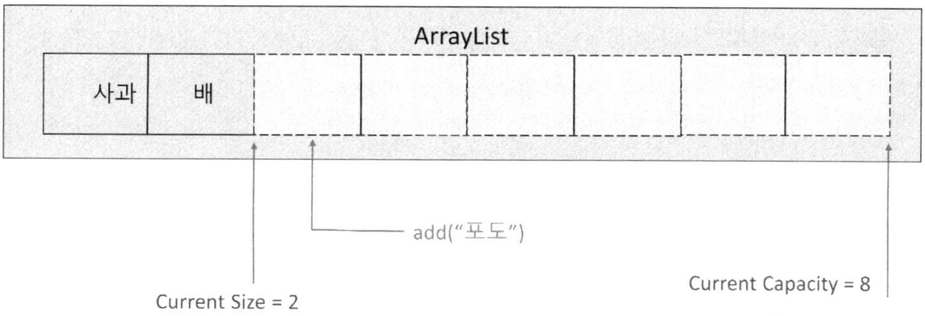

그림 2.1 ArrayList 구조.

```
//소스 코드2.4: ArrayList 클래스
#include <string.h>
template <typename T>
class ArrayList : public List {
        T* data;
        int capacity;
        int length;
public:
        ArrayList( ) { }//default 생성자
        ArrayList(int bufferSize = 10) { }//capacity가 10인 생성자
        ~ArrayList( ) { }
        //add( )함수로 element 갯수가 증가하여 capacity 보다 커지면 용량을 자동으로 늘린다
        int Size( ) { }//list의 element 갯수
        T& Get(int index) { }//index의 값을 return
```

```
        int IndexOf(T value) { }//value의 index를 return
        T& operator [ ](int index) { }//index의 값을 return
        void Set(int index, T value) { }// index위치에 value를 교체

        bool Add(T value, 'E') { }//list 끝에 value 를 추가
        bool Add(int index, T value) { }//index 위치에 value를 추가하고 기존 element는 우측으로 이동
        bool AddAll(int index, ArrayList c){ }//index 위치에 collection c를 insert
        bool Remove(T value) { }//list에서 value를 remove하면 true
        T Remove(int index) { }//index의 element를 remove하고 값을 return
        void Clear( ) { }//list의 모든 element를 remove
        bool Contains(T value){ }//list에 value가 포함되는지 여부
};
```

배열과 유사한 자료구조가 vector이다. ArrayList와 거의 같은 자료구조서 C++에서는 STL(Standard Template Library)로 지원된다. 배열의 크기는 고정이지마는 vector는 저장 용량이 동적으로 변한다. Vector의 크기가 가변적으로 변하는 배열이다. 배열은 고정된 크기의 공간을 할당하지마는 vector는 동적으로 공간 크기가 변하므로 메모리를 효율적으로 사용할 수 있는 이점이 있다.

C++ Vector[15] 사용은 vector<T> v; 를 선언하여 사용한다. Vector 배열은 vector<T> v[5];로 선언한다. 이것은 배열이 5개로 구성되어 있으며 각각이 vector이다. Vector의 vector 선언은 vector<vector<T>> A;로 표현하며 2차원의 vector 행렬을 만든 후에 2개 행렬을 더하는 Add(A, B) 함수를 구현한다.

```
#include <vector>
vector<vector<int>> & Add(vector<vector<int>> &A, vector<vector<int>> &B);
void  Initialize(vector<vector<int>> &A);
int main( )
{
        vector<vector<int> > A, B, C;
        initialize(A);
        initialize(B);
        C = Add(A, B);

        return 0;
}
```

class Student의 객체들을 vector에 저장하기 위해서는 vector<Student> vs;를 사용한다. vector의 insert( )를 사용하여 복수의 Student 객체를 저장한 후에 Student의 key를 사용한 sort( )를 구현하는 실습을 한다. 그리고 vector의 iterator를 사용하여 정렬된 vector의 모든 element를 출력하는 함수를 구현한다.

```
#include <vector>
int main( ) {
        vector<Student> vs;

        vector<Student>::iterator it = vs.begin( );
        for (it = vs.begin( ); it != vs.end( ); it++)
        {
                cout<<*it<<endl;
        }
}
```

2.3 Polynomial class

C++의 STL에서 제공하는 container class를 사용하는 것보다 직접 필요한 클래스를 새로 설계 구현하는 것이 더 효율적인 사례가 다항식의 연산 처리를 위한 자료구조이다. 다항식은 ordered lists를 저장 표현하는 문제이다. ordered list 또는 linear list는 가장 기본적인/공통적인 data structures로서 list: $(a_0, a_1, \cdots, a_{n-1})$로 표현된다. 이런 리스트에 대하여 기본적인 public operations로서 list의 length를 find( ), list의 모든 element를 read( ), i_{th} element의 retrieve( ), i_{th} position에 값의 insert( ), i_{th} position의 값을 delete( ) 함수를 만들 수 있다.

symbolic polynomials를 표현하기 위한 클래스를 어떻게 표현하느냐에 따라 코딩이 간단해질 수도 있고 복잡해질 수도 있다. 다항식 A(x), B(x)에 대하여 다항식의 더하기(A(x) + B(x)), 곱하기(A(x) * B(x)), 함숫값을 구하기를 구현한다. 다음과 같은 다항식[1]을 지수(exponent) 내림차순의 ordered list로 표현한다. list의 각 항은 <coefficient, exponent>로 표현하는 struct Term을 만든다.

```
A(x) = 3x^2 + 2x + 4
B(x) = x^4 + 10x^3 + 3x^2 + 1

struct term {
        float coef;
        int exp;
}
```

다항식 A(x), B(x)를 class Polynomial의 객체로 만드는 두 가지 방법을 검토한다. 첫째 방법은 다항식의 항의 개수만큼 배열을 사용하거나 pointer를 사용하여 동적으로 term을 생성하는 방법이다. 이 방법의 단점은 class Polynomial의 데이터 멤버로서 배열을 매우 크게 선언하면 메모리 낭비가 발생한다. 그리고 *termArray를 사용할 때는 다항식을 표현하는 동적 메모리를 할당 반환하기 때문에 메모리 낭비는 없으나 heap 메모리의 할당 반환 처리 시간이 걸리는 단점이 있다. *termArray를 사용한 구현 방법을 C++로 코딩하는 실습은 두 번째 방법을 이해하는 데 많은 도움이 될 것이다.

```
class Polynomial {
private:
        term *termArray;//term termArray[MaxTerms];
        int terms;
};

int main( ) {
        Polynomial A(3);
        Polynomial B(4);
        Polynomial C(5) = A + B;
}
```

다항식을 표현하는 둘째 방법은 heap memory를 사용하지 않고 모든 다항식 객체들이 공유하는 static 데이터 멤버를 사용하여 메모리 낭비도 줄이고 메모리 할당 반환의 overhead도 줄이는 데이터 구조를 표현하는 방법이다. 다음과 같이 static 데이터 멤버 변수를 사용하면 class 변수라고 하며 클래스 전체에 하나의 termArray[ ]가 생성되고 Polynomial 클래스의 모든 객체가 공유하게 된다. Polynomial A(3); Polynomial B(4);의 변수 선언은 2개의 다항식을 객체로 갖는데 데이터 멤버는 static term termArray[MaxTerms];의 시작과 끝인 Start, Finish만 변수로 갖게 된다.

```
class Polynomial { //[1] 참조
private:
        static term termArray[MaxTerms];
        static int free;
        int Start, Finish;
};

main( ){
        term Polynomial::termArray[MaxTerms];
//definition of the static data member
        int Polynomial::free = 0;
        Polynomial A(3);
        Polynomial B(4);
}
```

클래스 Polynomial [1]은 non zero terms 만 표현하고 지수가 내림차순으로 정렬되었다고 가정하여 다항식을 생성한다. 다항식 $f(x) = b_m x^{e_m} + b_{m-1} x^{e_{m-1}} + \ldots b_0 x^{e_0}$ 에서 b_i = a nonzero coefficient of A 이며 e_j 는 내림차순으로 $e_m > e_{m-1} > \ldots > e_0$ 이다. 다항식의 각 항은 termArray에 저장하는 데 termArray의 타입은 다음과 같이 class term으로 표현한다.

```
class Polynomial; // forward declaration
class term {
        friend Polynomial;
        private:
        float coef;
        int exp;
}
```

클래스 polynomial의 private data member가 static으로 선언되었기 때문에 static class members의 변수 정의와 초기화는 클래스 Polynomial 바깥에서 다음과 같이 기술되어야 한다. C++에서 class 변수들을 정의하고 초기화하는 코딩 실습으로 익히는 것이 필요하다.

```
term Polynomial::termArray[MaxTerms];
int Polynomial::free = 0;
```

다음과 같은 A(x). B(x)에 대하여 클래스 Polynomial을 사용한 객체의 생성 예는 그림 2.1[1]과 같다. Polynomial 클래스의 각 객체는 instance 객체들이 공유하는 termArray[ ]의 시작과 끝을 가리키는 데이터 멤버로서 Start, Finish만 갖고 있다.

$$A(x) = 2x^{1000} + 1$$
$$B(x) = x^4 + 10x^3 + 3x^2 + 1$$

	a.start ↓	*a.finish* ↓	*b.start* ↓			*b.finish* ↓	*free* ↓
coef	2	1	1	10	3	1	
exp	1000	0	4	3	2	0	
	0	1	2	3	4	5	6

그림 2.2 두 개의 다항식의 배열 표현.

다음 C++ 소스 코드를 구동하고 다항식의 add, sub, mult, eval 함수를 추가하고 변경하는 코딩 실습으로 자료구조 코딩을 실습하는 것이 필요하다. 앞에서 설명한 바와 같이 static을 사용하지 않았을 때의 자료구조 구현과 static을 사용하였을 때의 자료구조 구현 차이를 실습으로 익혀 코딩 감각을 갖는 것이 의미 있다.

```
//소스 코드2.5: Polynomial 클래스
#include <vector>
#include <algorithm>
#include <iostream>
#include <stdlib.h>

using namespace std;
class Polynomial;
class Term
{
```

```
        friend Polynomial;
private:
        float coef;
        int exp;
};

class Polynomial {
public:
        Polynomial( );
        //construct the polynomial p(x) = 0;
        Polynomial Add(Polynomial b);
        //return the sum of the polynomials *this and b
        //Polynomial Mult(Polynomial b);
        //return the product of the polynomials *this and b
        //float Eval(float f);
        //evaluate the polynomial *this at f and return the result
        void NewTerm(const float theCoeff, const int theExp);
        int Display( );
        int GetData( );
private:
        static Term* termArray;
        static int capacity;
        static int free;
        int start, finish;
        int terms;
};
Polynomial::Polynomial( )
{
        start = -1;
        finish = -1;
        terms = 0;
}

int Polynomial::Display( ) {
        int aPos = start;
        for (; aPos <= finish; aPos++) {
                cout << termArray[aPos].coef << "x^" << termArray[aPos].exp;
                if ((aPos - finish) != 0)
                        cout << " + ";
        }
        cout << "₩n";
        return 0;
}

void Polynomial::NewTerm(const float theCoeff, const int theExp)
```

```
{
    if (terms == capacity)
    {
        capacity *= 2;
        Term* temp = new Term[capacity];
        copy(termArray, termArray + free, temp);
        delete[ ] termArray;
        termArray = temp;
    }
    termArray[free].coef = theCoeff;
    termArray[free++].exp = theExp;
}

int Polynomial::GetData( ) {
    int i, degree;
    float coef;
    int expo;
    cout << "Enter Degree Of Polynomial:";
    cin >> degree;
    start = free;
    for (i = degree; i > 0; i--) {
        cout << "Enter coefficient of x^" << i << ":";
        cin >> coef;
        cout << "Enter exponent of x^" << i << ":";
        cin >> expo;
        NewTerm(coef, expo);
    }
    finish = free - 1;
    terms = finish - start + 1;
    return 0;
}

Polynomial Polynomial::Add(Polynomial b)
{
    Polynomial c;
    int aPos = start, bPos = b.start;
    c.start = free;
    while ((aPos <= finish) && (bPos <= b.finish))
        if ((termArray[aPos].exp == b.termArray[bPos].exp))
        {
            float t = termArray[aPos].coef + b.termArray[bPos].coef;
            if (t) c.NewTerm(t, termArray[aPos].exp);
            aPos++; bPos++;
        }
        else if ((termArray[aPos].exp < b.termArray[bPos].exp))
        {
```

```
				c.NewTerm(b.termArray[bPos].coef, b.termArray[bPos].exp);
				bPos++;
			}
			else
			{
				c.NewTerm(termArray[aPos].coef, termArray[aPos].exp);
				aPos++;
			}
	for (; aPos 〈 finish; aPos++)
		c.NewTerm(termArray[aPos].coef, termArray[aPos].exp);
	for (; bPos 〈 b.finish; bPos++)
		c.NewTerm(b.termArray[bPos].coef, b.termArray[bPos].exp);
	c.finish = free - 1;
	return c;
}

int Polynomial::capacity = 100;
Term* Polynomial::termArray = new Term[100];
int Polynomial::free = 0;

int main(void) {
	int choice;
	Polynomial P1, P2, P3, P4;
	cout 〈〈 "Instruction:- ₩nExample:-₩nP(x)=5x^3+3x^1₩nEnter the Polynomial
like₩nP(x)=5x^3+0x^2+3x^1+0x^0₩n";
	cout 〈〈 "Enter Polynomial1:-" 〈〈 endl;
	//P1.GetData( );
	cin 〉〉 P1;
	cout 〈〈 "Enter Polynomial2:-" 〈〈 endl;
	//P2.GetData( );
	cin 〉〉 P2;
	cout 〈〈 "Enter Polynomial3:-" 〈〈 endl;
	cin 〉〉 P3;
	while (1) {
		cout 〈〈 "₩n****** Menu Selection ******" 〈〈 endl;
		cout 〈〈 "1: Addition₩n2: Substraction₩n3: Multiplication₩n0: Exit" 〈〈 endl;
		cout 〈〈 "Enter your choice:";
		cin 〉〉 choice;
		switch (choice) {
		case 1:
			cout 〈〈 "₩n--------------- Addition ---------------₩n";
			cout 〈〈 "Polynomial1:";
			//P1.Display( );
			cout 〈〈 P1;
			cout 〈〈 "Polynomial2:";
			//P2.Display( );
```

```
                cout << P2;
                cout << p3;
                //P3 = P1.Add(P2);
                P4 = P1 + P2 + P3;
                //P3.Display( );
                cout << P4;
                cout << "--------------------------------------₩n";
                break;
            case 2:
                cout << "₩n------------ Substraction ------------₩n";
                cout << "Polynomial1:";
                //P1.Display( );
                cout << P1;
                cout << "Polynomial2:";
                //P2.Display( );
                cout << P2;
                //P3.Substract(P1, P2); 학생 구현 실습 대상
                P4 = P1 - P2;
                cout << P4;
                cout << "--------------------------------------₩n";
                break;
            case 3:
                cout << "₩n---------- Multiplication ------------₩n";
                cout << "Polynomial1:";
                //P1.Display( );
                cout << P1;
                cout << "Polynomial2:";
                //P2.Display( );
                cout << p2
                    //P3.Multiply(P1, P2);
                    P3 = P1 * P2;
                cout << "--------------------------------------₩n";
                break;
                case 4: //P2.Eval(5); 학생 구현 실습 대상
                    cout << P4;
                    P2.Eval(3);
                    break;
            case 0:
                cout << "Good Bye...!!!" << endl;
                exit(0);
            }
        }
        system("pause");
        return 0;
}
```

다항식을 C++ STL인 vector<>를 사용하여 구현하는 코딩으로 1) STL을 사용한 자료구조 구현과 2) 자료구조 클래스를 직접 구현하는 것과의 차이를 익히는 실습하여 SW 개발은 자료구조 구현, 즉 클래스와 함수들을 구현하는 것이라는 생각을 가질 수 있어야 한다.

2차원 행렬과 같은 배열을 1차원 배열로 mapping 하여 구현할 수 있다는 것을 이미 실습하였다. n 차원의 배열 A[i][j]..[l] 도 1차원 C++ array로 표현 저장이 가능하다. n 차원 배열을 1차원 배열로 변환할 때 row major ordering 또는 column major ordering으로 mapping이 가능하다. A[4..5][2..4][1..2][3..4]와 같은 4차원 배열을 row major order를 사용할 경우는 A[4,2,1,3], A[4,2,1,4], A[4,2,2,3]와 같은 순서로 저장한다. A[4,2,1,3]가 1차원 배열 position 0에 저장한다면 A[4,2,1,4]가 1차원 배열 position 1에 저장한다. C++ 언어는 row major order를 지원하며, 알고리즘이 column major order가 필요할 경우, 별도의 계산식을 만들어 사용한다. 1차원 배열 A[u1]의 순차적 저장 장소는 A[0] = A1, A[i] = A1 + i으로 구할 수 있다. 2차원 배열 A[u1][u2]의 순차적 저장 장소는 A[0][0] = A1, A[i][0] = A1 + i * u2, A[i][j] = A1 + i * u2 + j로 계산한다. 3차원 배열 A[u1][u2][u3]의 순차적 저장 장소는 A[0][0][0] = A1, A[i][0][0] = A1 + i * u2 * u3, A[i][j][0] = A1 + i * u2 * u3 + j * u3, A[i][j][k] = A1 + i * u2 * u3 + j * u3 + k로 구할 수 있다.

```
Template<class T>
class Matrix { //3차원 matrix을 입력, display, 대각선 항의 합 구하기 등
public:
        Matrix(int r=0, int c=0, int z = 0);
        Matrix(const matrix<T>& m);
        ~Matrix( ) {delete [ ] element;}
        . . .
private:
        int rows, cols, zs;
        T *element;
};
```

n 차원의 배열을 class Matrix를 사용하여 표현할 때 n 차원의 각 축의 개수를 데이터 멤버로 표현하는 것이 필요하다. 예를 들어 3차원 배열로 표현하고 할 때는 row, cols, zs로 각 축의 최댓값의 범위를 표현한다.

class Matrix를 사용하여 바둑판 19 × 19 행렬에서 벌레가 각 칸으로 이동한다고 가정하자.

그림 2.2처럼 벌레는 8가지 방향으로 이동한다. 8가지 이동 방향[1]은 난수를 0 ~ 7을 생성하여 이동 방향을 결정한다. 벌레가 시작하는 위치는 0<= 난수x <19, 0<= 난수y <19를 생성하여 (난수x, 난수y)가 시작 위치가 된다. 바둑판의 초깃값은 0으로 만든다. 바둑판의 모든 칸이 0 이상일 때 종료한다. 2차원 배열을 사용하지 않고 class Matrix를 사용하여 구현한다.

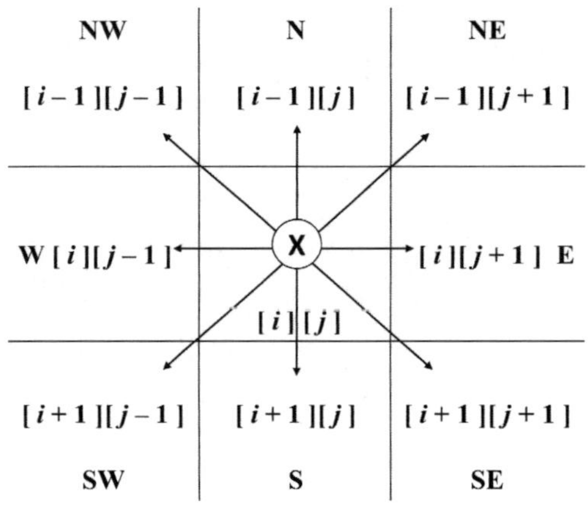

그림 2.3 허용되는 이동.

q	*move [q].a*	*move [q].b*
N	-1	0
NE	-1	1
E	0	1
SE	1	1
S	1	0
SW	1	-1
W	0	-1
NW	-1	-1

그림 2.4 이동 유형.

```
struct offsets        { //[1]에서 참조
        int a, b;
}
enum directions {N, NE, E, SE, S, SW, W, NW};
offsets move[8];
      g = i  + move[SW].a;  h = j + move[SW].b;
```

3장

Stacks과 Queues

3장 Stacks과 Queues

3.1 C++의 Templates

C++의 STL(Standard Template Library)은 container, iterator, function objects, algorithms을 표현하는 template들을 제공한다. container는 배열, bag, set, list와 같이 여러 개의 값들을 표현하는 클래스로 표현된다. iterator는 container내의 객체들을 순차적으로 접근하는 객체로서 pointer의 generalization이다. function objects은 function pointer이며 function 이름이 pointer로 처리된다.

C++ STL의 vector는 순서가 있는 dynamic 배열로서 sequence 에서 insert, delete를 처리함에 따라 size가 동적으로 변한다. Vector elements는 연속(contiguous) 공간에 저장되므로 iterator를 사용하여 접근 또는 traverse가 처리된다. Sequence의 중간 또는 처음 부분에 삽입과 삭제는 o(n)이 소요된다. Last element의 삭제는 o(1)이나 sequence 뒤끝에 insert는 size를 증가시키는 경우에는 복사하여 이동해야 하기 때문에 성능이 떨어진다. vector template class는 sequence container로서 모든 element가 순차적으로 저장되는 데 배열과 다른 점은 메모리가 동적으로 할당되어 vector의 크기가 동적으로 변경된다. vector template class 정의에서 allocator<T>[16]는 메모리 할당과 반환으로 new, delete보다 좀 더 유연한 방식, 즉 fine-grained 방식으로 메모리를 관리하기 위해 사용한다. 기존 new 연산자는 메모리 할당, 값의 초기화를 SW 개발자가 원하는 방향으로 customizing을 할 수가 없다. allocator class를 사용하여 vector container의 메모리 할당 방식으로 바꿀 수가 있다.

```
vector<int> v;
v.push_back(10);
v.pop_back( );// vector에서 삭제
```

Container class는 memory를 효율적으로 관리할 수 있어야 하는데 new/delete는 기본 생성자가 있어야 하고, 메모리를 할당하고 모든 요소를 초기화해야 한다. 이러한 new/delete는 컴퓨터 자원의 사용량이 상당히 증가하게 된다. 그리고 new는 개발자가 원하는 메모리 할당 방식으로 customizing을 할 수가 없다. 대신에 다음과 같이 vector template에 allocator를 추가로 사용하게 된다.

```
template <typename T, class Allocator = allocator<T>> class vector;
```

allocate( )는 vector의 메모리 할당 시에 초기화되지 않는 메모리 공간을 할당하여 준다. 할당된 메모리에 대한 초기화를 해주지 않으므로 성능이 new보다 더 빠르다. deallocate( )는 allocate( )로 할당된 메모리 공간을 해제한다. construct( )함수는 T*가 가리키는 pointer에 const T& 객체를 저장한다. destroy( ) 함수는 객체를 소멸시킨다.

```
template <class T> class allocator {
public:
        T* allocate(size_t);//T 객체의 개수가 size_t
        void deallocate(T*, size_t);
        void construct(T*, const T&);
        void destroy(T*);
        ..
};

template <class In, class For> For uninitialized_copy(In, In, For);
template <class For, class T> void uninitialized_fill(For, For, const T&);
```

uninitialized_copy( )는 class allocator의 멤버 함수는 아니지마는 자주 사용된 관련 함수이다[17]. STL의 std:;copy( )와 유사하게 uninitialized_copy(first, last, out)로서 호출되며 [first,last] 범위의 element를 out이 가리키는 위치에 복사한다. 그리고 이 함수는 복사가 완료된 위치의 다음 요소를 가리키는 pointer를 return한다. uninitialized_fill(first, last, value)로 호출하면 [first, last] 범위의 각 element에 value를 저장한다.

```
template <class Input, class Output>
Output copy(Input first, Input last, Output dest) {
        while (first != last) {
                *dest++ = *first++;
        }
        return dest;
}

template <class Input, class Output, class Predicate>
Output copy_if(Input first, Input last, Output dest,
                        Predicate pred) {
        while (first != last) {
                if (pred(*first)) *dest++ = *first;
                first++;
        }
        return dest;
}
```

vector 이외에 deque, list container에 대한 template class도 같은 방식으로 정의한다. deque는 queue의 양쪽 끝에서 add, delete가 처리된다. STL의 deque, list를 사용하는 실습도 해보고 직접 구현해보는 실습이 유익하다.

```
template <class T, class Allocator = allocator<T>>
class deque;

template <class T, class Allocator = allocator<T>>
class list;
```

3.2 Adaptive containers: Stack과 Queue

Container adapter는 sequence container를 encapsulate하는 class template이다. C++ STL에서 container adapter[18]는 stack, queue, priority_queue가 있다. 기존 sequence container에 대하여 class template로 정의된 adapter의 interface로 다른 functions이 제공된다.

stack<T>은 adapter class template로서 deque<T> container 를 encapsulate하며 last-in-first-out (Last-In-First-Out, LIFO)를 구현한다. 두 번째 template parameter인 Container는 class stack의 실제 구현 Container가 deque<T>임을 나타낸다.

```
template <class T, class Container = deque<T>>
class stack;
```

deque template class는 다음과 같이 구현한다.

```
template <class T, class Allocator = allocator<T>>
class deque;
```

template class stack의 구현을 deque가 아닌 vector<T>를 사용하고자 할 때는 두 번째 parameter로서 다른 container를 변수 선언 시에 사용하면 된다. stack의 구현을 vector<>로 바꿀 수 있기 때문에 container adapter라고 부른다.

```
stack<double, vector<double>> dstack;
```

queue<T>는 adapter class template로서 deque<T> container를 encapsulate한다. first-in-first-out (First-In-First-Out, LIFO) queue를 구현한다.

```
template <class T, class Container = deque<T>>
class queue;
```

template class queue의 구현을 deque가 아닌 list<T>를 사용하고자 할 때는 두 번째 parameter로서 다른 container를 변수 선언 시에 사용하면 된다. queue의 구현을 list<>로 바꿀 수 있기 때문에 container adapter라고 부른다.

```
queue<double, list<double>> dqueue;
```

priority_queue<T>는 adapter class template로서 vector<T> container 를 encapsulate 한다. queue가 largest element가 queue의 front에 항상 오도록 priority를 기준으로 항상 sort하도록 구현한다.

```
template <class T, class Container = vector<T>, class Compare = less<T>>
class priority_queue;
```

template class priority_queue의 구현을 deque가 아닌 vector<T>를 사용하고자 할 때는 두 번째 parameter로서 다른 container를 변수 선언 시에 사용하면 된다. priority_queue의 구현을 deque<>로 바꿀 수 있기 때문에 container adapter라고 부른다.

```
priority_queue<int, deque<int>, greater<int>> pqueue;
```

3.3 Bag 자료구조

container class는 여러 개의 data objects을 저장하는 data structure를 표현하는 class로서 bag, set, linked list, stack, queue를 말한다. 이러한 container class를 3.1절의 C++ STL을 사용하거나 직접 구현할 수 있다. 예를 들면 클래스 bag는 duplicate, no ordering을 지원하는 container 클래스이다. bag에 대한 Pop( ) 실행 시에 아무 element를 return하게 된다. bag에 Push( ) 실행 시에는 가방에 물건 넣듯이 저장 순서가 없고 이미 있는 물건도 또 넣을 수 있게 된다.

container class를 직접 구현할 때 bag의 behavior로서 no ordering과 duplicate를 허용하는 Push( ), Pop( ) 함수를 구현하는 것이 필요하다. bag 자료구조는 class definition으로 구

현할 때 1) 데이터 구조, 2) operation, 3) 제약조건이 표현되어야 한다. bag 데이터 구조는 class definition에서 주석으로 표현하는데 element의 collection이라는 타입으로 기술한다. bag의 operation은 class의 public function으로 기술한다. bag의 제약조건은 class의 private function으로 기술하여 empty일때와 full일 때를 check한다.

Bag[1]의 Push( ) 구현은 element를 array의 first available position에 저장하며 bag에 저장되어 있는 element에 대한 중복 검사를 하지 않는다. bag 내부에서 element의 순서가 없는 것은 Pop( ) 구현으로 처리한다. Pop( )은 array의 middle position의 element를 삭제하고 return하여 순서가 없는 것을 처리한다. 배열의 middle이 아닌 임의 장소의 객체를 삭제하는 것으로도 구현이 가능하다. 중복이 있고 순서가 없는 bag 자료구조는 bag::Push( )와 bag::Pop( )의 함수 body로 구현된다.

```
//소스 코드3.1: Bag 자료구조
#pragma once
#include <iostream>
#include <memory>
using namespace std;
#define MaxSize 100

template <class T>
class Bag {
public:
        Bag(int bagCapacity = 10);
        ~Bag( );
        bool IsFull( );
        int Size( ) const;
        bool IsEmpty( ) const;
        virtual T& Pop( ) const;
        virtual void Push(const T&);
private:
        T* array;
        int capacity;
        int top;
};

//Visual Studio2019에서 bag.h, bag.cpp로 분리하지 않아야 함
template <class T>
Bag<T>::Bag(int bagCapacity) : capacity(bagCapacity)
{
        if (capacity < 1) throw "Capacity must be > 0";
```

```
        array = new T[capacity];
        top = -1;
}

template <class T>
Bag<T>::~Bag( ) { delete[ ] array; }

template <class T>
void ChangeSizeID(T*& a, const int oldSize, const int newSize)
{
        if (newSize < 0) throw "New length must be >= 0";

        T* temp = new T[newSize];
        int number = oldSize;
        if (oldSize > newSize) number = newSize;
        //copy(a, a + number, temp);
        memcpy(temp, a, number);
        delete[ ] a;
        a = temp;
}

template <class T>
int Bag<T>::Size( ) const {
        return top + 1;
}

template <class T>
bool Bag<T>::IsEmpty( ) const {
        return top < 0;
}

template <class T>
void Bag<T>::Push(const T& x)
{
        if (top == capacity - 1)
                // 현재 버젼은 ordering 상태에서 push한다. non-ordering되게 push가 가능하게 수정
        {
                ChangeSizeID(array, capacity, 2 * capacity);
                capacity *= 2;
        }
        array[++top] = x;
}

template <class T>
T& Bag<T>::Pop( ) const
```

```
{
        T retValue;
        if (IsEmpty( )) throw "Bag is empty, cannot delete";
        int deletePos = top / 2;
        retValue = array[deletePos];
        // 실습 사항: no ordering상태로 pop되게 수정
        //copy(array + deletePos + 1, array + top + 1, array + deletePos);
        memcpy(array + deletePos, array + deletePos, top + 1);
        top--;
        return retValue;
}

template <class T>
inline bool Bag<T>::IsFull( )
{
        if (top == MaxSize - 1) return TRUE;
        else return FALSE;
}

int main( ) {
        Bag<int> b(4);
        //Bag<float> fo(10);에 대하여도 구현할 것
        //화면에서 임의 숫자를 입력받아 Push( ) 호출하도록 수정
        b.Push(3);
        b.Push(5);
        b.Push(1);
        b.Push(6);
        //cin >> b; //가능하게 수정
        if (b.IsEmpty( )) {
                cout << "empty" << endl;
        }
        else {
                cout << "not empty" << endl;
        }

        while (!b.IsEmpty( )) {
                cout << b.Element( ) << endl;
                b.Pop( );
        }
        //cout << b; //가능하게 수정
        system("pause");
        return 0;
}
```

3.4 Stack 자료구조

stack은 bag와 달리 순서가 있는 sequence이며 A = a_0, a_1, …, a_{n-1}는 n >= 0 elements의 ordered list이다. stack은 ordered list의 한쪽 끝에서 Push( ), Pop( )이 일어나는 Last In First Out(LIFO)를 지원한다. 그리고 stack element의 data type은 template을 사용하여 instantiate 한다.

```
//소스 코드3.2: Stack 자료구조
#include <iostream>
#include <memory>

using namespace std;

template <class T>
class Stack {
public:
        Stack(int stackCapacity = 10);
        bool IsEmpty( ) const;
        T& Top( ) const;
        void Push(const T& item);
        void Pop( );

private:
        T* stack;
        int top;
        int capacity;
};

template <class T>
Stack<T>::Stack(int stackCapacity) :capacity(stackCapacity)
{
        if (capacity < 1) throw "Stack capacity must be > 0";
        stack = new T[capacity];
        top = -1;
}

template <class T>
void ChangeSizeID(T*& a, const int oldSize, const int newSize)
{
```

```
        if (newSize < 0) throw "New length must be >= 0";

        T* temp = new T[newSize];
        int number = oldSize;
        if (oldSize > newSize) number = newSize;
        //copy(a, a + number, temp);
        memcpy(temp, a, number);
        delete[ ] a;
        a = temp;
}

template <class T>
inline bool Stack<T>::IsEmpty( ) const { return top == -1; }

template <class T>
inline T& Stack<T>::Top( ) const
{
        if (IsEmpty( )) throw "Stack is empty";
        return stack[top];
}

template <class T>
void Stack<T>::Push(const T& x)
{
        if (top == capacity - 1)
        {
                ChangeSizeID(stack, capacity, 2 * capacity);
                capacity *= 2;
        }
        stack[++top] = x;
}

template <class T>
void Stack<T>::Pop( )
{
        if (IsEmpty( )) throw "Stack is empty. Cannot delete.";
        stack[top--].~T( );
}

int main( ) {

        Stack<int> s(4);
        //Stack<float> fo(10); 실수에 대하여도 구현
        //화면에서 입력받아 동작하도록 구현
        //stack이 full일 때 처리 기능을 구현
```

```
        s.Push(3);
        s.Push(6);
        s.Push(1);
        s.Push(2);
        cin >> s;//구현 실습
        cout << "is empty: ";
        if (s.IsEmpty( )) {
                cout << "  yes" << endl;
        }
        else {
                cout << " no" << endl;
        }
        cout << "print all elements: " << endl;
        while (!s.IsEmpty( )) {
                cout << s.Top( ) << "  ";
                s.Pop( );
        }
        cout << s; //구현 실습
        cout << endl;
        system("pause");
        return 0;
}
```

자료구조 bag와 stack을 구현하는 class definition[1]을 보면 별 차이가 없다. 데이터 representation도 array를 사용하고 top 변수를 쓰는 것도 같다. 단지 차이가 나는 것은 Push( ), Pop( ) 함수의 구현 body가 다를 뿐이다. set 자료구조는 순서가 없고 중복이 없다. bag 또는 stack 처럼 set에 대한 자료구조로서 class definition을 구현하고 set::Push( ), set::Pop( )을 호출하는 main( ) 프로그램을 작성하는 실습이 container class를 익히는 데 도움이 된다. set을 bag의 subclass로 구현하는 실습 코딩이 유익하다.

3.5 Queue 자료구조

queue는 ordered list이며 모든 insertions(push)이 한쪽 끝에서, 모든 deletions(pop)은 다른 반대편 끝 쪽에서 일어난다. Push( )는 queue의 끝 쪽인 rear에서 처리되고 Pop( )은

queue의 앞쪽인 front에서 처리되기 때문에 First-In-First-Out(FIFO)를 지원한다. queue의 class definition을 보더라도 FIFO에 대한 언급이 없다. queue 자료구조의 public function은 Push( )와 Pop( )으로 stack 자료구조와 같다. queue의 FIFO는 Push( )와 Pop( ) 함수의 body에서 구현되고 있다. 따라서 queue::Push( )와 queue::Pop( )를 사용할 때에 이 두개의 함수가 FIFO를 구현하고 있다. 다시 말하면 queue의 FIFO semantics은 Push( ), Pop( ) signature로 추상화된 것이다.

queue의 단순 구현(simple queue라고 부른다)[1]으로서 array를 사용할 때 capacity를 넘어서는 Push( ) 처리가 필요하다. simple queue의 element 개수는 capacity보다 적지만 rear가 array의 끝을 가리키게 되면 더 이상 Push( ) 처리가 안 된다. 이러한 array 기반 구현 문제를 해결하기 위하여 array를 circular 방식으로 이용하는 것을 circular queue라고 부른다. circular queue는 simple queue의 class definition과 동일하며 Push( ), Pop( ) 함수의 body만 다르게 (rear = (rear + 1) % capacity; front = (front + 1) % capacity;) 구현된다. 다음과 같은 circular queue의 source code를 고쳐 simple queue를 구현하는 실습 코딩으로 차이를 살펴보는 것이 도움이 된다.

```
//소스 코드3.3: Queue 자료구조
#include <iostream>
#include <memory>

using namespace std;

template <class T>
class Queue
{
public:
        Queue(int queueCapacity = 10);
        bool IsEmpty( );
        T& Front( );
        T& Rear( );
        void Push(T const& x);
        void Pop( );
private:
        T* queue;
        int front;
        int rear;
        int capacity;
```

```
};

template <class T>
Queue<T>::Queue(int queueCapacity) : capacity(queueCapacity)
{
	queue = new T[capacity];
	front = rear = -1;
}

template <class T>
inline bool  Queue<T>::IsEmpty( ) { return front == rear; }

template <class T>
inline T& Queue<T>::Front( )
{
	if (IsEmpty( )) throw "Queue is empty. No front element";
	return queue[(front + 1) % capacity];
}

template <class T>
inline T& Queue<T>::Rear( )
{
	if (IsEmpty( )) throw "Queue is empty. No rear element";
	return queue[rear];
}

// doubling queue capacity
template <class T>
void Queue<T>::Push(T const& x)
{
	if ((rear + 1) % capacity == front)
	{
		T* newQueue = new T[2 * capacity];
		// allocate an array with twice the capacity
		int start = (front + 1) % capacity;
		if (start < 2)
			//copy(queue + start, queue + start + capacity - 1, newQueue);
			memcpy(newQueue, queue + start, start + capacity - 1);
		else
		{
			//copy(queue + start, queue + capacity, newQueue);
			//copy(queue, queue + rear + 1, newQueue + capacity - start);
			memcpy(newQueue, queue + start, capacity);
			memcpy(newQueue + capacity - start, queue, rear + 1);
		}
```

```
            // switch to new Queue
            front = 2 * capacity - 1;
            rear = capacity - 2;
            capacity *= 2;
            delete[ ] queue;
            queue = newQueue;
      }
      rear = (rear + 1) % capacity;
      queue[rear] = x;
}

template <class T>
void Queue<T>::Pop( )
{
      if (IsEmpty( )) throw "Queue is empty. Cannot delelte.";
      front = (front + 1) % capacity;
      queue[front].~T( );
}

void main( )
{
      Queue<int> s(3);
      s.Push(2);
      s.Push(1);
      s.Push(4);
      //s.Push(10); //구현시에 doubling 동작 가능한지 테스트
      cin >> s; //구현 실습
      if (s.IsEmpty( )) {
            cout << "empty" << endl;
      }
      else {
            cout << "not empty" << endl;
      }
      while (!s.IsEmpty( )) {
            cout << s.Front( ) << endl;
            s.Pop( );
      }
      //cout << s << endl;//가능하도록 필요한 함수를 추가 구현한다
      system("pause");
}
```

3.6 Deque 자료구조

Deque(double-ended queue)는 양쪽 끝에서 삽입과 삭제가 모두 가능한 자료구조이다. Deque도 vector처럼 배열 기반의 구조이다. C++ STL의 vector는 sequence container로서 새로운 element가 추가될 때 공간이 부족하면 메모리 재할당후 복사하는 방식으로 삽입 시에 성능이 떨어지는 단점이 있다. Deque는 vector의 단점을 보완하기 위해 메모리가 부족할 때 일정한 크기의 새로운 메모리 블록을 할당하기 때문에 이전 데이터를 복사하지 않는 장점이 있다.

```
#include <deque>
using namespace std;
deque<string> dq;
deque<string> d(10); //0으로 초기화된 10개 element 생성
deque<string> d2(d); //복사 생성자
dq.front( ); //1st element
dq.back( ); //마지막 element
dq.push_front("a");
dq.push_back("b");
dq.pop_front( );
dq.pop_back( );
```

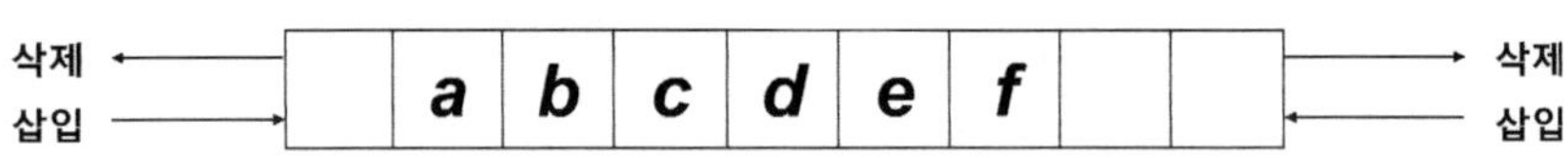

그림 3.1 Deque 구조.

3.7 미로 찾기

미로에서 mouse가 입구에서 출발하여 출구로 나올 수 길을 찾는 문제[1]이다. 그림 3.2 행렬에서 mouse는 0이면 지나갈 수가 있고 1이면 지나가지 못한다. 그리고 행렬 밖으로는 나가지 못한다. 미로 행렬을 2차원 배열 maze[i][j]로 표현할 때 1<= i < m, 1<= j <= p 이고 blocked path는 1이고 지나갈 수 있는 경로는 0이다. i= 0 또는 i = m+1, j = 0 또는 j = p+1은 미로 밖으로 나갈 수 없다. maze[1][1]에서 시작하며, exit는 maze[m][p]에서 종료된다.

```
입구  0 1 0 0 0 1 1 0 0 0 1 1 1 1 1
      1 0 0 0 1 1 0 1 1 1 0 0 1 1 1
      0 1 1 0 0 0 0 1 1 1 1 0 0 1 1
      1 1 0 1 1 1 1 0 1 1 0 1 1 0 0
      1 1 0 1 0 0 1 0 1 1 1 1 1 1 1
      0 0 1 1 0 1 1 1 0 1 0 0 1 0 1
      0 0 1 1 0 1 1 1 0 1 0 0 1 0 1
      0 1 1 1 1 0 0 1 1 1 1 1 1 1 1
      0 0 1 1 0 1 1 0 1 1 1 1 1 0 1
      1 1 0 0 0 1 1 0 1 1 0 0 0 0 0
      0 0 1 1 1 1 1 0 0 0 1 1 1 1 0
      0 1 0 0 1 1 1 1 1 0 1 1 1 1 0  출구
```

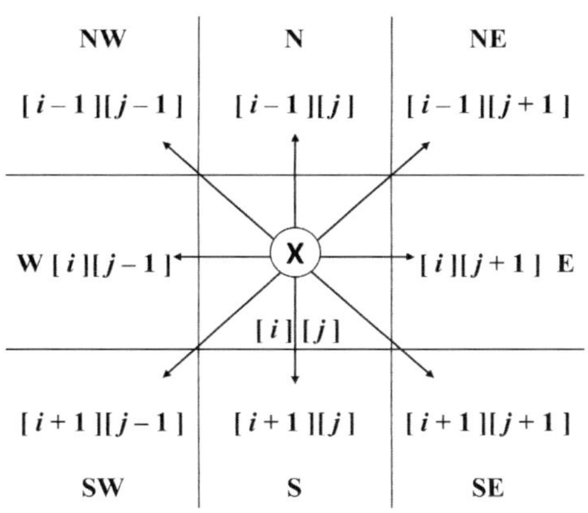

그림 3.2 미로 표현과 이동 방향.

mouse의 현재 위치가 [i][j]일 때 이동할 수 있는 경로는 다음과 같이 8가지가 있다. 8가지는 north, northeast, east, southeast, south, southwest, west, northwest이고 각각을 N, NE, E, SE, S, SW, W, NW로 표기한다. 0 ~ 7 사이의 이동 방향을 숫자 0 ~ 7 대신에 "enum directions {N, NE, E, SE, S, SW, W, NW};"을 사용한다.

mouse의 현재 위치 maze[i][j]가 미로의 가장자리에 있을 때, 즉 i = 1 or m, j = 1 or p 일 때는 가장자리 밖으로 이동할 수가 없다. 이러한 border를 검사하는 if 문 사용을 줄이기 위해

(소스 코드의 line의 숫자를 줄이는 것이 가장 잘하는 코딩이다) 미로를 maze[m+2][p+2]으로 선언한다. border를 모두 1로 설정하기 위하여 i = 0 or m+1, j = 0 or p+1에 대하여 "m[i][j] = 1;"를 초기화한다.

현재 위치에서 이동 가능한 8가지 방향은 "enum directions q;"로 선언되고 0 ~ 7의 값을 갖게 된다. mouse의 현재 위치가 maze[i][j]라면 이동후의 위치 maze[g][h]는 다음과 같은 문장으로 표현된다.

```
struct offsets {
       int a, b;
}
offsets move[8];
//q는 0 ~ 7 값을 가짐
g = i + move[q].a; h = j + move[q].b;
```

q의 값에 따라 다음 이동 위치 maze[g][h]는 "offsets move[8];"로 설정된 값을 사용하여 변경된다. 배열 move[q]의 값을 사용하여 q의 값으로 다음 위치를 이동한다. mouse가 막다른 길에 도달하면 stack을 이용하여 왔던 길로 되돌아가 가보지 않은 다른 경로를 찾아보아야 한다. 이때 한번 지나간 경로를 다시 선택하는 것을 없애기 위하여 또 다른 배열 mark[m+2][p+2]을 만들고 초기 값은 0으로 하고 지나가면 mark[i][j]을 1로 변경한다.

q	*move [q].a*	*move [q].b*
N	-1	0
NE	-1	1
E	0	1
SE	1	1
S	1	0
SW	1	-1
W	0	-1
NW	-1	-1

그림 3.3 미로 벌레 이동 방향.

maze[ ][ ]를 사용한 미로 찾기 알고리즘은 현재 위치 maze[i][j]를 stack에 push한 후에 생성하여 다음 위치로 이동한다. 더 이상 경로가 없으면 stack에서 pop하여 되돌아가 가지 않은 다른 경로를 선택하여 미로 찾기를 계속한다. stack에 현재 위치를 push할 때 다음 이동 방향인 dir를 같이 포함한다. 미로 찾기 시작 시에 (1,1,N)을 stack에 push한 후에 while( ) { }에서 pop한 결과를 temp 변수가 갖게 되고 d = temp.dir이 이동할 방향이 된다.

```
struct items {
        int x, y, dir;
}
```

operator<<( ) 함수는 stack과 items에 대하여 overload되었다. operator<<이 stack의 private data member를 접근하기 위해서 class Stack의 friend로 선언되었다.

```
//소스 코드3.4: Mazing Problem
#pragma once
#include <iostream>
#include <memory>
using namespace std;
#define MaxSize 100

template <class T>
class Bag {
public:
        Bag(int bagCapacity = 10);
        ~Bag( );
        bool IsFull( );
        int Size( ) const;
        bool IsEmpty( ) const;
        virtual T& Pop( ) const;
        virtual void Push(const T&);
private:
        T* array;
        int capacity;
        int top;
};

//Visual Studio2019에서 bag.h, bag.cpp로 분리하지 않아야 함
```

```
template <class T>
Bag<T>::Bag(int bagCapacity) : capacity(bagCapacity)
{
	if (capacity < 1) throw "Capacity must be > 0";
	array = new T[capacity];
	top = -1;
}

template <class T>
Bag<T>::~Bag( ) { delete[ ] array; }

template <class T>
void ChangeSizeID(T*& a, const int oldSize, const int newSize)
{
	if (newSize < 0) throw "New length must be >= 0";

	T* temp = new T[newSize];
	int number = oldSize;
	if (oldSize > newSize) number = newSize;
	//copy(a, a + number, temp);
	memcpy(temp, a, number);
	delete[ ] a;
	a = temp;
}

template <class T>
int Bag<T>::Size( ) const {
	return top + 1;
}

template <class T>
bool Bag<T>::IsEmpty( ) const {
	return top < 0;
}

template <class T>
void Bag<T>::Push(const T& x)
{
	if (top == capacity - 1)
		// 현재 버젼은 ordering 상태에서 push한다. non-ordering되게 push가 가능하게 수정
	{
		ChangeSizeID(array, capacity, 2 * capacity);
		capacity *= 2;
	}
	array[++top] = x;
```

```
}

template <class T>
T& Bag<T>::Pop( ) const
{
        T retValue;
        if (IsEmpty( )) throw "Bag is empty, cannot delete";
        int deletePos = top / 2;
        retValue = array[deletePos];
        // 실습 사항: no ordering상태로 pop되게 수정
        //copy(array + deletePos + 1, array + top + 1, array + deletePos);
        memcpy(array + deletePos, array + deletePos, top + 1);
        top--;
        return retValue;
}

template <class T>
inline bool Bag<T>::IsFull( )
{
        if (top == MaxSize - 1) return TRUE;
        else return FALSE;
}

#pragma once
#include <iostream>
#include "bagTemplate.h"
#include <memory>

using namespace std;
template <class T>
class Stack : public Bag<T>
{
public:
        Stack(int MaxStackSize = DefaultSize);
        T& Pop( ) const;
        void Push(const T&);
        //friend를 template에 사용시 사용법
        template <class T>
        friend ostream& operator<<(ostream& os, const Stack<T>& s);
        template <class T>
        friend ostream& operator<<(ostream& os, items& item);
private:
        void StackEmpty( ) { cout << "Stack is empty" << endl; };
        void StackFull( ) { cout << "Stack is full" << endl; };
};
```

```
//Visual Studio2019에서 bag.h, bag.cpp로 분리하지 않아야 함
template <class T>
Stack<T>::Stack(int stackCapacity) :capacity(stackCapacity)
{
	if (capacity < 1) cout<<"Stack capacity must be > 0";
	stack = new T[capacity];
	top = -1;
}

template <class T>
T& Stack<T>::Pop( ) const
{
	if (IsEmpty( )) StackEmpty( );
	return Bag<T>::Pop( );
}

template <class T>
void Stack<T>::Push(const T& t)
{
	if (IsFull( )) StackFull( );
	Bag<T>::Push(t);
}

template <class T>
Stack<T>::Stack(int MaxStackSize) : MaxSize(MaxStackSize)
{
	stack = new T[MaxSize];
	top = -1;
}

template <class T>
ostream& operator<<(ostream& os, const Stack<T>& s)
{
	os << "top = " << s.top << endl;
	os << "stack elements: from the bottom to the top: " << endl;
	for (int i = 0; i <= s.top; i++)
		os << i << ":" << s.stack[i] << endl;
	return os;
}

//3.5 a mazing problem
#include <iostream>
#include <fstream>
#include "stackTemplate.h"
using namespace std;
```

```
const int DefaultSize = 100;

struct items {
	int x, y, dir;
};

ostream& operator<<(ostream& os, items& item)
{
	return os << item.x << "," << item.y << "," << item.dir;
}

struct offsets {
	int a, b;
};

enum directions { N, NE, E, SE, S, SW, W, NW };
offsets moves[8];
int maze[100][100];
int mark[100][100];

void path(int m, int p)
// Output a path (if any) in the maze; rows is m, cols is p;
{
	//start at (1,1)
	mark[1][1] = 1;
	Stack<items> stack(m * p);
	items temp;
	temp.x = 1; temp.y = 1; temp.dir = E;
	stack.Push(temp);

	while (!stack.IsEmpty( )) // stack not empty
	{
		temp = stack.Pop( ); // unstack
		int i = temp.x; int j = temp.y; int d = temp.dir;
		while (d < 8) // moves forward
		{
			//outFile << i << " " << j << " " << d << endl;
			int g = i + moves[d].a;
			int h = j + moves[d].b;
			if ((g == m) && (h == p)) { // reached exit
			                            // output path
				cout << stack;

				cout << "the term near the exit: " << i << " " << j << endl;
				cout << "exit: " << m << " " << p << endl;
```

```
                    return;
                }
                if ((!maze[g][h]) && (!mark[g][h])) { // new position
                    mark[g][h] = 1;
                    //push the old temp to the stack, but the direction changes.
                    //Because the neighbor in the direction of d has been checked.
                    temp.x = i;  temp.y = j; temp.dir = d + 1;
                    stack.Push(temp); // stack it
                    i = g; j = h; d = N; // moves to (g,h)
                }
                else d++; // try next direction
            }
        }
        cout << "no path in maze " << endl;
}
/*
maze[ ][ ], mark[ ][ ]를 class의 private data member로 선언
main( )에서는 class의 public function의 호출로 미로 찾기
*/
void main( ) {
        int input[12][15] = {
        { 0, 1, 0, 0, 0, 1, 1, 0, 0, 0, 1, 1, 1, 1, 1 },
        { 1, 0, 0, 0, 1, 1, 0, 1, 1, 1, 0, 0, 1, 1, 1 },
        { 0, 1, 1, 0, 0, 0, 0, 1, 1, 1, 1, 0, 0, 1, 1 },
        { 1, 1, 0, 1, 1, 1, 1, 0, 1, 1, 0, 1, 1, 0, 0 },
        { 1, 1, 0, 1, 0, 0, 1, 0, 1, 1, 1, 1, 1, 1, 1 },
        { 0, 0, 1, 1, 0, 1, 1, 1, 0, 1, 0, 0, 1, 0, 1 },
        { 0, 0, 1, 1, 0, 1, 1, 1, 0, 1, 0, 0, 1, 0, 1 },
        { 0, 1, 1, 1, 1, 0, 0, 1, 1, 1, 1, 1, 1, 1, 1 },
        { 0, 0, 1, 1, 0, 1, 1, 0, 1, 1, 1, 1, 1, 0, 1 },
        { 1, 1, 0, 0, 0, 1, 1, 0, 1, 1, 0, 0, 0, 0, 0 },
        { 0, 0, 1, 1, 1, 1, 1, 0, 0, 0, 1, 1, 1, 1, 0 },
        { 0, 1, 0, 0, 1, 1, 1, 1, 1, 0, 1, 1, 1, 1, 0 },
        };

        moves[N].a = -1; moves[N].b = 0;
        moves[NE].a = -1; moves[NE].b = 1;
        moves[E].a = 0; moves[E].b = 1;
        moves[SE].a = 1; moves[SE].b = 1;
        moves[S].a = 1; moves[S].b = 0;
        moves[SW].a = 1; moves[SW].b = -1;
        moves[W].a = 0; moves[W].b = -1;
        moves[NW].a = -1; moves[NW].b = -1;


        for (int i = 0; i < 14; i++) {
```

```
        for (int j = 0; j < 17; j++)
        {
            if ((!i) || (!j) || (i == 13) || (j == 16))
                maze[i][j] = 1;
            else {
                maze[i][j] = input[i - 1][j - 1];
            };
            mark[i][j] = 0;

        }
    }
    for (int i = 0; i <= 13; i++)
    {
        for (int j = 0; j <= 16; j++)
            cout << maze[i][j] << " ";
        cout << endl;
    }
    path(12, 15);

    int end;
    cin >> end;
}
```

3.8 Stack을 이용한 Postfix expression

C 언어에서 "A / B - C + D * E - A * C"를 expression이라 하며 evaluation 순서를 결정하기 위해 각 operator(+, -, *, / 등)에 대하여 연산자 우선순위(priority)를 부여한다. +, - 연산자보다 *, / 연산자가 먼저 실행되는 이유는 연산자 우선순위를 expression을 표현한 parse tree(expression을 표현한 syntax tree라고도 하며 구문을 나타낸다)에서 *, / 연산자가 +, - 연산자보다 밑에 있기 때문이다.

expression이 A*B/C일 때를 infix 표기라 하며 operators가 operands 사이에 온다. postfix form은 operator가 operands 다음에 온다. infix 표현식 A*B/C는 postfix는 AB*C/으로 표현된다. prefix는 operator가 먼저 온 후에 operand가 오는 것을 말한다. stack을 사용하여 infix를 postfix 표기로 바꾸는 알고리즘을 구현한다. 그리고 stack을 사용하여 postfix form을 operand에 대하여 evaluate하는 소스 코드를 만든다. 좀 더 복잡한 infix expression을 postfix로 변환하는 알고리즘을 구현한다.

infix: A / B - C + D * E - A * C
postfix: A B / C - D E * + A C * -

infix를 postfix로 바꾸는 방법으로 stack을 이용한다. expression의 각 변수와 operand를 token으로 만든다. expression의 문자열 분석기를 lexical analyzer라 하며 operand로서 변수 또는 상수, operator를 추출한 것을 token이라 한다. 예를 들면 sum = A + data;라고 코딩할 때 token은 sum, =, A, +, data가 추출된다. 따라서 상수값, 변수명, if, while 등의 키워드가 하나의 token에 해당된다.

stacking에 의해서 postfix를 만드는 방법은 expression의 token에 대하여 operand가 오면 바로 output로 보내고 operator는 stack에 push한다. infix 표기가 A + B * C일 때 stack에 있는 +에 대하여 다음 token이 *일 때 *의 priority가 + 보다 높기 때문에 *이 stack에 push된다. A * B + C 일때는 stack에 *이 있고 다음 token이 +이므로 stack에 있는 *이 pop된 후에 +가 stack에 push된다. input expression의 다음 token이 empty이면 stack에 남아 있는 모든 operators를 pop을 하여 마무리한다.

괄호가 있는 expression 은 우선순위가 높다. infix: A * (B + C) * D에 대하여 stack에 *을 push한 후에 (는 * 보다 우선순위가 높기 때문에 stack에 들어가게 된다. 다음에 오는 +에 대하여 stack의 (가 우선 순위가 낮기 때문에 + 를 stack에 넣게 된다.) 가 오게 되면 stack에서 (이 나올 때까지 pop을 한다. postfix 결과는 ABC+*D*이 된다.

priority	operator
1	unary minus, !
2	*, /, %
3	+, -
4	<, <=, >=, >
5	==, !=
6	&&
7	||

그림 3.4 연산자 우선순위.

operator의 stacking과 unstacking에 관한 priority-based scheme[1]이 사용된다. operators에 관한 2가지 priorities 규칙으로 isp(in-stack priority), icp(in-coming priority) 함수를 사용한다. 괄호에 대하여 isp('(') = 8, icp('(') = 0을 정의하고 ')'은 따로 정하지 않는다. token으로 ')'을 만나면 stack에서 '('이 나올 때가지 pop을 하기 때문이다. stack의 최초 상태는 '#'을 먼저 push하므로 isp('#') = 8로 한다.

stacking rule은 operators의 in-stack priority가 in-coming priority의 숫자 보다 작거나 같으면 pop (in-stack priority가 더 높다는 의미)을 한다. x가 다음 token이고 isp(stack>top( ))와 icp(x)비교하여 Push(x)를 Pop( )을 처리한다.

```
//소스 코드3.5: Postfix Expression
//3.6.2 postfix notation
#include <iostream>
#include <memory>
#include "stackTemplate.h"
typedef char* Expression;
typedef char Token;
using namespace std;

int index = 0;

char NextToken(char* e)
{
        char token = e[index];
        index++;
        return token;
}

bool isOperand(char x)
{
        if (x == '+' || x == '-' || x == '*' || x == '/' ||
                x == '(' || x == ')' || x == '%' || x == '#')
                return false;
        else
                return true;
}

int isp(char a)
```

```
{
        if (a == '(')
                return 0;
        else if (a == ')')
                return 19;
        else if (a == '+' || a == '-')
                return 12;
        else if (a == '*' || a == '%' || a == '/')
                return 13;
        else
                return 0;
}

int icp(char a)
{
        if (a == '(')
                return 20;
        else if (a == ')')
                return 19;
        else if (a == '+' || a == '-')
                return 12;
        else if (a == '*' || a == '%' || a == '/')
                return 13;
        else
                return 0;
}

Expression Postfix(Expression e)
{
        Stack<char> stack;
        stack.Push('#');
        for (char x = NextToken(e); x != NULL; x = NextToken(e))
        {
                //cout << "x = " << x << endl;
                if (isOperand(x))
                        cout << x;
                else if (x == ')')
                {
                        while (stack.Top( ) != '(')
                        {
                                cout << stack.Top( );
                                stack.Pop( );
```

```
                }
                stack.Pop( );
            }
            else
            {
                for (; isp(stack.Top( )) >= icp(x); stack.Pop( ))
                    cout << stack.Top( );
                stack.Push(x);
            }
        }

        char x;
        while ((x = stack.Top( )) != '#')
        {
            cout << x;
            stack.Pop( );
        }
        cout << endl;
}

void Eval(Expression e){
Stack<Token> stack;
stack.Push('#');
for (Token x = NextToken(e); x != '#'; x = NextToken(e))
        if (isOperand(x)) stack.Push(x);
        else {
            //remove the correct number of operands for operator x from stack;
            //perform the operation x and store the result onto the stack;
        }
}

void main( )
{
        index = 0;
        Expression infix, postfix;
        scanf("%s", infix);
        cout << infix << endl;
        postfix = Postfix(infix);
        Eval(postfix);
        cout << postfix << endl;
}
```

3.9 Queen 문제와 Knight tour 문제

8 queen 문제는 8x8 chess 판에 8개의 queen을 배치하는 문제이다. queen은 가로, 세로, 대각선에 다른 queen을 놓을 수가 없다. N= 2일때는 대칭을 구별한 unique 해는 1개의 해가 있고 N=8일 때는 12개의 unique한 해가 있다. recursive 함수를 사용하지 않고 stack을 사용하여 구현한다.

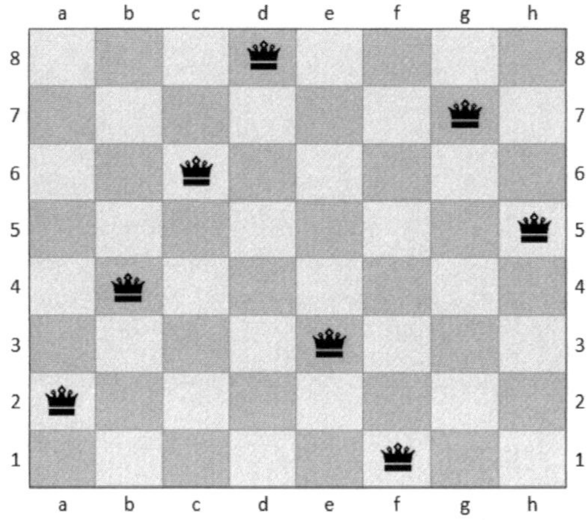

그림 3.5 8-Queen 문제.

chess 판의 nonattacking knight 문제는 8×8 chess 배열에 충돌되지 않는 knight 개수의 최솟값을 구하는 문제이다. 새로운 knight가 이미 배치된 knight로 부터 공격받지 않으면 추가 배치할 수 있다. knight의 최소 개수를 찾고 배치 결과를 보여준다.

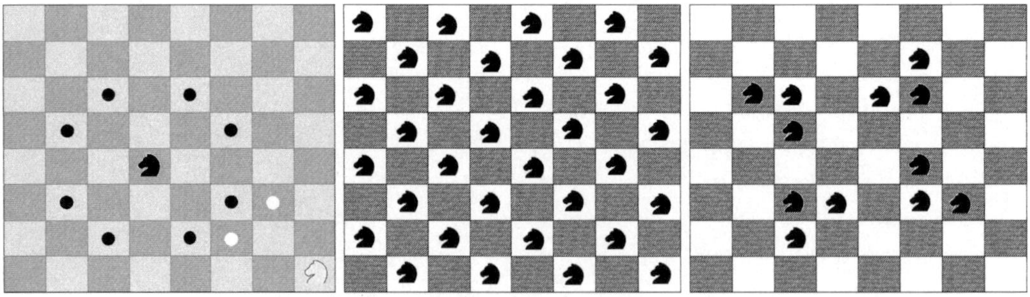

그림 3.6 Chess 판의 Knight 배치 해답.

4장

Linked Lists

4장 Linked Lists

4.1 Singly linked lists

ordered lists를 위한 sequential mapping에 해당하는 array 표현 방법은 임의 elements의 insertion과 deletion 처리 시에 나머지 elements를 이동해야 하는 문제 때문에 성능이 떨어진다. 반면에 linked representation은 pointer 또는 link를 사용하여 elements가 더 이상 sequential order로 저장되지 않아도 sorting 된 결과 유지할 수 있게 한다.

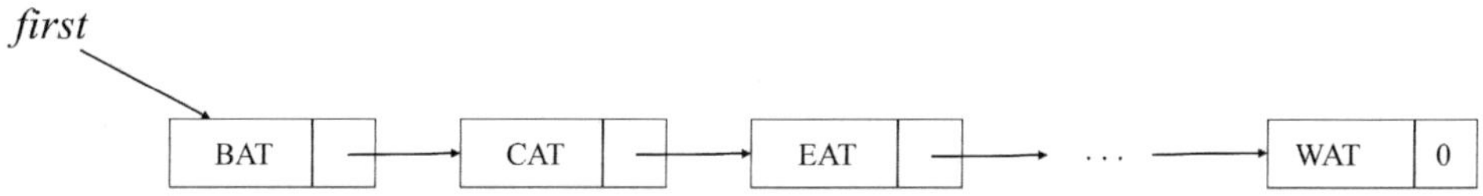

그림 4.1 Sinlgy Linked List.

sequential list보다 linked lists를 사용하는 것이 임의 elements의 insert, delete가 더 쉬운 이유는 ChainNode의 link만 변경하면 되기 때문이다. array처럼 기존 elements를 모두 이동해야 하는 불편은 없으나 주어진 값을 찾기 위해서 해당 노드를 순차적으로 따라가는 overhead가 있다.

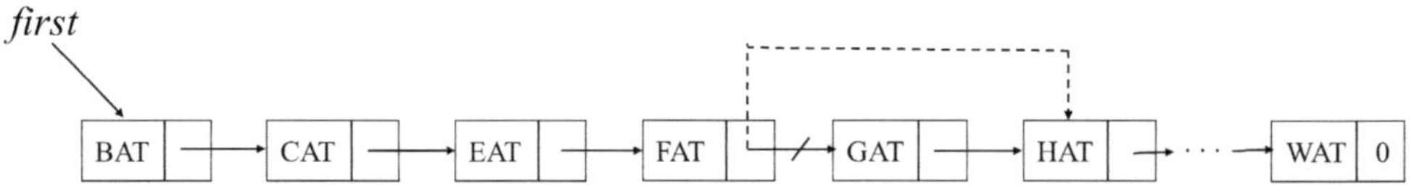

그림 4.2 Singly Linked List에서 삭제 문제.

4.2 C++로 Linked List 표현

Linked list는 object를 표현하는 ChainNode를 정의하는 클래스와 Chain을 정의하는 클래스로 표현한다. class ChainNode의 private data member는 데이터 값을 표현하는 data와 다음 노드를 가리키는 link로 구성된다.

```
class ChainNode {
    private:
    int data;
    ChainNode *link;
};
```

class Chain은 첫 번째 노드를 가리키는 first를 class ChainNode를 사용하여 data member로 선언한다. class Chain의 public 함수인 Insert( ), Delete( )에서 노드를 추가 또는 삭제하기 위해서는 class ChainNode에서 friend 선언이 필요하다. first는 Chain의 private data member로 선언되었으며 class의 외부에서 접근 또는 변경을 못하게 한다.

```
class chain; // forward 선언
class ChainNode {
        friend class Chain;
private:
        int data;
        ChainNode *link;
};

class Chain {
public:
        //list operations
        Chain( ) { }
        int Delete( ); //first가 가리키는 노드를 삭제하고 data를 return
        bool Delete(int); //전달된 element를 삭제하고 true를 return, 없으면 false를 retun
        void Insert(int); //새로운 노드를 만들고 first 다음 노드에 추가
        void InsertSorted(int);//insert 결과로서 sorted list가 되도록 구현한 실습
private:
        ChainNode *first;
};
```

4.3 Template linked list

linked list는 container class이므로 templates 으로 구현하기에 가장 좋은 예이다. class ChainNode[1]의 private data member를 template parameter T로 선언하고 template <class T>를 사용한다. class Chain[1]의 public 함수인 Add( ), Delete( )함수의 body를 구현할 때 "template<class T> void Chain<T>::Add(const T& element)"로 시작해야 한다.

```
template<class T> class Chain; //forward declaration
template<class T> class ChainNode {
        friend class Chain<T>;
public:
        ChainNode(T element = 0);
private:
        T data;
        ChainNode<T>* link;
};

template<class T> class Chain {
public:
        Chain( ) { first = 0; };
        void Delete(void); //delete the first element after first
        int Length( );
        void Add(const T& element); //add a new node after first
        void Invert( );
        void Concatenate(Chain<T> b);
        template <class T>
        friend ostream& operator<<(ostream&, Chain<T>);//template <class T>포함해야 compiler가 처리
        //int Minimum( );
private:
        ChainNode<T>* first;
};

template<class T>
void Chain<T>::Delete(void) //delete the first element after first
{
        ChainNode<T>* current, * next;
        if (first != nullptr) //non-empty list
        {
                next = first->link;

                ChainNode<T>* temp = first;
```

```
            first = next;
            delete temp;
        }
        else
            cout << "Error - Empty List. not deleted" << endl;
}

template<class T>
void Chain<T>::Add(const T& element) //add a new node after first
{
        ChainNode<T>* newnode = new ChainNode<T>(element);
        if (!first) //insert into empty list
        {
            first = newnode;
            return;
        }
        //insert a new node after first
        newnode->link = first;
        first = newnode;
}
```

4.4 Linked list Iterators

container class 에 대한 iterators 의 사용 예로서 1) class C 의 모든 integers를 print, 2) C에 있는 모든 정수의 max, min, mean, median 을 구한다, 3) C에 있는 모든 정수의 sum, product, sum of squares를 구한다, 4) 어떤 조건 P 를 만족하는 모든 정수를 구한다, 5) 주어진 f(x)가 max가 되게 하는 정수 x를 구하는 함수를 작성할 때 iterator 객체가 있으면 매우 편리하다.

iterator 객체는 container class의 모든 elements를 one by one으로 traverse하는 데 사용되는 object로서 순서화된 container의 각 객체를 하나씩 접근하기 위해 현재 접근하는 노드를 가리키는 변수를 포함한다. 이것은 while loop를 object로 인식하고 간주하는 개념으로 OLE/COM, ODBC, JDBC이해에 매우 중요하다.

container class인 Chain의 모든 elements를 traverse하는 class ChainIterator[1]는 private data member로서 list와 current를 포함한다. list는 iterator의 적용 대상인 container class 객체를 상수로서 참조변수로 갖고 있게 된다. current는 pointer 변수로서 Next( )함수가 호출될 때마다 다음 노드를 가리키게 된다.

```
template<class T>
class ChainIterator {
public:
        ChainIterator(const Chain<T>& l) :list(l), current(l.first) { };
        //dereferencing operators
        T& operator *( ) const { return current->data; }
        T* operator->( )const { return &current->data; }
        //increment
        ChainIterator<T>& operator ++( ); //preincrement
        ChainIterator<T> operator ++(int); //post increment
        bool NotNull( ); //check the current element in list is non-null
        bool NextNotNull( );//check the next element in list is non-null

        T* First( );       //return a pointer to the first element of list
        T* Next( );  //return a pointer to the next element of list
private:
        const Chain<T>& list; //refers to an existing list
        ChainNode<T>* current; //points to a node in list
};
```

class Chainiterator를 사용하여 container class의 모든 elements를 접근하여 최대, 최소, 합계, 평균 등을 구하는 함수를 쉽게 구현[1]할 수 있어야 한다. iterator 객체는 C++ STL에서도 지원하며 SW 구현 시에 자주 그리고 많이 사용된다.

```
template <class T>
int Show(const Chain<T>& l) {
        ChainIterator<T> li(l); //li is associated with list l
        if (!li.NotNull( )) return 0; //empty list, return 0
        T retvalue = *li.First( );//get first element
        cout << retvalue;
        while (li.NextNotNull( )) //make sure that next element exists
        {
                retvalue = *li.Next( );
                cout << " <- " << retvalue;
        }
        return retvalue;
}
```

Chain<int>와 Chainiterator<int>를 사용하여 모든 chain을 출력하고, 두개의 chain을 concatenate하고, chain의 각 data의 합과 최댓값을 구하는 main( )프로그램을 완성하는 실습을 한 후에 제공된 소스 코드를 보지 않고 동일 또는 유사한 코드를 작성하는 실습이 좋다. visual studio2019에서는 template 사용 시에 chain.h와 chain.cpp로 분리하면 바인딩 처리가 안 되는 오류가 발생하기 때문에 하나의 file로 작성하였다.

```
//소스 코드4.1: Linked List
/*
template 사용 시에는 클래스 멤버 함수의 정의와 구현부를 *.h 파일과 *.cpp 파일로 분리할 수 없음. 하나의
file로 처리
- class Chain, class ChainIterator에 함수 추가하는 코딩 연습 필요
- template chain으로 circular list로서 head node가 있는 경우 구현
*/

#include <iostream>
using namespace std;

template<class T> class Chain; //forward declaration
template<class T> class ChainIterator;

template<class T> class ChainNode {
	friend class Chain<T>;
	friend class ChainIterator<T>;
public:
	ChainNode(T element = 0);
private:
	T data;
	ChainNode<T>* link;
};

template<class T> class Chain {
	friend class ChainIterator<T>;
public:
	Chain( ) { first = 0; };
	void Delete(void); //delete the first element after first
	int Length( );
	void Add(const T& element); //add a new node after first
	void Invert( );
	void Concatenate(Chain<T> b);
	template <class T>
	friend ostream& operator<<(ostream&, Chain<T>);//template <class T>포함해야 compiler가 처리
	//int Minimum( );
```

```
private:
        ChainNode<T>* first;
};

template<class T>
class ChainIterator {
public:
        ChainIterator(const Chain<T>& l) :list(l), current(l.first) { };
        //dereferencing operators
        T& operator *( ) const { return current->data; }
        T* operator->( )const { return &current->data; }
        //increment
        ChainIterator<T>& operator ++( ); //preincrement
        ChainIterator<T> operator ++(int); //post increment
        bool NotNull( ); //check the current element in list is non-null
        bool NextNotNull( );//check the next element in list is non-null

        T* First( );        //return a pointer to the first element of list
        T* Next( );  //return a pointer to the next element of list
private:
        const Chain<T>& list; //refers to an existing list
        ChainNode<T>* current; //points to a node in list
};

template<class T>
ChainNode<T>::ChainNode(T element)
{
        data = element;
        link = 0;
}

template<class T>
void Chain<T>::Delete(void) //delete the first element after first
{
        ChainNode<T>* current, * next;
        if (first != nullptr) //non-empty list
        {
                next = first->link;

                ChainNode<T>* temp = first;
                first = next;
                delete temp;
        }
        else
                cout << "Error - Empty List, not deleted" << endl;
}
```

```
template<class T>
void Chain<T>::Add(const T& element) //add a new node after first
{
	ChainNode<T>* newnode = new ChainNode<T>(element);
	if (!first) //insert into empty list
	{
		first = newnode;
		return;
	}
	//insert a new node after first
	newnode->link = first;
	first = newnode;
}

template<class T>
void Chain<T>::Invert( ) {
	ChainNode<T>* p = first, * q = 0; //q trails p
	while (p) {
		ChainNode<T>* r = q; q = p; //r trails q
		p = p->link; //p moves to next node
		q->link = r; //link q to preceding node
	}
	first = q;
}

template<class T>
void  Chain<T>::Concatenate(Chain<T> b) {
	ChainNode<T>* p;
	if (!first) { first = b.first; return; }
	if (b.first) {
		// No loop body in this for loop. It just moves the pointer 'p' to the end of
the A chain.
		for (p = first; p->link; p = p->link);

		p->link = b.first;
	}
}

// pre-increment
template<class T>
ChainIterator<T>& ChainIterator<T>::  operator ++( )
{
	current = current->link;
	return *this;
}
```

```
//post increment
template<class T>
ChainIterator<T> ChainIterator<T>:: operator ++(int)
{
	ChainIterator<T> old = *this;
	current = current->link;
	return old;
}

//check the current element in list is non-null
template<class T>
bool  ChainIterator<T>::NotNull( ) {
	if (current) return 1;
	else return 0;
}

//check the next element in list is non-null
template<class T>
bool   ChainIterator<T>::NextNotNull( ) {
	if (current && current->link) return 1;
	else return 0;
}

//return a pointer to the first element of list
template<class T>
T* ChainIterator<T>::First( ) {
	if (list.first) return &list.first->data;
	else return 0;
}

//return a pointer to the next element of list
template<class T>
T* ChainIterator<T>::Next( ) {
	if (current) {
		current = current->link;
		return &current->data;
	}
	else return 0;
}

/* chainiterator.cpp - iterator class를 사용하는 실습
 - template 사용시에 chain.h, chain.cpp => 바인딩 처리가 안됨 - visual studio2019의 문제
 - template 사용시에 하나의 file로 처리
 Chain iterator 실습 - TODO로 주석처리 되어 있는 부분을 직접 실습해 볼 것.
최대, 최소, 평균 등을 구하는 함수 작성 능력
```

```
*/
#include <iostream>
#include "Chain.h"

using namespace std;

/* template function */
template <class T>
int Show(const Chain<T>& l) {
        ChainIterator<T> li(l); //li is associated with list l
        if (!li.NotNull( )) return 0; //empty list, return 0
        T retvalue = *li.First( );//get first element
        cout << retvalue;
        while (li.NextNotNull( )) //make sure that next element exists
        {
                retvalue = *li.Next( );
                cout << " <- " << retvalue;
        }
        return retvalue;
}

template <class T>
int sum(const Chain<T>& l) {
        ChainIterator<T> li(l);      //li is associated with list l
        if (!li.NotNull( )) return 0; //empty list, return 0
        T retvalue = *li.First( );      //get first element
        while (li.NextNotNull( ))  //make sure that next element exists
                retvalue += *li.Next( );
        return retvalue;
}

template <class T>
int SumProductFifth(const Chain<T>& l) {
        // sum(Xi * Xi+5)
        return 0;
}

template <class T>
int Length(const Chain<T>& l) {
        // list의 갯수
        return 0;
}

template <class T>
int Maximum(const Chain<T>& l) {
        // list에서 최대값
```

```
	return 0;
}

template <class T>
int Minimum(const Chain<T>& l) {
	// list에서 최소값
	return 0;
}

template <class T>
int MakeArray(const Chain<T>& l, int [ ]) {
	//list 원소를 읽어 배열에 저장
	return 0;
}

int main(void) {
	int select;
	//ChainNode<int> nd;
	Chain<int> a, b;
	ChainIterator<int> cit(a);
	int value;
	do
	{
		cout << endl << "1. Add new value to chain 'A'" << endl << "2. Add new value to chain 'B'"
		   << endl << "3. Print all chains" << endl << "4. Invert chain"
		   << endl << "5. Concatenate A and B" << endl << "6. Delete first node in chain"
		   << endl << "7. Get Sum of the chain" << endl << "8. Get length of the chain"
		   << endl << "9. Get maximum value in chain" << endl<< "10. Quit" << endl << endl;
		cout << "Select command (1~10) : ";
		cin >> select;
		switch (select)
		{
			// Case 1 : Add new value to chain 'A'
		case 1:
			cout << "Add a new value: ";
			cin >> value;
			a.Add(value);
			break;

			// Case 2 : Add new value to chain 'B'
		case 2:
			cout << "Add a new value: ";
			cin >> value;
			b.Add(value);
			break;
```

```
        // Case 3 : Print all chains
    case 3:
        cout << "Chain A : ";
        Show(a);
        cout << endl;
        cout << "Chain B : ";
        Show(b);
        cout << endl;
        break;

        // Case 4 : Invert chain
    case 4:
        cout << endl << "Which chain will you invert?" << endl << "1. Chain A" << endl
<< "2. Chain B" << endl << endl << "Select command (1~2) : ";
        cin >> value;
        if (value == 1)
            a.Invert( );
        else if (value == 2)
            b.Invert( );
        else
            cout << "Invalid value! Return to menu..." << endl;
        break;

        // Case 5 : Concatenate A and B
    case 5:
        cout << endl << "Concatenated chain" << endl;
        a.Concatenate(b);
        Show(a);
        cout << endl;
        break;

        // Case 6 : Delete first node in chain
    case 6:
        cout << endl << "Which chain will you delete?" << endl << "[1] Chain A" <<
endl << "[2] Chain B" << endl << endl << "Select command (1~2) : ";
        cin >> value;

        if (value == 1)
            a.Delete( );
        else if (value == 2)
            b.Delete( );
        else
            cout << "Invalid value! Return to menu..." << endl;
        break;

        // Case 7 : Get Sum of the chain
```

```
		case 7:
			cout << endl << "Which chain will you sum?" << endl << "1. Chain A" << endl
<< "2. Chain B" << endl << endl << "Select command (1~2) : ";
			cin >> value;

			if (value == 1)
				sum(a);
			else if (value == 2)
				sum(b);
			else
				cout << "Invalid value! Return to menu..." << endl;
			break;

			// Case 8 : Get length of the chain
		case 8:
			// TODO : Counting the number of nodes by using iterator class
			cout << endl << "Which chain's length do you want?" << endl << "[1] Chain
A" << endl << "[2] Chain B" << endl << endl << "Select command (1~2) : ";
			cin >> value;

			if (value == 1)
				cout << Length(a) << endl;
			else if (value == 2)
				cout << Length(b) << endl;
			else
				cout << "Invalid value! Return to menu..." << endl;
			break;
			// Case 9 : Get maximum value in chain
		case 9:
			// TODO : Find node with maximum value by using iterator class
			cout << endl << "Which chain's max-value do you want?" << endl << "[1] Chain
A" << endl << "[2] Chain B" << endl << endl << "Select command (1~2) : ";
			cin >> value;

			if (value == 1)
				cout << Maximum(a) << endl;
			else if (value == 2)
				cout << Maximum(b) << endl;
			else
				cout << "Invalid value! Return to menu..." << endl;
			break;

			// Case q : Quit the program
		case 10:
			cout << "Quit the program..." << endl;
```

```
                break;
            default:
                cout << "WRONG INPUT" << endl;
            }
        } while (select != 10);
        system("pause");
        return 0;
}
```

Singly linked list를 사용하여 두개의 list를 merge하는 함수를 class Chain의 public 함수로 구현하는 실습을 한다. 단 두개의 list의 data가 오름차순으로 정렬되었다고 가정하고 merge 후에도 정렬된 결과를 만든다. 그리고 새로운 노드를 만들지 않고 기존 노드를 사용하는 in-place 방식으로 동작하는 코드를 만든다. merge 함수를 class Chain의 멤버 함수가 아닌 일반 함수로 구현할 때에 발생하는 문제가 무엇이고 이를 해결하기 위한 방법으로 friend를 사용하는 방법을 고려한다. merge 함수를 class Chain의 public 함수가 좋은지 아니면 일반 함수로 구현하는 것이 좋은지를 스스로 판단할 수 있어야 한다.

4.5 Circular lists

circular list는 마지막 노드가 첫 번째 노드를 가리키는 linked list이다. circular list를 사용하는 이유는 list 전체를 available list에 반환할 때 모든 노드를 방문하지 않아도 전체 list를 반환할 수 있는 이점이 있기 때문이다. circular list를 사용하는 또 다른 이점으로 두개의 list를 merge 할 때 head node를 포함하고 있으면 list가 null인지 확인하는 if 문장을 줄일 수 있어 알고리즘이 더 간단해지기 때문이다. circular list를 사용하는 이유는 polynomials을 circular list로서 표현하고 add하는 알고리즘에서 더 확인할 수 있다.

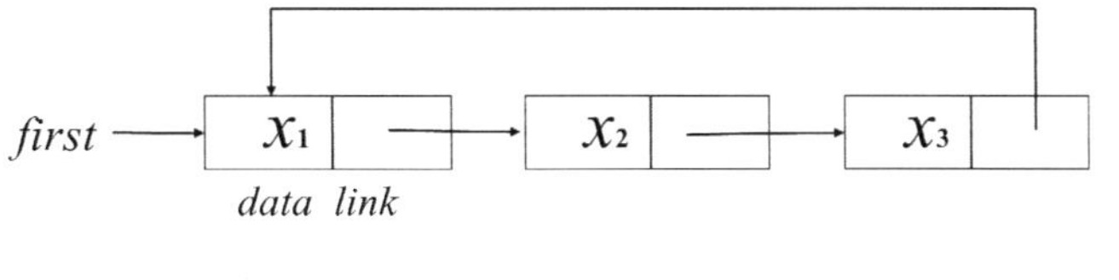

그림 4.3 Circular List.

circular list의 private data member인 first가 첫 번째 노드를 가리키는 경우에는 x1보다 작은 값 또는 x3보다 큰 값을 insert하려면 list를 traverse 해야 한다. 반면에 private data member를 last로 하고 마지막 노드를 가리키면 x1보다 작은 값 또는 x3보다 큰 값을 insert하는 알고리즘이 간단해진다[1].

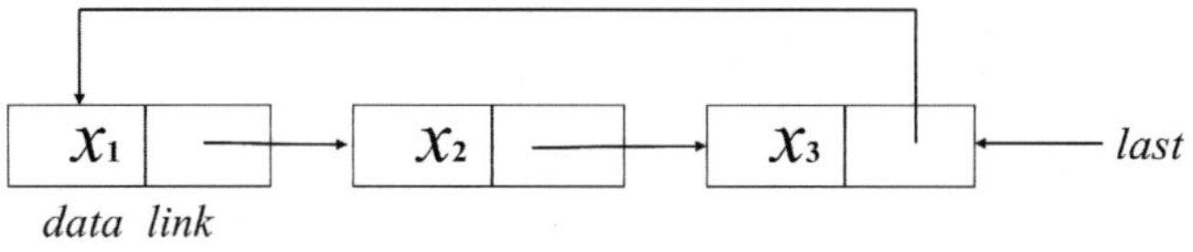

그림 4.4 last node를 접근하는 Circular List.

empty list도 head node를 사용하여 circular list 를 만들면 merge하는 알고리즘을 간단하게 구현할 수 있다. circular list가 dummy head 노드를 포함하면 list가 null인지 확인하는 if 문을 사용할 필요가 없게 된다.

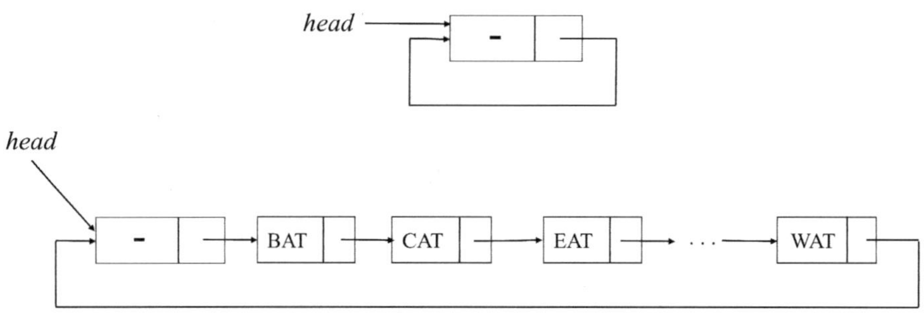

그림 4.5 head node가 있는 circular list.

circular list에 대한 iterator도 구현하여 사용할 수가 있다. 그리고 doubly linked list가 circular list이면서 head node를 갖도록 class를 수정하고 merge 등의 알고리즘을 구현하는 실습을 한다.

```
//소스 코드4.2: Circular Linked List
// class Node, List, ListIterator
#include <iostream>
using namespace std;
```

```
class List;

class Node {
	friend class List;
	friend class ListIterator;
	friend class CircularList;
public:
	Node(int, Node*);
	~Node( );
private:
	int num;
	Node* link;
};

class List {
	friend class ListIterator;
	friend class CircularList;
public:
	List( );
	~List( );
	virtual void Add(int&);
	virtual void Delete(int&);//주어진 x 값을 갖는 노드를 삭제
	virtual void Show( );
	//int Length( ); //count the number of nodes in a list
	//void Merge(List&, List&);//the merged nodes in a sequential order
private:
	Node* first;
};

class ListIterator {
public:
	ListIterator(const List& lst);
	~ListIterator( );
	bool NotNull( );
	bool NextNotNull( );
	int* First( );
	int* Next( );
	int& operator*( ) const;
	int* operator->( )const;
	ListIterator& operator++( ); //Next( )
	ListIterator operator ++(int);
	bool operator != (const ListIterator) const;
	bool operator == (const ListIterator) const;
	int* GetCurrent( );
private:
```

```
        Node* current; //pointer to nodes
        const List& list;//existing list
};

class CircularList : public List {
public:
        CircularList( );
        ~CircularList( );
        void Add(int&);
        void Delete(int&);
        void Show( );
        void DeleteNum(int& x);
};

#include "listiterator.h"
Node::Node(int element = 0, Node* next = 0) {
        num = element;
        link = next;
}

Node::~Node( ) {
}

List::List( ) {
        first = 0;
}

List::~List( ) {
}

void List::Add(int& x) {
        if (!first) {
                first = new Node(x);
                first->link = 0;
        }
        else {
                Node* n = new Node(x);
                n->link = first;
                first = n;
        }
}

void List::Delete(int& x) {
        if (first == NULL) cout << " List is empty" << endl;
        // body of delete
```

```
        return;
}

void List::Show( ) {
        Node* current;
        current = first;
        if (first)
                while (current)
                {
                        cout << current->num << " ";
                        current = current->link;
                }
        else cout << "List is empty" << endl;
}

/*
ListIterator::ListIterator(Node *ll){
}
*/


ListIterator::ListIterator(const List& lst) :
        list(lst), current(lst.first) {
        cout << "List Iterator is constructed" << endl;
}

bool ListIterator::NotNull( ) {
        if (list.first == 0) return false;
}

bool ListIterator::NextNotNull( ) {
        if (current->link != 0) return true;
        else return false;
}

int* ListIterator::First( ) {
        return &list.first->num;
}

int* ListIterator::Next( ) {
        current = current->link;
        cout << "current = " << current->num;
        return &current->num;
}
```

```
int* ListIterator::GetCurrent( ) {
        return &current->num;
}

ListIterator::~ListIterator( ) {
}

int& ListIterator::operator*( ) const {
        return current->num;
}

int* ListIterator::operator->( )const {
        return &current->num;
}

ListIterator& ListIterator::operator++( ) {
        current = current->link;
        return *this;
}

ListIterator ListIterator::operator ++(int) {
        ListIterator old = *this;
        current = current->link;
        return old;
}

bool ListIterator::operator != (const ListIterator right) const {
        return current != right.current;
}

bool ListIterator::operator == (const ListIterator right) const {
        return current == right.current;
}

CircularList::CircularList( ) : List( ) { }

CircularList::~CircularList( ) { }

void CircularList::Add(int& x) {
        Node* newNode = new Node(x);
        if (first) { //nonempty list
                newNode->link = first->link;
                first->link = newNode;
        }
        else { //empty list
```

```
            first = newNode;
            newNode->link = newNode;
        }
}

void CircularList::Delete(int& x) {
        Node* newNode = new Node(x);
        if (first) { //nonempty list
                Node* Temp = first->link;
                first->link = first->link->link;
                delete Temp;
        }
        else { //empty list
                cout << "empty list" << endl;
        }
}

void CircularList::DeleteNum(int& x) {
        //Node *newNode = new Node(x);
        //first, medium, last üũ
        if (first) { //nonempty list
                Node* CurrentNode = first;
                Node* PreNode = first;
                bool find = false;

                //while (CurrentNode->link != first || CurrentNode == first)
                while (CurrentNode->link != first)
                {
                        if (CurrentNode->num == x)
                        {
                                find = true;

                                if (CurrentNode == first) // first delete case
                                {
                                        Node* Temp = CurrentNode;

                                        while (CurrentNode->link != first)
                                        {
                                                CurrentNode = CurrentNode->link;
                                        }
                                        first = first->link;
                                        delete Temp;

                                        CurrentNode->link = first;
                                        break;
```

```
                    }
                    else if (CurrentNode->link != first) // medium delete case
                    {
                        PreNode->link = CurrentNode->link;
                        delete CurrentNode;
                        break;
                    }
                }

                PreNode = CurrentNode;
                CurrentNode = CurrentNode->link;
            }//while end

            if (find == false)
            {
                if (CurrentNode->num == x) // last Delte Case
                {
                    PreNode->link = first;
                    delete CurrentNode;
                    find = true;
                }

            }
            if (find == false)
                cout << "can't find " << x << endl;
        }
        else { //empty list
            cout << "empty list" << endl;
        }

}

void CircularList::Show( ) {
    Node* np;
    np = first;
    if (np->num > 0)
        do
        {
            cout << np->num << " ";
            np = np->link;
        } while (np != first);
    else cout << "List is empty" << endl;
}

/* listIteratorTest.cpp - List Iterator를 사용
```

```
- Add( )에서 학생들이 실습할 코드로
  1) add된 데이터를 last node로 추가하는 코드 작성,
  2) 입력된 값이 sort되도록 add( )를 수정
  3) sum(xi * xi+5)를 구하는 코드 작성
*/
#include "listiterator.h"
//int printAll(const List& l);//list iterator를 사용하여 작성하는 연습
//int sumProductFifthElement(const List& l);//list iterator를 사용하여 작성하는 연습
int sum(const List& l)
{
	ListIterator li(l);
	if (!li.NotNull( )) return 0;
	int retvalue = *li.First( );
	while (li.NextNotNull( ) == true) {
		++li;//current를 증가시킴
		//retvalue = retvalue + *li.Next( );
		retvalue = retvalue + *li.GetCurrent( );//현재 current가 가르키는 node의 값을 가져옴
	}
	return retvalue;
}

double avg(const List& l)
{
	ListIterator li(l);
	if (!li.NotNull( )) return 0;
	int retvalue = *li.First( );
	int count = 1;
	while (li.NextNotNull( ) == true) {
		++li;
		count++;
		//retvalue = retvalue + *li.Next( );
		retvalue = retvalue + *li.GetCurrent( );
	}

	double result = (double)retvalue / count;

	return result;
}

int min(const List& l)
{
	ListIterator li(l);
	if (!li.NotNull( )) return -1;
	int minValue = *li.First( );
```

```
        while (li.NextNotNull( ) == true) {
                ++li;
                if (minValue > * li.GetCurrent( ))
                {
                        minValue = *li.GetCurrent( );
                }
        }
        return minValue;
}

int max(const List& l)
{
        ListIterator li(l);
        if (!li.NotNull( )) return -1;
        int maxValue = *li.First( );

        while (li.NextNotNull( ) == true) {
                ++li;
                if (maxValue < *li.GetCurrent( ))
                {
                        maxValue = *li.GetCurrent( );
                }
        }
        return maxValue;
}

void ListTesting( ) {
        int ch;
        List st;
        while (1)
        {
                cout << "\n1.Add  2.Delete  3.Show  4. sum 5.avg 6.min 7.max 8.exit\nEnter ur
choice: ";
                cin >> ch;
                switch (ch)
                {
                case 1:  cout << "enter the element ";
                        cin >> ch;
                        st.Add(ch);
                        break;
                case 2:  st.Delete(ch);  break;
                case 3:  st.Show( ); break;
                case 4:  cout << "sum( ) = " << sum(st) << endl; break;
                case 5:  cout << "avg( ) = " << avg(st) << endl; break;
                case 6:  cout << "min( ) = " << min(st) << endl; break;
```

```
        case 7:  cout << "max( ) = " << max(st) << endl; break;
        case 8:  return;
        }
    }

    return;
}

void CircularListTesting( ) {
    int ch;
    CircularList st;
    while (1)
    {
        cout << "₩n1.Add  2.Delete  3.DeleteNum  4.Show  5.exit₩nEnter ur choice: ";
        cin >> ch;
        switch (ch)
        {
        case 1:    cout << "enter the element ";
                   cin >> ch;
                   st.Add(ch);
                   break;
        case 2:    st.Delete(ch);  break;
        case 3:    cout << "enter the element ";
                   cin >> ch;
                   st.DeleteNum(ch);
                   break;
        case 4:    st.Show( ); break;
        case 5:    return;
        }
    }

    return;
}

void main( ) {
    cout << endl << "List Testing begins: " << endl;
    //ListTesting( );
    CircularListTesting( );
    //    CircularListHead Testing( );
    system("Pause");
}
```

4.6 Linked stacks과 Queues

복수개의 stacks과 queues가 필요한 경우 stack과 queue를 배열을 사용하여 표현하면 size가 증가하여 add, delete처리 시에 배열의 element를 shift해야 하는 문제가 발생한다. class StackNode를 사용하여 class Stack을 정의한다. class QueueNode를 사용하여 class Queue를 만든다. m stacks과 n queues[1]의 사용하기 위해서 m stacks과 n queues는 new로 배열을 만들어 사용하며 되며 Stack, Queue 내의 element를 shift할 필요가 없다.

```
Stack *stack = new Stack[m];
Queue *queue = new Queue[n];
```

```
//소스 코드4.3: Stack & Queue Linked List
#pragma once
//Stack node & Queue Node
#include <stdio.h>
#include <iostream>
using namespace std;

template <class T>
class Stack; //forward declaration
template <class T>
class Queue;
template <class T>
class StackNode {
	friend class Stack<T>;
private:
	T data;
	StackNode<T>* link;

public:
	StackNode<T>(T d = 0, StackNode<T>* l = 0) : data(d), link(l) { }//constructor
	/*
	StackNode<T>(T d=0, StackNode<T>* l=0) {
		data = d;
		link = l;
	}//constructor
	*/
```

```
};

template <class T>
class QueueNode {
      friend class Queue<T>;
private:
      T data;
      QueueNode<T>* link;
public:
      QueueNode<T>(T d = 0, QueueNode<T>*lk = 0) : data(d), link(lk) { }//constructor
};

template <class T>
class Stack {
public:
      Stack<T>( ) { top = 0; }//constructor
      void Add(const T);
      T* Delete(T&);
private:
      StackNode<T>* top;
      void StackEmpty( );

};

template <class T>
class Queue {
public:
      Queue<T>( ) { front = rear = 0; }//constructor
      void Add(const T);
      T* Delete(T&);
private:
      QueueNode<T>* front;
      QueueNode<T>* rear;
      void QueueEmpty( );

};

template <class T>
void Stack<T>::Add(const T y) {
      top = new StackNode<T>(y, top);
}

template <class T>
void Stack<T>::StackEmpty( ) {
      if (top == 0)
            cout << "Stack is empty" << endl;
```

```
	else
		cout << "Stack is non empty"<<endl;
}

template <class T>
T* Stack<T>::Delete(T& retvalue)
//delete the top node from stack and return a pointer to its data
{
	if (top == 0) {
		StackEmpty( ); return 0;
	} //retrun null pointer constant
	StackNode<T>* x = top;
	retvalue = top->data; //get data field of top node
	top = x->link;//remove top node
	delete x;
	return &retvalue;//return pointer to data
}

template <class T>
void Queue<T>::Add(const T y) {
	if (front == 0) front = rear = new QueueNode<T>(y,0);//empty queue
	else rear = rear->link = new QueueNode<T>(y,0); //attach node and update rear
}

template <class T>
T* Queue<T>::Delete(T& retvalue)
//delete the first node in queue and return a pointer to its data
{
	if (front == 0) {QueueEmpty( ); return 0;}
	QueueNode<T> *x = front;
	retvalue = front->data; //get data field of front node
	front = x->link;//remove front node
	delete x;
	return &retvalue;//return pointer to data
}

template <class T>
void Queue<T>::QueueEmpty( ) {
	if (top == 0)
		cout << "Queue is empty" << endl;
	else
		cout << "Queue is non empty" << endl;
}

#include <iostream>
#include "stacknode.h"
```

```
using namespace std;
int main(void) {

        char select;
        StackNode<int> sn;
        Stack<int> a;

        QueueNode<int> qn;
        Queue<int> q;

        int value, result;

        cout << endl << "Select command:A: Add to Stack, D: Delete from Stack, P: PrintAll:";
        cin >> select;
        while (select != 'Q' || select != 'q')
        {
                switch (select)
                {
                case 'A':
                case 'a':
                        cout << "Add a new value: ";
                        cin >> value;
                        a.Add(value);
                        break;
                case 'D':
                case 'd':
                        result = *a.Delete(value);
                        break;
                case 'P':
                case 'p'://print all elements
                        for (;;) // coding 추가
                                ;
                        break;
                default:
                        cout << "WRONG INPUT  " << endl;
                        cout << "Re-Enter" << endl;
                        break;
                }
                cout << endl << "Select command:A: Add to Stack, D: Delete from Stack, P: PrintAll:";
                cin >> select;
        }
        system("pause");
        return 0;
}
//queuenode도 생성하도록 코드 수정
```

4.7 Linked list를 사용한 Polynomial 처리

Polynomial을 linked list class를 사용하여 구현한다. linked list를 사용하여 polynomial을 구현하면 polynomials 항들은 노드로 얼마든지 표현 가능하다. polynomials 을 구현하기 위해 Polynomial class[1]를 정의할 때 Polynomial의 data member로서 LinkedList로 선언된 변수 poly를 사용한다. Polynomial의 data member인 *poly*는 linked list object을 갖게 된다. 그리고 polynomial의 각 항을 표현하기 위하여 class Term을 정의한다. class Term은 template<class T>로 public data member로서 coef와 exp를 포함한다. coef, exp를 public으로 선언하는 이유는 template<class T> class Polynomial에서 Chain<Term<T> > poly;을 사용하기 위함이다. class Term, class ChainNode, class Chain, class ChainIterator, class Polynomial 관계를 잘 이해하는 것이 필요하다.

```
//소스 코드4.4: Polynomial Linked List
using namespace std;
#include <iostream>
#include<string>
#include <assert.h>

template<class T> class Term {
public:
	//All members of Term are public by default
	T coef; //coefficient
	T exp; //exponent
	Term( ) { coef = 0; exp = 0; }
	Term(T c, T e) :coef(c), exp(e) { }
	Term Set(int c, int e) { coef = c; exp = e; return *this; };
};

template<class T> class Chain; //forward declaration
template<class T> class ChainIterator;

template<class T>
class ChainNode {
	friend class Chain<T>;
	friend class ChainIterator<T>;
public:
	ChainNode( ) { }
```

```
	ChainNode(const T&);
private:
	T data;
	ChainNode<T>* link;
};

template<class T> class Chain {
public:
	Chain( ) { first = 0; };
	void Delete(void); //delete the first element after first
	int Length( );
	void Add(const T& element); //add a new node after first
	void Invert( );
	void Concatenate(Chain<T> b);
	void InsertBack(const T& element);
	void displayAll( );

	ChainIterator<T> begin( ) const { return ChainIterator<T>(first); }
	ChainIterator<T> end( ) const { return ChainIterator<T>(nullptr); }
private:
	ChainNode<T>* first;
};

template<class T> class ChainIterator {
private:
	//const Chain<T>* list; //refers to an existing list
	ChainNode<T>* current; //points to a node in list
public:
	//ChainIterator<T>(const Chain<T> &l) :Chain(l), current(l.first) { };
	ChainIterator( ) { }
	ChainIterator(ChainNode<T>* node) :current(node) { }
	//dereferencing operators
	T& operator *( ) const { return current->data; }
	T* operator->( )const { return &current->data; }
	bool operator && (ChainIterator<T> iter)const {
		return current != NULL && iter.current != NULL;
	}
	bool isEmpty( ) const {return current == NULL;}
	//increment
	ChainIterator& operator ++( ); //preincrement
	ChainIterator<T> operator ++(int); //post increment
	bool NotNull( ); //check the current element in list is non-null
	bool NextNotNull( ); //check the next element in list is non-null
	//T* First( ) { //return a pointer to the first element of list
	//	if (list->first) return &list->first->data;
	//	else return 0;
```

```
    //}
    T* Next( );//return a pointer to the next element of list
};

/*
class Polynomial
*/
template<class T> class Polynomial {
public:
    Polynomial( ) { }
    Polynomial(Chain<Term<T> > * terms):poly(terms){ }
    Polynomial<T> operator+(const Polynomial<T>& b) const;
    void add(T coef, T exponent);
    void addAll(Polynomial<T>* poly);
    void display( );
    /*
    T Evaluate(T&) const;//f(x)에 대하여 x에 대한 값을 구한다
    polynomial<T> Multiply(Polynomial<T>&); //f(x) * g(x)
    Polynomial(const Polynomial& p); //copy constructor
    friend istream& operator>>(istream&, Polynomial&);//polynomial 입력
    friend ostream& operator<<(ostream&, Polynomial&);//polynomial 출력
    const Polynomial& operator=(const Polynomial&) const;
    ~Polynomial( );
    Polynomial operator-(const Polynomial&)const;
    */
private:
    Chain<Term<T> > poly;
};

template <typename valType>
inline ostream& operator<< (ostream& os, const Term<valType>& term) {
    os << term.coef << "^" << term.exp;
    return os;
}

template <class T>
ChainNode<T>::ChainNode(const T& element) {
    data = element;
    link = 0;
}

template <class T>
void Chain<T>::Delete(void) //delete the first element after first
{
    ChainNode<T>* current, * next;
    next = first->link;
```

```
	if (first != nullptr) //non-empty list
	{
		ChainNode<T>* temp = first;
		first = next;
		delete temp;
	}
	else cout << "Empty List: Not deleted" << endl;
}

template <class T>
void Chain<T>::Add(const T& element) //add a new node after first
{
	ChainNode<T>* newnode = new ChainNode<T>(element);
	if (!first) //insert into empty list
	{
		first = newnode;
		return;
	}
	//insert a new node after first
	newnode->link = first;
	first = newnode;
}

template <class T>
void Chain<T>::Invert( ) {
	ChainNode<T>* p = first, * q = 0; //q trails p
	while (p) {
		ChainNode<T>* r = q; q = p; //r trails q
		p = p->link; //p moves to next node
		q->link = r; //link q to preceding node
	}
	first = q;
}

template <class T>
void Chain<T>::Concatenate(Chain<T> b) {
	if (!first) { first = b.first; return; }
	if (b.first) {
		for (ChainNode<T>* p = first; p->link; p = p->link) {
			p->link = b.first;
		}
	}
}

template <class T>
void Chain<T>::InsertBack(const T& element) {
```

```
        ChainNode<T>* newnode = new ChainNode<T>(element);
        if (!first) //insert into empty list
        {
                first = newnode;
                return;
        }
        ChainNode<T>* curr = first;
        while (curr->link != NULL) {
                curr = curr->link;
        }
        curr->link = newnode;
}

template <class T>
void Chain<T>::displayAll( ) {
        if (!first) return;
        ChainNode<T>* curr = first;
        while (curr != NULL) {
                cout << curr->data << " + ";
                curr = curr->link;
        }
        cout << endl;
}

template <class T>
ChainIterator<T>& ChainIterator<T>::operator ++( ) //preincrement
{
        current = current->link;
        return *this;
}

template <class T>
ChainIterator<T> ChainIterator<T>::operator ++(int) //post increment
{
        ChainIterator<T> old = *this;
        current = current->link;
        return old;
}

template <class T>
bool ChainIterator<T>::NotNull( ) { //check the current element in list is non-null
        if (current) return 1;
        else return 0;
}

template <class T>
```

```
bool ChainIterator<T>::NextNotNull( ) { //check the next element in list is non-null
	if (current && current->link) return 1;
	else return 0;
}

template <class T>
T* ChainIterator<T>::Next( ) {//return a pointer to the next element of list
	if (current) {
		current = current->link;
		return &current->data;
	}
	else return 0;
}

template<class T>
void Polynomial<T>::add(T coef, T exponent) {
	Term<T>* newTerm = new Term<T>(coef, exponent);
	this->poly.Add(*newTerm);
}

template<class T> void Polynomial<T>::addAll(Polynomial<T>* b) {
	ChainIterator<Term<T>> iterB = b->poly.begin( );

	while (iterB.NotNull( )) {
		Term<T> dataB = *iterB;
		add(dataB.coef, dataB.exp);
		iterB.Next( );
	}
}

template<class T> void Polynomial<T>::display( ) {
	poly.displayAll( );
}

template<class T>
Polynomial<T> Polynomial<T>::operator+(const Polynomial<T>& b) const {
	Term<T> temp;
	ChainIterator<Term<T>> ai = poly.begin( ), bi = b.poly.begin( );
	Polynomial<T> c;

	while (ai && bi) {//current nodes are not null

		if (ai->exp == bi->exp) {
			int sum = ai->coef + bi->coef;
			if (sum) c.poly.InsertBack(temp.Set(sum, ai->exp));
			ai++, bi++; //advance to next term
		}
```

```
            else if (ai->exp < bi->exp) {
                c.poly.InsertBack(temp.Set(bi->coef, bi->exp));
                bi++;//next term of b
            }
        }

        while (!ai.isEmpty( )) {//copy rest of a
            c.poly.InsertBack(temp.Set(ai->coef, ai->exp));
            ai++;
        }
        while (!bi.isEmpty( )) {//copy rest of b
            c.poly.InsertBack(temp.Set(bi->coef, bi->exp));
            bi++;
        }
        return c;
}

// Program 4.24 - Adding two polynomials
//Polynomial addition

#include "polynomialListIterator.h"
using namespace std;

//void testChain( ) {
//      Chain<int> chain;
//      chain.Add(1);
//      chain.Add(2);
//      chain.Add(3);
//      chain.Add(4);
//
//      chain.displayAll( );
//
//      ChainIterator<int> iter = chain.begin( );
//
//      while (iter.NotNull( )) {
//              cout << *(iter) << ", ";
//              iter.Next( );
//      }
//
//      cout << endl;
//
//      chain.Delete( );
//      chain.displayAll( );
//}

int main(void) {
```

```
Polynomial<int> a, b, sum;

char select;
Term<int> *tempTerm;
ChainNode<Term<int>> cn;
Chain<Term<int>> ca, cb;
ChainIterator<Term<int>> iter;
int c, e;

cout << endl << "Select command: a: Add_a, b: Add_b, p: a + b, d: DisplayAll, q: exit" << endl;
cin >> select;
while (select != 'q')
{
    switch (select)
    {
    case 'a':
        cout << "Add a new term to a: " << endl;
        cout << "input coef: ";
        cin >> c;
        cout << "input exp: ";
        cin >> e;
        a.add(c, e);
        break;
    case 'b':
        cout << "Add a new term to b: " << endl;
        cout << "input coef: ";
        cin >> c;
        cout << "input exp: ";
        cin >> e;
        b.add(c, e);
        break;
    case 'p': //a+b
        cout << "a+b: ";
        a.addAll(&b);
        a.display( );
        b.display( );
        sum = a + b;
        //cout << sum;
        break;
    case 'd':
        cout << "display all: " << endl;
        a.display( );
        b.display( );
        break;
    default:
        cout << "WRONG INPUT  " << endl;
        cout << "Re-Enter" << endl;
```

```
            }
            cout << endl << "Select command: a: Add_a, b: Add_b, p: Plus, d: DisplayAll, q:
exit" << endl;
            cin >> select;
        }
        system("pause");
        return 0;
}
```

두개의 polynomial을 add하는 Polynomial<T> Polynomial<T>::operator+(const Polynomial<T>& b) const { }의 body에서 merge한 후에 남아 있는 노드를 처리하기 위한 while문이 필요하다. 추가로 소스 코드를 개발하기 위한 실습 과제로 $f(x) - 2x^5 + 3x^4 + 7$에 대하여 f(1.33)의 값을 eval( ) 함수를 만든다. 그리고 다항식의 곱셈 f(x) * g(x)로서 모든 항끼리 곱한 다음에 지수 순서로 내림차순으로 circular list를 만드는 실습을 한다.

다항식 덧셈을 처리하는 main( )함수에서 Polynomial<int> a, b, sum;를 호출하면 polynomial class에서 Chain<Term<int> > poly;가 된다. Chain class에서 ChainNode<T>* first;은 ChainNode<Term<int>>* first;이 된다. ChainNode class에서 T data; ChainNode<T>* link;은 Term<int> data; ChainNode<Term<int>>* link;이 된다. Term class 내부의 {T coef; T exp; }은 {int coef; int exp;}로 처리된다. template를 사용한 코딩실습을 해야 한다.

4.8 Available list를 사용한 Polynomial 처리

d(x) = a(x) * b(x) + c(x)를 계산하기 위해 t = a * b를 먼저 구한 후에 d = t + c를 처리한다. 이 경우에 임시 변수 t가 polynomial을 linked list로 갖고 있는 데 모든 노드를 반환하는 것이 필요하다.

```
viod func( )
{
        polynomial a, b, c, d, t;
```

```
        cin >> a; // read and create polynomials
        cin >> b;
        cin >> c;
        t = a * b
        d = t + c;
        cout << d;
}
```

다항식 연산을 처리하는 *func* 이 종료되면 모든 list의 polynomial 객체들은 반환되어야 한다. 즉, 다항식 객체 a, b, c, t, d에 사용된 모든 노들이 반환되어야 한다. 그런데 함수 func이 종료되면 destructor가 호출되므로 polynomial 객체들은 없어지나 data member가 가리키는 노드들은 삭제되지 않는다. 즉, new에 의해 생성된 노드들은 delete에 의해 삭제되어야 한다. 따라서 polynomial 객체들만 삭제하면 노드들은 더 이상 접근이 가능하지 않은 dangling reference가 발생하게 된다.

class List의 destructor는 dangling reference가 발생하지 않도록 하기 위해 모든 노드를 방문하여 delete하는 loop가 필요하게 된다.

```
template <class T>
List<T>::~List( ) ( ) {
        ListNode<T> *next;
        for (; first; first = next) {
                next = first->link;
                delete first;
        }
}
```

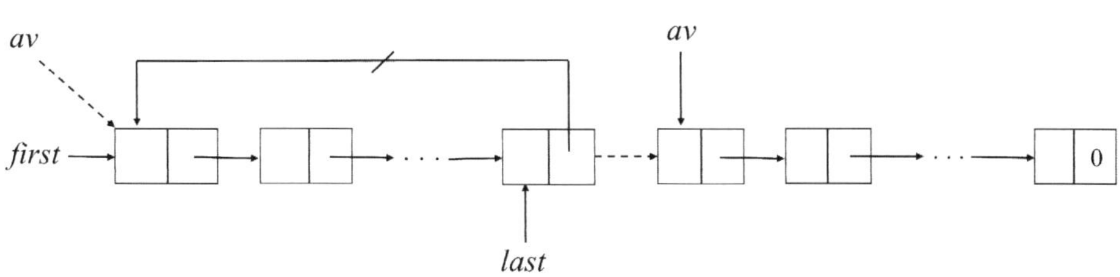

그림 4.6 Available List.

circular list를 이용하여 list의 모든 노드를 반환하는 것을 간단하게 구현할 수 있다. circular lists를 위한 erase algorithm을 간단하게 구현하기 위해서 삭제된 ChainNode들을 *av* list, 즉 available-space list[1]로 유지한다. av list가 empty이면 새로운 ChainNode를 만들기 위해 *new* 을 사용한다. *av*는 CircList<Type>의 static class member로 선언한다.

```
//소스 코드4.5: Available Linked List
// circular list를 사용한 version

#include <iostream>

using namespace std;
// Tested p + q; 0 + p; p + 0; p + p; 0 + 0; p + (-p)
enum Bool { FALSE, TRUE };

template <class Type> class CircList;
template <class Type> class CircListIterator;
template <class Type> class List;

struct Term
{
        int coef;
        int exp;
        void EnterTerm( ) { cout << endl << "coef: "; cin >> coef; cout << endl << "exp: "; cin>> exp; };
};

ostream& operator<<(ostream& os, Term e)
{
        os << e.coef << "X**" << e.exp;
        return os;
}

template <class Type>
class ListNode {
        friend class CircList<Type>;
        friend class CircListIterator<Type>;
private:
        Type data;
        ListNode* link;
        ListNode(Type);
        ListNode( ) { };
};
```

```
template <class Type>
ListNode<Type>::ListNode(Type Default)
{
        data = Default;
        link = 0;
}

template <class Type>
class CircList {
        friend class CircListIterator<Type>;
public:
        CircList( ) { first = new ListNode<Type>; first->link = first; last = first; };
        CircList(const CircList&);
        ~CircList( );
        void Attach(Type);
private:
        ListNode<Type>* first;
        ListNode<Type>* last;
        static ListNode<Type>* av;
};

ListNode<Term>* CircList<Term>::av = 0;//static 사용시 초기화 방법
//ListNode<Term> CircList<Term>::av = 0;//오류 발생

template <class Type>
class CircListIterator {
public:
        CircListIterator(const CircList<Type>& l) : list(l) { current = l.first->link; }
        Type* Next( );
        Type* First( );
        Bool NotNull( );
        Bool NextNotNull( );
private:
        const CircList<Type>& list;
        ListNode<Type>* current;
};

template <class Type>
Type* CircListIterator<Type>::First( ) {
        if (current != list.first) return &current->data;
        else return 0;
}

template <class Type>
```

```
Type* CircListIterator<Type>::Next( ) {
	current = current->link;
	if (current != list.first) return &current->data;
	else return 0;
}

template <class Type>
Bool CircListIterator<Type>::NotNull( )
{
	if (current != list.first) return TRUE;
	else return FALSE;
}

template <class Type>
Bool CircListIterator<Type>::NextNotNull( )
{
	if (current->link != list.first) return TRUE;
	else return FALSE;
}


template <class Type>
CircList<Type>::CircList(const CircList<Type>& l)
{
	if (l.first == 0) { first = 0; return; }
	first = new ListNode<Type>(l.first->data);
	ListNode<Type>* newnode = first;
	for (ListNode<Type>* current = l.first->link; current != l.first; current = current->link)
	{
		newnode->link = new ListNode<Type>(current->data);
		newnode = newnode->link;
	}
	newnode->link = first;
}

template <class Type>
CircList<Type>::~CircList( )
{
	if (first)
	{
		ListNode<Type>* second = first->link;
		first->link = av;
		av = second;
		first = 0;
	}
```

```
}

ostream& operator<<(ostream& os, CircList<Term>& l)
{
	CircListIterator<Term> li(l);
	if (!li.NotNull( )) return os;
	os << *li.First( );
	while (li.NextNotNull( ))
		os << " + " << *li.Next( );
	os << endl;
	return os;
}

template <class Type>
void CircList<Type>::Attach(Type k)
{
	ListNode<Type>* newnode = new ListNode<Type>(k);
	if (first == 0) first = last = newnode;
	else {
		newnode->link = last->link;
		last->link = newnode;
		last = newnode;
	}
}

/////////////Polynomial///////////////
template <class Type>
class Polynomial
{
private:
	CircList<Term> poly;
public:
	template <class Type>
	friend ostream& operator<<(ostream&, Polynomial&);//polynomial 출력
	/*
	template <class Type>
	friend istream& operator>>(istream&, Polynomial&);//polynomial 출력
	*/
	friend Polynomial operator+(const Polynomial&, const Polynomial&);//polynomial ADD( )
	Polynomial( );//생성자 정의 필요-head node를 갖는 경우
	void Add(Term e);
	int GetData( );
	/*
	T Evaluate(T&) const;//f(x)에 대하여 x에 대한 값을 구한다
	Polynomial<T> Multiply(Polynomial<T>&); //f(x) * g(x)
```

```
        Polynomial(const Polynomial<T>& p); //copy constructor
        friend istream& operator>>(istream&, Polynomial<T>&);//polynomial 입력
        friend ostream& operator<<(ostream&, Polynomial<T>&);//polynomial 출력
        const Polynomial<T>& operator=(const Polynomial<T>&) const;
        ~Polynomial( );
        Polynomial<T> operator-(const Polynomial<T>&)const;
        */
};
template <class Type>
Polynomial<Type>::Polynomial( )
{
        poly = 0;
}
template <class Type>
int Polynomial<Type>::GetData( ) {
        int i, degree;
        float coef;
        int expo;
        cout << "Enter Degree Of Polynomial:";
        cin >> degree;
        start = free;
        for (i = degree; i > 0; i--) {
                cout << "Enter coefficient of x^" << i << ":";
                cin >> coef;
                cout << "Enter exponent of x^" << i << ":";
                cin >> expo;
                NewTerm(coef, expo);
        }
        finish = free - 1;
        terms = finish - start + 1;
        return 0;
}

template <class Type>
void Polynomial<Type>::Add(Term e)
{
        poly.Attach(e);
}

template <class Type>
ostream& operator<<(ostream& os, Polynomial<Type>& p)
{
        os << p.poly;
        return os;
}
```

```
char compare(int a, int b)
{
	if (a == b) return '=';
	if (a < b) return '<';
	return '>';
}

template <class Type>
Polynomial<Type>& operator+(const Polynomial<Type>& a, const Polynomial<Type>& b)
{
	Term* p, * q, temp;
	CircListIterator<Term> Aiter(a.poly);
	CircListIterator<Term> Biter(b.poly);
	Polynomial<Type> c;

	p = Aiter.First( );
	q = Biter.First( );

	int x = 0;
	while (Aiter.NotNull( ) && Biter.NotNull( )) {
		switch (compare(p->exp, q->exp)) {
		case '=':
			x = p->coef + q->coef;
			temp.Init(x, q->exp);
			if (x) c.poly.Attach(temp);
			p = Aiter.Next( );
			q = Biter.Next( );
			break;
		case '<':
			temp.Init(q->coef, q->exp);
			c.poly.Attach(temp);
			q = Biter.Next( );
			break;
		case '>':
			temp.Init(p->coef, p->exp);
			c.poly.Attach(temp);
			p = Aiter.Next( );
		}
	}
	while (Aiter.NotNull( )) {
		temp.Init(p->coef, q->exp);
		c.poly.Attach(temp);
		p = Aiter.Next( );
	}
```

```
        while (Biter.NotNull( )) {
                temp.Init(q->coef, q->exp);
                c.poly.Attach(temp);
                q = Biter.Next( );
        }
        return c;
}
//Program 4.25: adding two polynomials as circular lists with head nodes=> 수정하는 것을 실습

int main( )
{
        Polynomial<int> p, q, r;
        char select;
        Term e;
        cout << endl << "Select command: a: Add_a, b: Add_b, p: a + b, d: DisplayAll, q: exit" << endl;
        cin >> select;
        while (select != 'q')
        {
                switch (select)
                {
                case 'a':
                        cout << "Add a new term to p: " << endl;
                        e.EnterTerm( ); p.Add(e);
                        break;
                case 'b':
                        cout << "Add a new term to q: " << endl;
                        e.EnterTerm( ); q.Add(e);
                        break;
                case 'p': //a+b
                        r = p + q;
                        Polynomial<int> r = p + q;
                        cout << "do: r = p + q" << endl << "output: ₩n" << r << endl;

                        Polynomial<int> s;
                        cout << "output s" << endl << s << endl;

                        Polynomial<int> t = s + s;
                        cout << "do: t = s + s" << endl << "output: ₩n" << t << endl;

                        Polynomial<int> u = p + p;
                        cout << "do: u = p + p" << endl << "output: ₩n" << u << endl;
                        delete q;
                        break;
                case 'd':
                        cout << "display all: " << endl;
```

```
                cout << p;
                cout << q;
                cout << r;
        default:
                cout << "WRONG INPUT  " << endl;
                cout << "Re-Enter" << endl;
        }
        cout << endl << "Select command: a: Add_a, b: Add_b, p: Plus, d: DisplayAll, q: exit" <<
endl;
        cin >> select;
    }
    system("pause");
    return 0;
}
```

available list를 사용함으로서 new, delete 대신에 CircularChain::GetNode와 Circular Chain::Ret∈Node를 사용하게 된다. CircularChains내에 static ChainNode<T>* av;를 class 변수로 기술한다.

```
//소스 코드4.6: Head Node를 사용하는 Linked Lit
/*
1. head node가 없는 경우
2. head node가 있는 경우에 구현
*/
#pragma once
//getnode, retnode
#include <iostream>
using namespace std;

template<class T> class CircularChain; //forward declaration

template<class T>
class ChainNode {
    friend class CircularChain<T>;
public:
    ChainNode(T element = 0)
    {
        data = element;
        link = 0;
    }
```

```
private:
        T data;
        ChainNode<T>* link;
};

template<class T>
class CircularChain {
public:
        CircularChain( ) { last = 0; };
        ~CircularChain( );
        void Delete(void);
        void Add(const T& element); //add a new node after last
        void InsertFront(const T& e);
        ChainNode<T>* GetNode( );
        void RetNode(ChainNode<T>& x);
        //void Merge(CircularChain<T>& b);
        operator<<( );
        findMax( );
private:
        static ChainNode<T>* av;
        ChainNode<T>* last; //point to the last node
};

template<class T>
class CircularChainIterator {
public:
        First( );
        Next( );
        NotNull( );
        NextNotNull( );
private:
        ChainNode<T>* current;
        ChainNode<T>* last;
}

template <class T>
CircularChain<T>::~CircularChain( ) { }

template <class T>
void CircularChain<T>::Delete(void) //delete the last element after last
{
        ChainNode<T>* next;
        next = last->link;
        if (!last) //non-empty list
        {
```

```
		ChainNode<T>* temp = last;
		last = next;
		delete temp;
	}
	cout << "Empty List: Not deleted" << endl;
}

template <class T>
void CircularChain<T>::Add(const T& element) //add a new node after last
{
	ChainNode<T>* newnode = new ChainNode<T>(element);
	if (!last) //insert into empty list
	{
		last = newnode;
		return;
	}
	//insert a new node after last
	newnode->link = last;
	last = newnode;
}

template <class T>
void CircularChain<T>::InsertFront(const T& e)
{ //insert the element e at the 'front' of the circular list *this
  // last points to the last node in the list
	ChainNode<T>* newNode = new ChainNode<T>(e);
	if (last) { //nonempty list
		newNode->link = last->link;
		last->link = newNode;
	}
	else {//empty list
		last = newNode;
		newNode->link = newNode;
	}


}

template <class T>
ChainNode<T>* CircularChain<T>::GetNode( )
{ //provide a node for use
	ChainNode<T>* x;
	if (av) { x = av, av = av->link; }
	else x = new ChainNode<t>;
	return x;
}
```

```
template <class T>
void CircularChain<T>::RetNode(ChainNode<T>& x)
{ //free the node pointed to by x
	x->link = av;
	av = x;
	x = 0;
}
/*
template <class T>
void Merge(CircularChain<T>& b)
{// a.Merge(b) produces list contains the merged result
 // coding한다.
}
*/
template <class T>
ChainNode<T>* CircularChain<T>::av = 0;
//ChainNode<T> CircularChain<T>::av = 0;//오류 발생

/* getnode.cpp - Available space lists*/
//2019년 코딩시험으로 출제함- 학생들이 template, class Node, class Chain, class Iterator 사용에 익숙하지 않음

#include "getnode.h"
int main(void) {
	char select;
	ChainNode<int> nd;
	CircularChain<int> a, b;
	int value;
	do {
		cout << endl << "Select command:1: Add to list a,2: Add to list b, 3: Delete, 
4:InsertFront, 5: PrintAll, 6: Merge, q: quit" << endl;
		cin >> select;
		switch (select)
		{
		case '1':
			cout << "Add a new value: ";
			cin >> value;
			a.Add(value);
			break;
		case '2':
			cout << "Add a new value: ";
			cin >> value;
			b.Add(value);
			break;
		case '3':
```

```
                a.Delete( );
                break;
            case '4':
                cin >> value;
                a.InsertFront(value);
                break;
            case '5': //print all elements by using iterator class
                /*
                for (;;) // coding 추가
                        ;
                break;
                /*
                /*
            case '6':
                a.Merge(b);//a -> b, b ->a, a1, b1,b2, a2, a3, a4등으로 교대로 merge
                break;
                */
            case 'q':
                break;
            default:
                cout << "WRONG INPUT  " << endl;
                cout << "Re-Enter" << endl;
            }
        } while (select != 'q');
        system("pause");
        return 0;
}
//head node가 있는 circular list로 수정한다.
```

circular list에 head node를 추가하면 ~CircularChain( )에서 first == 0인지를 검사할 필요가 없어진다. head node의 사용은 zero 다항식 처리를 간단하게 할 수 있다. head node을 사용하여 empty polynomial을 표현하고 addition과 deletion의 구현 알고리즘이 simple해진다. 다항식을 표현하는 CircularChain의 head node에서 exp = -1;로 표현하여 head node임을 표시한다. operator+( ) 처리 시에 잔여 terms을 copy하는 코드가 불필요해지기 때문에 알고리즘 코드가 간단해진다. 이것은 head node 와 같은 자료구조를 조금만 개선하여도 source code를 간단하게 구현할 수 있다는 것을 습득하는 것이 중요하다.

소스 코드 실습으로 head node 가 있는 circular list에 대한 iterator를 사용하여 다항식 덧셈 알고리즘을 구현한다. 이때 available list를 사용하는 것을 전제로 한다. operator+( ) 알고리즘[1]은 다음과 같다.

```
#include "polynomialListiterator.h"
template<class T>
Polynomial<T> operator+(const Polynomial<T>& a, const Polynomial<T>& n)
{
        Term* p, * q, temp;
        CircListIterator<Term> Aiter(a.poly);
        CircListIterator<Term> Biter(b.poly);
        Polynomial c;
        p = Aiter.First( );
        q = Biter.First( );
        while (1)
                switch (compare(p->exp, q->exp)) {
                case '=':
                        if (p->exp == -1) return c;
                        else {
                                int sum = p->coef + q->coef;
                                if (sum) {
                                        temp.Init(sum, q->exp);
                                        c.poly.Attach(temp);
                                }
                                p = Aiter.Next( );
                                q = Biter.Next( );
                        }
                        break;
                case '<':
                        temp.Init(q->coef, q->exp);
                        c.poly.Arrach(temp);
                        q = Biter.Next( );
                        break;
                case '>':
                        temp.Init(p->coef, p->exp);
                        c.poly.Arrach(temp);
                        q = Aiter.Next( );
                }
}
```

linked list 을 사용한 코딩 실습으로 1) head node가 없는 singly linked list의 operator+( )의 구현, 2) head node가 있는 singly linked list의 operator+( )의 구현, 3)head node가 있는 singly linked list에 대한 iterator를 사용한 operator+( )의 구현, 4) 앞의 3가지에 대하여 circular list에 대한 3가지 반복에 대하여 코딩 실습을 하는데 avail list가 사용되고 template를 사용하는 전제조건으로 실습을 해야 한다.

4.9 Doubly linked lists

singly linked lists의 어려운 점은 현재 노드를 가리키는 변수 p의 preceding 노드를 찾기가 어렵다는 것이다. 임의 노드를 삭제할 때 preceding 노드를 알아야 한다. 각 노드에 data 이외에 left link, right link을 포함한다.

```
class DbList;
class DbListNode {
friend class DbList;
private:
        int data;
        DbListNode *llink, *rlink;
}
class DbList {
public:
//list operations
private:
        DbListNode *first;
};
```

doubly linked list[1]는 각 노드가 llink, rlink가 있으므로 head node가 필요하고 circular list가 되어야 llink와 rlink를 효과적으로 사용할 수 있다. head node가 있는 circular doubly link list에서 p가 한 노드를 가리킬 때 항상 다음 조건을 만족한다.

```
p == p->llink->rlink == p->rlink->llink
```

empty list는 head node만 있다. head node 만 있는 circular doubly linked list에서 Insert( ), Delete( ) 함수로 노드의 추가 삭제 처리를 구현한 소스 코드를 사용하여 두개의 list의 merge 함수를 추가로 구현하여 본다.

```
//소스 코드4.7: Doubly Linked List
//circular doubly lists with head node 구현- 이 코드를 수정하여 사용, 두개의 list를 만들고 list node에 정수 값이 sorted된 상태로 입력되게 하고, 두개의 list를 merge하여 합친 결과도 sorted list되게 한다.
#include <iostream>
using namespace std;

template<class T> class CircularDoublyList;
template<class T> class CircularDoublyListIterator;
template<class T>
class DoublyListNode {
	friend class CircularDoublyList<T>;
	friend class CircularDoublyListIterator<T>;
private:
	T data; //T를 term으로 사용 => coef, exp, variabl로 표현할 수 있을 것
	DoublyListNode<T>* llink, * rlink;
};

template<class T>
class CircularDoublyList {
	friend class CircularDoublyListIterator<T>;
public:
	CircularDoublyList( ) { first = new DoublyListNode<T>; last = first;  first->rlink = last; last->llink = first; first->data = -1; }
	CircularDoublyList(const CircularDoublyList<T>&);
	~CircularDoublyList( );
	int Size( )const;
	bool Empty( )const;
	void Attach(T);
	void Delete(DoublyListNode<T>*);
	void Insert(DoublyListNode<T>*, DoublyListNode<T>*);
	void Insert(T);
	void Merge(CircularDoublyList<T>&);
	bool Delete(T);
	template<class T>
	friend ostream& operator<<(ostream&, CircularDoublyList<T>&);
private:
	int n; //number of items
	DoublyListNode<T>* first;
	DoublyListNode<T>* last;
	static DoublyListNode<T>* av;
};

template<class T>
class CircularDoublyListIterator {
```

```
public:
        CircularDoublyListIterator(const CircularDoublyList<T>& l) : list(l)
        {
                current = l.first->rlink;
        }
        T* Next( );
        T* First( );
        bool NotNull( );
        bool NextNotNull( );
private:
        const CircularDoublyList<T>& list;
        DoublyListNode<T>* current;
};

template<class T>
DoublyListNode<T>* CircularDoublyList<T>::av = 0;

template<class T>
void CircularDoublyList<T>::Delete(DoublyListNode<T>* x)
{
        if (x == first) cerr << "Deletion of head node not permitted" << endl;
        else {
                x->llink->rlink = x->rlink;
                x->rlink->llink = x->llink;
                delete x;
        }
}

template<class T>
void CircularDoublyList<T>::Insert(DoublyListNode<T>* p, DoublyListNode<T>* x)
//insert node p to the right of node x
{
        p->llink = x;
        p->rlink = x->rlink;
        x->rlink->llink = p;
        x->rlink = p;
}

template<class T>
void CircularDoublyList<T>::Insert(T x) {
        DoublyListNode<T>* p, * temp = new DoublyListNode<T>;
        temp->data = x;
        p = first;

        while (true) {
```

```
            if (x < p->rlink->data)
            {
                temp->llink = p; temp->rlink = p->rlink;
                p->rlink->llink = temp; p->rlink = temp;
                break;
            }
            else if (p->rlink->data != -1)
                p = p->rlink;
            else {
                temp->llink = p; temp->rlink = p->rlink;
                p->rlink->llink = temp; p->rlink = temp;
                break;
            }
        }
        // Increase the number of nodes
        n++;
}

template<class T>
void CircularDoublyList<T>::Merge(CircularDoublyList<T>& b)
{
        auto current = b.first->rlink;
        while (current != b.first)
        {
            this->Insert(current->data);
            current = current->rlink;

            if (current->llink != b.first)
                b.Delete(current->llink);
        }
}

template<class T>
bool CircularDoublyList<T>::Delete(T _data)
{
        for (auto current = first; first != last; first++)
        {
            if (current->data == _data)
            {
                Delete(current);
                return true;
            }
        }
        return false;
}
```

```
template<class T>
int CircularDoublyList<T>::Size( ) const {
	return((first->data == -1) ? 0 : n);
}

template<class T>
bool CircularDoublyList<T>::Empty( ) const {
	return((first->data == -1) ? 1 : 0);
}

template<class T>
T* CircularDoublyListIterator<T>::First( ) {
	if (current != list.first) return &current->data;
	else return 0;
}

template<class T>
T* CircularDoublyListIterator<T>::Next( ) {
	current = current->rlink;
	if (current != list.first) return &current->data;
	else return 0;
}

template<class T>
bool CircularDoublyListIterator<T>::NotNull( )
{
	if (current != list.first) return true;
	else return false;
}

template<class T>
bool CircularDoublyListIterator<T>::NextNotNull( )
{
	if (current->rlink != list.first) return true;
	else return false;
}


template<class T>
CircularDoublyList<T>::CircularDoublyList(const CircularDoublyList<T>& l)
{
	if (l.first == 0) { first = 0; return; }
	first = new DoublyListNode<T>(l.first->data);
	DoublyListNode<T>* newnode = first;
```

```
        for (DoublyListNode<T>* current = l.first->link; current != l.first; current = current->link)
        {
                newnode->link = new DoublyListNode<T>(current->data);
                newnode = newnode->link;
        }
        newnode->link = first;
}


template<class T>
CircularDoublyList<T> ::~CircularDoublyList( )
{
        if (first)
        {
                DoublyListNode<T>* second = first->rlink;
                first->rlink = av;
                av = second;
                first = 0;
        }
}

template<class T>
ostream& operator<<(ostream& os, CircularDoublyList<T>& l)
{
        CircularDoublyListIterator<T> li(l);
        if (!li.NotNull( )) return os;
        os << *li.First( );
        while (li.NextNotNull( ))
                os << " + " << *li.Next( );
        os << endl;
        return os;
}


template<class T>
void CircularDoublyList<T>::Attach(T k)
{
        DoublyListNode<T>* newnode = new DoublyListNode<T>(k);
        if (first == 0) first = last = newnode;
        else {
                newnode->link = last->link;
                last->link = newnode;
                last = newnode;
        }
}
```

```
int main( )
{
	char select = '0';

	CircularDoublyList<float> a, b;
	CircularDoublyListIterator<float> iter(a);

	float weight;
	while (select != 'q' || select != 'Q')
	{
		cout << endl << "Select command: a: Add to List a, b: Add to List b, d: Delete,
m: Merge, p: PrintAll, q: exit" << endl;
		cin >> select;

		switch (select)
		{
		case 'a':
			cout << "List a에 추가할 값을 입력 : " << endl;
			cin >> weight;
			a.Insert(weight);
			break;
		case 'b':
			cout << "List b에 추가할 값을 입력 : " << endl;
			cin >> weight;
			b.Insert(weight);
			break;
		case 'd':
			cout << "List a와 b에서 삭제할 값을 입력 : " << endl;
			cin >> weight;
			if (a.Delete(weight))
				cout << "List a에서" << weight << "값이 삭제됨." << endl;
			else
				cout << "List a에" << weight << "값이 없음." << endl;
			if (b.Delete(weight))
				cout << "List b에서" << weight << "값이 삭제됨." << endl;
			else
				cout << "List b에" << weight << "값이 없음." << endl;
			break;
		case 'm':
			// TODO : a+b
			a.Merge(b);
			break;
		case 'p':
			cout << "List a의 출력: " << endl;
```

```
                cout << a << endl;
                cout << "List b의 출력: " << endl;
                cout << b << endl;
                break;
            case 'q':
            case 'Q':
                cout << "Exit program.." << endl;
                break;
            default:
                cout << "WRONG INPUT   " << endl;
                cout << "Re-Enter" << endl;
            }
        }
        system("pause");
        return 0;
}
```

4.10 Generalized list

Generalized list는 down link와 rlink를 사용하며 down link로 연결된 또 다른 generalized list를 만든다. link field가 2개가 있는 것은 doubly linked list와 유사하나 각 노드가 항상 down link을 갖지 않을 수 있기 때문에 doubly list와는 다르다. 오히려 5장에서 공부할 tree와 유사한 측면이 많다.

generalized list, A는 유한개의 sequence of elements인 a_0,..., a_{n-1}, a_i을 포함하는 데 각 element가 단순 item 또는 list일 수가 있다. generalized lists의 예제로서 D = ( )은 null or empty list이다. A = (a, (b, c))는 길이가 2인 list이다. B = (A, A, ( ))는 길이가 3인 list이며 리스트 A를 포함한다. C = (a, C)는 길이가 2인 recursive list로서 두 번째 element인 C가 자기 자신을 가리키는 list이다.

1개 이상의 변수로 구성된 polynomial을 linked list로 표현하기 위한 자료구조로서 sinlgy linked list를 사용하는 방법[1]을 살펴본다. struct를 사용하여 coef, expx, expy, expz를 노드에 포함하고 link을 포함한다. 만약 다항식에 x,y,z 이외의 w 변수를 추가로 사용한다면 expw를 추가해야 한다. polynomial에 사용되는 변수 개수에 따라 노드의 field가 추가되는 문제가 있다. 그런데 다항식은 어떤 항은 변수가 x만 있을 경우에 expy, expz, expw는 모두 0으로 표기해야 하는 불편이 있다.

$$P(x, y, z) = x^{10}y^3z^2 + 2x^8y^3z^2 + 3x^8y^2z^2 + x^4y^4z + 6x^3y^4z + 2yz$$

다항식에 포함되는 각 항의 변수 개수에 관계없이 각 노드는 4개의 field로 고정하여 구현하는 방법이 generalized list이다. 다항식을 표현하기 위해 먼저 변수 z를 사용하여 factoring out한 z의 다항식, 즉 $P(z) = Cz^2 + Dz$을 만든다. 다음에 변수 y에 대하여, 그 다음은 x에 대하여 factoring out을 한 표현식을 만든다.

$$P(x, y, z) = ((x^{10} + 2x^8)y + 3x^8y^2)z^2 + ((x^4 + 6x^3)y + 2y) z$$

$$P(x, y, z) = Cz^2 + Dz, \text{ where } C(x, y) = Ey^3 + Fy^2$$

각 polynomial을 표현하기 위한 각 노드는 link, exp를 포함하고 {variable, coefficient, variable}의 union field와 이를 구분하기 위한 tag로서 trio를 포함한다. polynomial node를 표현하기 위한 Polynode[1]는 다음과 같다.

```
enum Triple {var, ptr, no};
class PolyNode
{
        Polynode *next;
        int exp;
        Triple trio;
        union {
                char vble;
                PolyNode *down;
                int coef;
        };
};
```

trio는 enum으로 3가지 tag에 따른 용도를 구분한다. trio == var이면 vble field로 사용하며 head node로 사용된다. trio == ptr이면 down field로 사용한다. trio == no이면 coef field로 사용한다. $P(x,y) = 3x^2y$는 그림 4.7과 같이 list를 만든다.

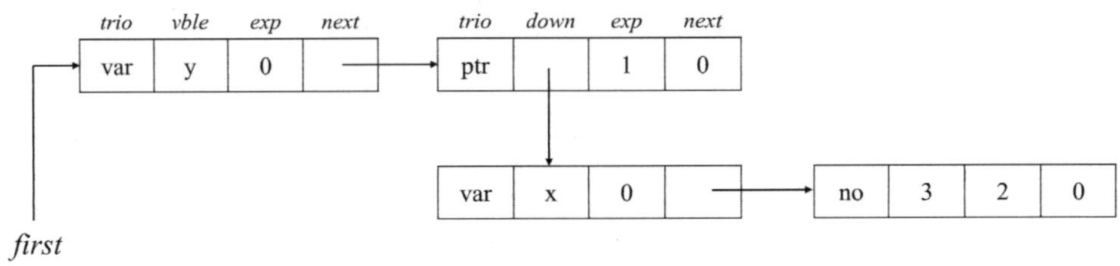

그림 4.7 Generalized List.

다항식 $P(x, y, z) = ((x^{10} + 2x^8)y + 3x^8y^2)z^2 + ((x^4 + 6x^3)y + 2y)$ z에 대한 generalized list[1]는 그림 4.8과 같다. 그림 4.8의 list는 trio field를 생략하여 보여주고 있다.

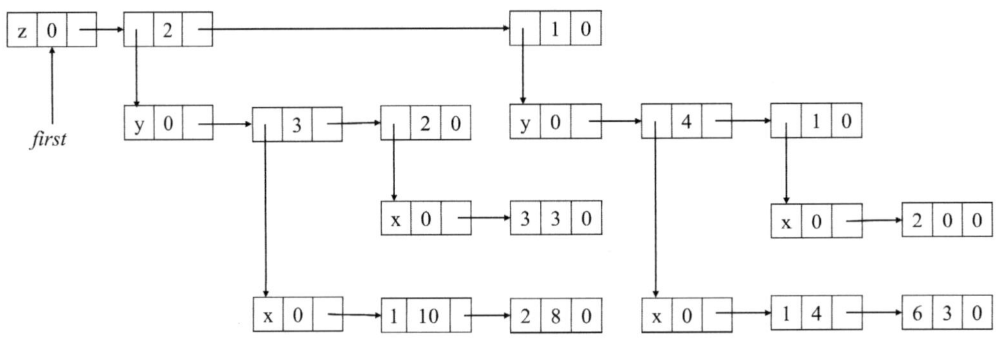

그림 4.8 다항식 표현 예.

좀 더 일반화하여 {tag, data/down, next}로 구성된 node struct를 사용한 generalized list[1]를 표현할 수 있다.

```
enum Boolean {FALSE, TRUE}
class GenList;
class GenListNode {
        friend class GenList;
        private:
                GenListNode *next;
                Boolean tag;
                union {
                        char data;
                        GenListNode *down;
                };
};
```

```
class GenList {
public:
        // list manipulation operations
        private:
        GenListNode *first;
};
```

generalized list는 list 그 자체가 recursive하게 정의되므로 copy하는 알고리즘도 recursive 함수로 작성하는 것이 자연스럽다. recursive algorithm은 2개의 함수로 구현하는데 첫째 함수가 자기 자신을 호출하는 recursive function이며 이를 workhorse(driver에서 호출되는 함수로서 시키는 작업을 호출할 때마다 되풀이한다는 의미)라고 하며 private 함수로 구현한다. 두 번째 함수는 main( )에서 호출되는 함수로서 driver라고 하며 public 함수로 구현한다. class GenList에서 private 함수로 GenListNode* Copy(GenListNode*);그리고 public 함수로 void Copy(const GenList&);가 있다[1].

```
//소스 코드4.8: Generalized List
//Devise a function that produces a gen list from the input l = (a,(b,c))
/*
소스 코드 실습 대상
1. copy하여 copy 전과 후의 결과를 출력
2. 2개의 gen list를 ==
3. depth 결과를 출력
4. reference count 사용하여 getnode, retnode 구현, gen list 반환 코드 구현 테스트
5. template version으로 만드는 것 - int data;를 T data;로 변경하고 T는 coef, exp로 사용하는 구현한다
*/
#include <iostream>

using namespace std;
int GetData( );

class GenList; // forward declaration

class GenListNode
{
        friend class GenList;
        friend int operator==(const GenList&, const GenList&);
        friend int equal(GenListNode*, GenListNode*);
```

```
private:
        GenListNode* link;
        bool tag; // 0 for data, 1 for dlink, 2 for ref
        union {
                int data;
                GenListNode* dlink;
                int ref;
        };
};

class GenList
{
        friend int operator==(const GenList&, const GenList&);
        friend int equal(GenListNode*, GenListNode*);
private:
        GenListNode* first;
        static GenListNode* av;
        GenListNode* Copy(GenListNode*);
        void Visit(GenListNode*);//driver
        int Depth(GenListNode*);
        GenListNode* MakeList(GenListNode*);
        void Delete(GenListNode*);
public:
        void Copy(const GenList&);
        void Visit(const GenList&);//workhorse
        ~GenList( );
        int Depth( );
        void MakeList( );
};

GenList::~GenList( )
//Each head node has a reference count. We assume first != 0
{
        Delete(first);
        first = 0;
}
void GenList::Copy(const GenList& l)
{
        first = Copy(l.first);
}

void GenList::Visit(const GenList& l)//public function으로 구현
{
        cout << "(";
        Visit(l.first);
```

```
        cout << ")";
}
/*
GenList::~GenList( )//구현하는 실습을 한다.
{
Delete(first);
first = 0;
}
*/

int operator==(const GenList& l, const GenList& m)
{
        return equal(l.first, m.first);
}

//Workhorse - 반환시에 문제 발생함
void GenList::Delete(GenListNode* x)
{
        if (x->tag == 2) x->ref--;
        if (!x->ref)
        {
                GenListNode* y = x;
                while (y->link)
                {
                        y = y->link;
                        if (y->tag == 1) Delete(y->dlink);
                }
                y->link = av;
                av = x;

        }
}

int GenList::Depth( )
{
        return Depth(first);
}

void GenList::MakeList( )
{
        first = MakeList(first);
}

//copy, visit, equal 등의 recursive 함수를 먼저 공부한 후에 MakeList( )를 이해하는 것이 좋다
GenListNode* GenList::MakeList(GenListNode* s)
```

```
{
        GenListNode* p, * q, * r;
        bool tag_head = true;
        q = new GenListNode;
        r = q;
        while (int x = GetData( ))//if x == 0, no more entry
        {
                if (x == 1) //make down link - recursive function 처리가 필요하다.
                {
                        if (tag_head) { //x ==1이면 새로운 down link에서 리스트를 만든다.
                                q->dlink = MakeList(q);
                                q->tag = true;
                                q->link = 0;
                                tag_head = false;
                                continue;
                        }
                        else
                        {
                                p = new GenListNode;
                                q->link = p;
                                p->tag = true;
                                p->link = 0;
                                q = p;
                                q->dlink = MakeList(q);
                        }
                }
                else {// x>= 2는 listnode의 데이터 값으로 리스트를 만든다
                        if (tag_head) {
                                q->data = x; q->tag = false; q->link = 0;
                                tag_head = false;
                        }
                        else {
                                p = new GenListNode;
                                p->data = x; p->tag = false; p->link = 0;
                                q->link = p;
                                q = p;
                        }
                }
        }
        return r;
}

GenListNode* GenList::Copy(GenListNode* p) //private function
{
        GenListNode* q = 0;
```

```
        if (p) {
                q = new GenListNode;
                q->tag = p->tag;
                if (!p->tag) q->data = p->data;
                else q->dlink = Copy(p->dlink);
                q->link = Copy(p->link);
        }
        return q;
}

void GenList::Visit(GenListNode* p)
{
        if (p) {
                cout << p->tag << ":";
                if (!p->tag)
                        cout << p->data << ",";
                else {
                        cout << " (";
                        Visit(p->dlink);
                        cout << ") ";
                }
                Visit(p->link);
        }
}

int equal(GenListNode* s, GenListNode* t)
{
        int x;
        if ((!s) && (!t)) return 1;
        if (s && t && (s->tag == t->tag)) {
                if (!s->tag)
                        if (s->data == t->data) x = 1; else x = 0;
                else x = equal(s->dlink, t->dlink);
                if (x) return  equal(s->link, t->link);
        }
        return 0;
}

int GenList::Depth(GenListNode* s)
{
        if (!s) return 0;
        GenListNode* p = s; int m = 0;
        while (p) {
                if (p->tag) {
                        int n = Depth(p->dlink);
```

```
                    if (m < n) m = n;
            }
            p = p->link;
        }
        return m + 1;
}


int GetData( ) {
        cout << endl << "0: exit, 1: dlink, >2 value= ";
        int n;
        cin >> n;
        return n;
}
GenListNode* GenList:: av = 0;
int main(void)
{
        GenList l;
        GenList m;
        char select;
        int max = 0, x = 0;
        cout << "Select command m: make, c: copy, d: depth, v: visit, q : quit =>";
        cin >> select;
        while (select != 'q')
        {
                switch (select)
                {
                case 'm':
                        l.MakeList( );
                        break;
                case 'c':
                        m.Copy(l);
                        cout << "Copy Result" << endl;
                        l.Visit(m);
                        cout << endl;
                        break;
                case 'd':
                        cout << "depth: " << l.Depth( );
                        cout << endl;
                case 'v':
                        cout << "tag : data (link)" << endl;
                        l.Visit(l);
                        cout << endl;
                        break;
                case 'q':
```

```
                cout << "Quit" << endl;
                break;

            default:
                cout << "WRONG INPUT   " << endl;
                cout << "Re-Enter" << endl;
                break;
            }
            cout << "Select command m: make, c: copy, d: depth, v: visit, q : quit =>";
            cin >> select;
        }
        system("pause");
        return 0;
}
```

특정 sublist가 다른 list에 의해 referenced되고 있는 경우에 주어진 list의 삭제가 dangling reference를 초래할 수 있다. 각 list에 대한 head node를 두고 head node의 data 값이 피참조되고 있는 count field를 둔다. head node의 data/down field가 reference count를 기록하여 0이 아니면 해당 list를 delete하지 않는다. GenListNode<T>에서 int ref;를 union에 포함하여 구현한다.

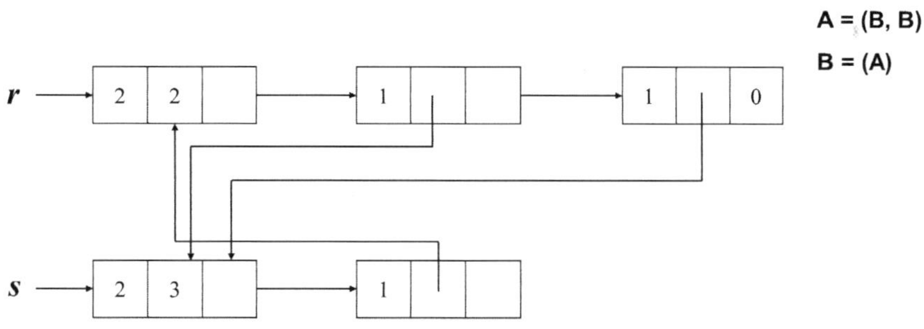

그림 4.9 GenList의 reference count.

list를 erase하는 recursive 알고리즘은 GenList::~GenList( )의 body에서 void GenList::Delete(GenListNode* x)을 호출한다. generalized list에 대한 실습을 위해서는 list를 만드는 void MakeList( )에서 데이터를 입력받아 생성한다. generalized list의 생성도 recursive 알고리즘으로 구현한 소스 코드를 보고 실습을 해본다.

```
        template <class T>
        class GenListNode<T>
        {
        friend class GenList<T>;
        private:
                GenListNode<T> *next;
                int tag;//0 for data, 1 for down, 2 for ref
                union {
                        T data;
                        GenListNode<T> *down;
                        int ref;
                };
        };
//Gen List
//Devise a function that produces a gen list from the input l = (a,(b,c))
/*
소스 코드 실습 대상: generalized list를 구현하는 실습
1. copy하여 copy 전과 후의 결과를 출력
2. 2개의 gen list를 ==
3. depth 결과를 출력
4. reference count 사용하여 getnode, retnode 구현, gen list 반환 코드 구현 테스트
5. template version으로 만드는 것
*/
```

4.11 Heterogeneous lists

list의 노드가 다른 type을 가지면 heterogeneous list라고 한다. union을 사용하여 다른 타입의 노드들을 하나의 class definition으로 처리할 수 있다. union을 사용하여 노드 타입을 merge할 때 가장 큰 데이터 타입의 공간을 할당하는 것이 필요하다. S( )를 해당 타입의 공간 크기이다.

$$
\begin{aligned}
S(\text{CombinedNode}) &= S(\text{Data}) + S(\text{CombinedNode *}) \\
&= S(\text{int}) + \max(S(\text{char}), S(\text{int}), S(\text{float})) + S(\text{CombinedNode *})
\end{aligned}
$$

(1) Abstract class Node를 pure virtual 함수로 정의한다. Node *link;는 다른 데이터 타입에 대하여 공통이므로 class Node에 포함한다.

(2) DerivedNode<Type>을 Node의 sublcass로 정의한다. Type data;를 포함한다.

(3) DerivedNode<Type>::GetData( )를 구현한다. GetData( ) 함수 구현은 char, int, float 등에 대하여 각각 구현되어야 한다.

(4) List, ListIterator class는 union을 사용하는 struct Data에 영향을 받지 않는다.

상속에 의한 dynamic typing으로 Node*에 대한 pointer는 DerivedNode<char>, DerivedNode<int>, DerivedNode<float>의 노드로 binding된다[1].

```
//소스 코드4.9: Heterogeneous Linked List
#include <iostream>
#include <string>
#include <cctype>

using namespace std;
enum boolean { FALSE, TRUE };
struct Data
{
        int id; //id = 0, 1, 2 if the node contains char, int, float
        union {
                int i;
                char c;
                float f;
        };
        bool operator==(Data const d);
};

/*
class CombinedNode {
//use union to merge different node types into one class definition
        friend class List;
        friend class ListIterator;
private:
        Data data;
        CombinedNode* link;
};
class List {
        friend class ListIterator;
```

```
public:
private:
        CombinedNode* first;
};
*/

class Node {
        friend class List;
        friend class ListIterator;
protected:
        Node* link;
        virtual Data GetData( ) = 0;
};

template<class Type>
class DerivedNode : public Node {
        friend class List;
        friend class ListIterator;
public:
        DerivedNode(Type item) : data(item) { link = 0; }
private:
        Type data;
        Data GetData( );
};

class List {
        friend class ListIterator;
public:
        List( ) { first = 0; };
        ~List( ) { };
        void Add( );
        void Delete( );
        Node* Search(Data);
private:
        Node* first;
};

class ListIterator {
public:
        ListIterator(const List& l) : list(l), current(l.first) { };
        ListIterator& operator ++( );
        ListIterator operator ++(int);
        Data* First( );
```

```
        Node* Next( );
        bool NotNull( );
        bool NextNotNull( );
        Data GetCurrent( );
        Node* CurrentPointer( );
private:
        const List& list;
        Node* current;
        Data temp;
};

bool Data::operator==(Data const d)
{
        switch (d.id)
        {
        case 0:
                if (this->c == d.c)
                        return TRUE;
                break;
        case 1:
                if (this->i == d.i)
                        return TRUE;
                break;
        case 2:
                if (this->f == d.f)
                        return TRUE;
                break;
        }
        return FALSE;
}

Data DerivedNode<char>::GetData( ) {
        Data t; t.id = 0; t.c = data; return t;
}

Data DerivedNode<int>::GetData( ) {
        Data t; t.id = 1; t.i = data; return t;
}

Data DerivedNode<float>::GetData( ) {
        Data t; t.id = 2; t.f = data; return t;
}
```

```
void List::Add( )
{
	int value;
	float num;
	char c;
	cout << "Please input data type. 0 = char, 1 = int, 2 = float" << endl;
	cin >> value;
	if (!first)
		switch (value)
		{
		case 0:
			cin >> c;
			first = new DerivedNode<char>(c);
			break;
		case 1:
			cin >> value;
			first = new DerivedNode<int>(value);
			break;
		case 2:
			cin >> num;
			first = new DerivedNode<float>(num);
			break;
		default:
			break;
		}
	else
	{
		switch (value)
		{
		case 0:
		{
			cin >> c;
			Node* n = new DerivedNode<char>(c);
			n->link = first;
			first = n;
			break;
		}
		case 1:
		{
			cin >> value;
			Node* na = new DerivedNode<int>(value);
			na->link = first;
			first = na;
```

```
                break;
            }
            case 2:
            {
                cin >> num;
                Node* nb = new DerivedNode<float>(num);
                nb->link = first;
                first = nb;
                break;
            }
            default:
                break;
            }
        }

}

void List::Delete( )
{
        int value;
        char c;
        float num;
        Data tmp;

        if (first == NULL) cout << " List is empty" << endl;
        else
        {
            cout << "Please input data type. 0 = char, 1 = int, 2 = float" << endl;
            cin >> value;
            cin.clear( );
            switch (value)
            {
            case 0:
                cin >> c;
                tmp.c = c;
                tmp.id = 0;
                break;
            case 1:
                cin >> value;
                tmp.i = value;
                tmp.id = 1;
                break;
            case 2:
```

```
                cin >> num;
                tmp.f = num;
                tmp.id = 2;
                break;
            default:
                break;
            }
            Node* s = Search(tmp);
            if (s == first && !(s->link->GetData( ) == tmp))
            {
                Node* tmp;
                tmp = s;
                s = s->link;
                first = s;
                delete tmp;
            }
            else if (s)
            {
                Node* tmp;
                tmp = s->link;
                s->link = s->link->link;
                delete tmp;
            }
        }
}

Node* List::Search(Data tmp)
{
        ListIterator li(*this);
        while (li.NotNull( ))
        {
            if (li.GetCurrent( ) == tmp)
                return li.CurrentPointer( );
            else if (li.Next( )->GetData( ) == tmp)
                return li.CurrentPointer( );
            ++li;
        }
        return NULL;
}

Data* ListIterator::First( ) {
        if (list.first) {
            temp = list.first->GetData( );
```

```
            return &temp;
        }
        return 0;
}

Data ListIterator::GetCurrent( ) {
        return current->GetData( );
}

Node* ListIterator::Next( )
{
        return current->link;
}

Node* ListIterator::CurrentPointer( )
{
        return current;
}

ListIterator& ListIterator::  operator ++( )
{
        current = current->link;
        return *this;
}

ListIterator ListIterator:: operator ++(int)
{
        ListIterator old = *this;
        current = current->link;
        return old;
}

bool ListIterator::NotNull( )
{
        if (current) return TRUE;
        else return FALSE;
}
bool ListIterator::NextNotNull( )
{
        if (current->link) return TRUE;
        else return FALSE;
}
```

```
ostream& operator<<(ostream& os, Data& retvalue)
{
	switch (retvalue.id)
	{
	case 0:
		cout << retvalue.c;
		break;
	case 1:
		cout << retvalue.i;
		break;
	case 2:
		cout << retvalue.f;
		break;
	default:
		break;
	}
	return os;
}

void PrintAll(const List& l)
{
	ListIterator li(l);
	if (!li.NotNull( )) return;
	Data retvalue = *li.First( );
	cout << retvalue;
	if (li.NextNotNull( ))
		cout << " + ";
	while (li.NextNotNull( ) == true) {
		++li;//current를 증가시킴
		//retvalue = retvalue + *li.Next( );
		retvalue = li.GetCurrent( );//현재 current가 가르키는 node의 값을 가져옴
		cout << retvalue;
		if (li.NextNotNull( ))
			cout << " + ";
	}
}

//float sum(l); //sum of all floating points
int main(void)
{
	List l;
	//implement heterogeneous linked stacks and queues
	char select;
```

```
    int max = 0, x = 0;
    cout << "Select command a: add data, d: delete data, p: print all, q : quit =>";
    cin >> select;
    while (select != 'q')
    {
        switch (select)
        {
        case 'a':
            l.Add( );
            break;
        //case 'c': l.Copy( ); //구현실습
        case 'd':
            l.Delete( );
            break;
        //case 'e': l.Equal( ); //구현실습
        case 'p':
            cout << "print all: ";
            PrintAll(l);
            cout << endl;
            break;
        case 'q':
            cout << "Quit" << endl;
            break;

        default:
            cout << "WRONG INPUT  " << endl;
            cout << "Re-Enter" << endl;
            break;
        }
        cout << "Select command a: add data, d: delete data, p: print all, q : quit =>";
        cin >> select;
    }
    system("pause");
    return 0;
}
```

연습 문제

1. 다음 function을 구현할 때 다음 조건을 모두 만족해야 한다.

   1.1) template 사용

   1.2) class Term을 사용해야 한다.

```
template<class T> class Term {
public:
        //All members of Term are public by default
        T coef; //coefficient
        T exp; //exponent
        Term( ) { coef = 0; exp = 0; }
        Term(T c, T e) :coef(c), exp(e) { }
        Term Set(int c, int e) { coef = c; exp = e; return *this; };
};
```

   1.3) iterator를 사용하지 않는다. circular list로서 head node를 사용한다. circular list의 last 변수가 마지막 노드를 가리킨다.

```
template <class Type>
class CircList {
        friend class CircListIterator<Type>;
public:
        CircList( ) { first = new ListNode<Type>; first->link = first; last = first; };
        CircList(const CircList&);
        ~CircList( );
        void Attach(Type);
private:
        ListNode<Type>* first;
        ListNode<Type>* last;
        static ListNode<Type>* av;
};
```

   1.4) available list를 사용하고 getnode( ), retnode( )를 사용한다.

1.5) cin >> a;로 다항식을 입력받는다. 지수는 내림차순으로 입력되어야 하고 입력된 지수가 이미 입력된 지수보다 크면 다시 입력받는다. 지수가 -1이면 입력받는 것을 종료한다. 입력되는 항은 10개 이상으로 하되 지수는 내림차순으로 하고 계수는 임의 값 입력하는데 난수 생성하여 자동 입력한다(화면에서 입력하지 않게 구현한다).

1.6) cout<<d;는 a(x) = 5x**3 + 4x**2 +5로 출력한다. operator<<(Polynomial &p)는 operator<<(CircList<> &c)를 호출하여 구현한다.

1.7) a*b는 x+y를 호출하여 답을 구한다.

```
viod func( )
{
        // d = a+ b* c;
        polynomial a, b, c, d;
        cin >> a; // read and create polynomials
        cin >> b;
        cin >> c;
{
                polynomial t;
                t = b * c
        cout "a(x) = " << a ", b(x) = " <<b ", a(x) * b(x) = "<<t;
                d = a + t;
        } //t의 소멸차 호출한다 => retNode( ) 호출한다
        cout "a(x) + b(x) * c(x) = " << d;
}
```

5장

Tree

5장 Tree

5.1 Tree 용어

tree는 한 개 이상의 노드들의 집합이고 상단의 시작 노드를 root라고 하며 나머지 노드들은 root의 subtree인 T_1, ... T_n으로 partition된다. root의 child를 branch라고 하고 branch 개수를 degree라고 한다. degree는 한 노드의 subtree 개수가 된다. degree가 0인 노드를 leaf node 또는 terminal node라고 한다. sibling 노드는 동일한 parent의 child들을 말한다. tree degree는 tree에서 node degree의 최댓값이다. 각 노드의 level[1]은 그림 5.1처럼 root가 1부터 시작하여 child가 2등으로 증가한다. tree의 height 또는 depth는 주어진 tree의 maximum level을 말한다.

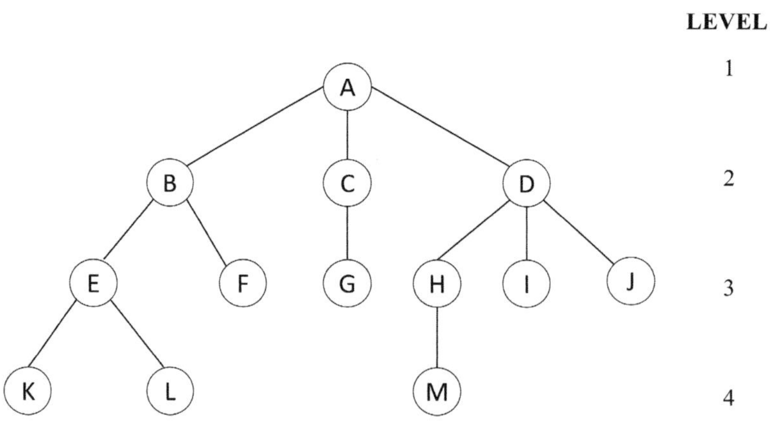

그림 5.1 일반적 Tree 구조.

binary tree는 각 노드의 child가 0, 1, 2개이며 left subtree와 right subtree가 recursive하게 정의된다. binary tree는 그림5.2처럼 node B가 A의 left child인지 right child인지에 따라 다른 tree로 구별하며 이를 tree topology[1]라 한다.

그림 5.2 Binary tree 의 topology.

skewed binary tree는 그림 5.3처럼 왼쪽 또는 오른쪽으로 계속 치우친 tree를 말하며 단순한 linked list와 차이가 없다. complete binary tree는 full binary tree의 leaf node에 대해서 우측부터 좌측 순서로 leaf node들이 없는 경우이다.

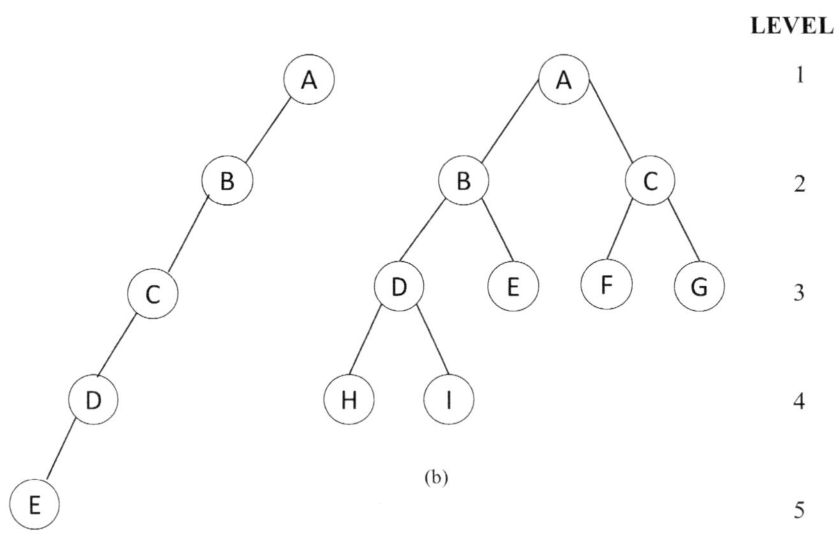

그림 5.3 Skewed tree와 Tree level.

full binary tree는 depth가 k일 때 2k-1개의 노드를 포함한다. n개의 노드를 포함한 complete binary tree가 depth k이면 root 1부터 시작된 노드 번호가 depth k 인 full binary tree에서의 노드 번호와 일대일 대응되어야 한다. complete binary tree는 그림 5.4처럼 1부터 시작되는 array로 간편하게 표현할 수 있다. 따라서 complete binary tree는 link를 사용하지 않고 순차적 배열로 간단하게 표현할 수 있다. 배열로 구현하는 complete binary tree가 중요한 이유는 min-max heap에서 사용되기 때문이다.

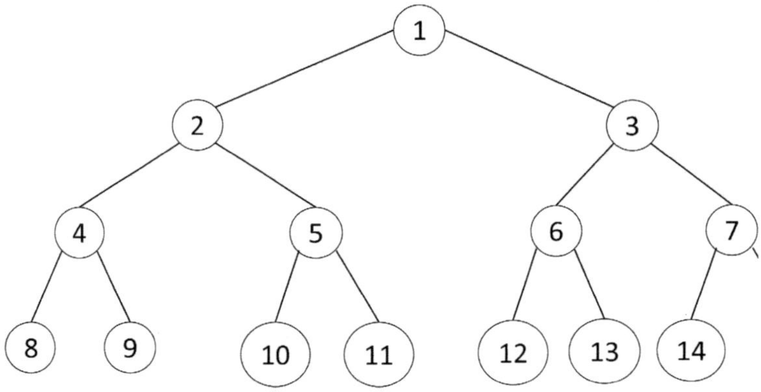

그림 5.4 Full binary tree.

5.2 Binary tree 표현

5.2.1 Array 표현

complete binary tree의 배열 표현은 그림 5.5처럼 parent, left child, right child의 위치를 쉽게 찾을 수 있다. complete binary tree에서 어떤 node i에 대하여 parent(i) = [i/2], leftchild(i) = 2i, rightchild(i) = 2i + 1로 쉽게 계산할 수 있다.

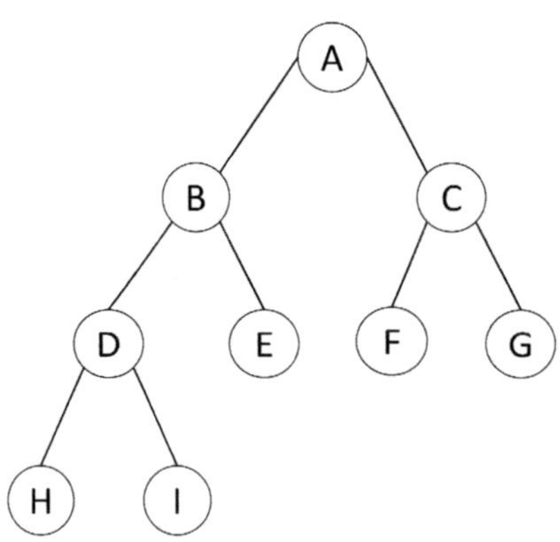

	tree
[0]	-
[1]	A
[2]	B
[3]	C
[4]	D
[5]	E
[6]	F
[7]	G
[8]	H
[9]	I

그림 5.5 Binary tree의 Array 표현.

5.2.2 Linked list 표현

complete binary tree가 아닐 경우에 배열을 사용한 tree의 표현은 그림 5.6처럼 배열은 많은 공간이 낭비된다. 특히 skewed tree의 경우에는 C의 index가 4이므로 left child = 8이고 나머지 공간은 모두 빈칸이 된다.

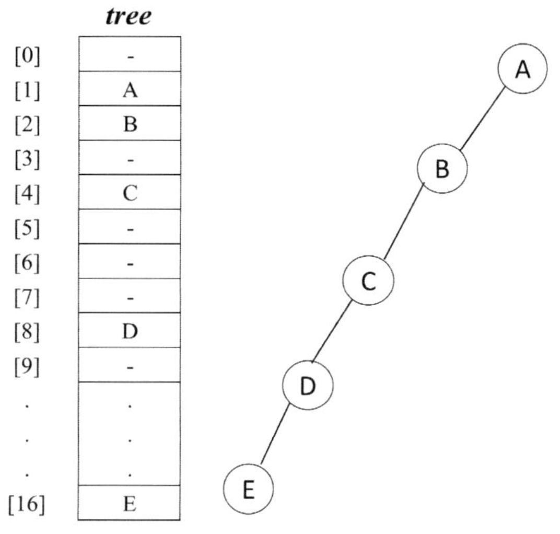

그림 5.6 Skewed Tree의 Array 표현 문제점.

linked list 표현[1]은 그림 5.7처럼 각 노드가 Leftchild, data, RightChild를 갖는다. liinked list 처럼 노드 클래스와 tree class를 만든다.

```
class Tree;
class TreeNode {
        friend class Tree;
        private:
                TreeNode *LeftChild;
                char data;
                TreeNode *RightChild;
};

class Tree {
public:
        // tree operations
        void insert(int);
```

```
        bool delete(int);

private:
        TreeNode *root;
};
```

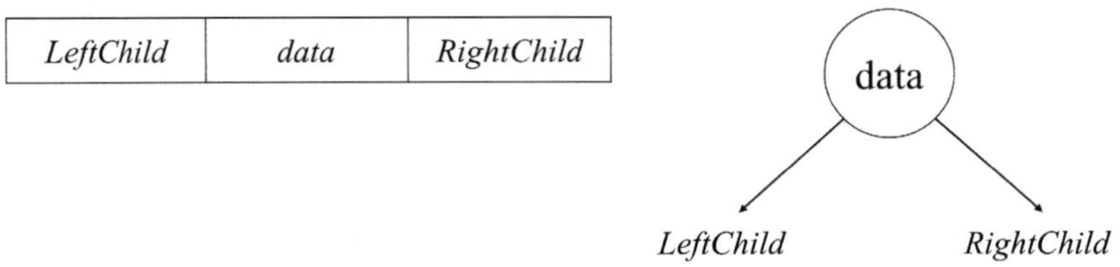

그림 5.7 Pointer를 사용한 Tree 표현.

skewed tree와 complete binary tree를 linked 표현으로 만들면 skewed tree는 그림 5.8처럼 linked list와 같게 된다. 여전히 skewed tree는 배열이 아닌 linked 표현으로도 좋은 성능을 내기가 어렵다.

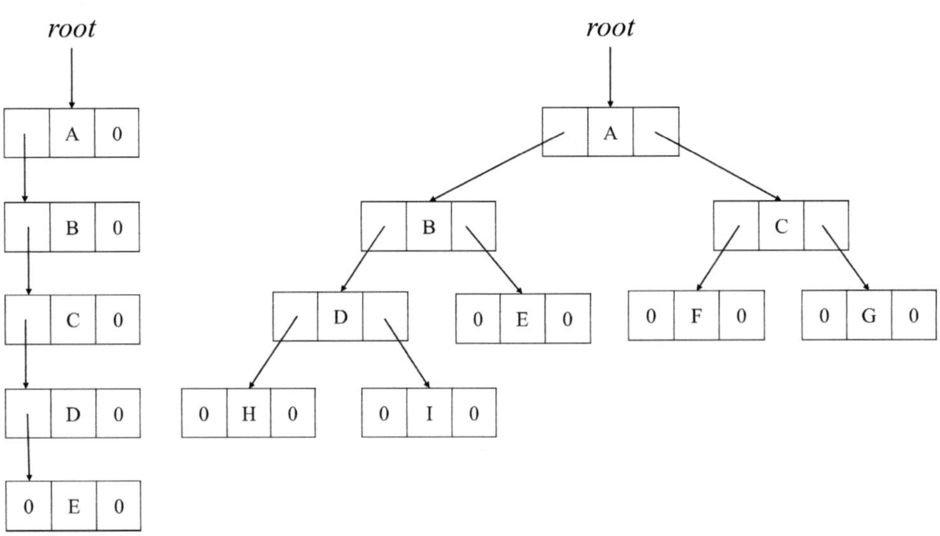

그림 5.8 Binary tree의 Pointer 표현.

5.3 Binary tree traversal과 Tree iterations

tree에 대한 가장 빈번한 처리는 모든 노드를 오직 한번 방문하는 traverse(to move to right or left on a pivot) 알고리즘이다. 주어진 tree에 대한 full traversal은 노드들의 linear order를 만든다. 이러한 linear order는 binary tree의 한 노드와 left subtree, right subtree의 방문 순서에 따라 다르게 만들어진다.

L, V, R을 moving left, visiting the node, moving right라고 하자. L, V, R의 가능한 조합을 만들면 6가지 traversal인 LVR, LRV, VLR, VRL, RVL, RLV이 나온다. LVR과 RVL은 대칭이므로 left에서 right로 traverse하는 경우만 고려하면 LVR, LRV, VLR 3가지가 나온다. LVR은 inorder 방문이라고 하며 infix를 만든다. LRV는 postorder 방문이라고 하며 postfix를 만든다. VLR은 preorder라고 하며 prefix를 만든다.

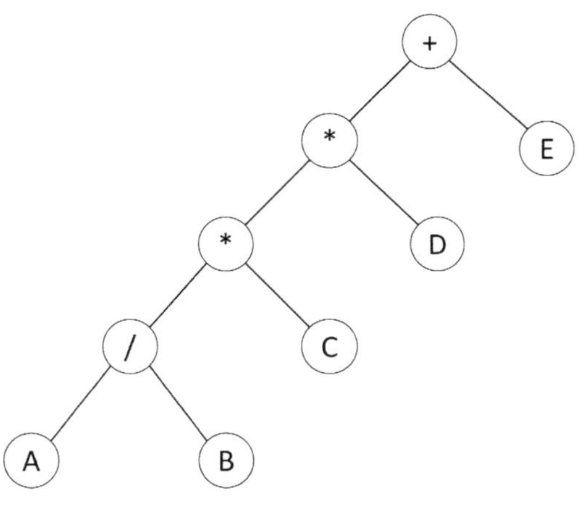

그림 5.9 산술식의 Binary Tree 표현.

5.3.1 Inorder traversal

inorder는 현재 노드의 left child가 있으면 left로 traverse한다. left child를 방문한 후에 현재 노드를 방문한다. 현재 노드 방문후 right로 traverse한다. 그림 5.9처럼 산술식을 표현 binary tree에 대하여 inorder travsersal은 A/B*C*D+E를 만든다[1].

class Tree의 public 함수 void Tree::inorder( )는 driver 호출이며 workhorse로서 Tree의 private 함수인 void Tree::inorder(TreeNode *CurrentNode)를 호출한다.

```
//소스 코드 5.1: binary tree
/*
1. preorder, postorder, copy, == (equal)를 test한다.
2. 두개의 binary tree를 만들어 equal 테스트한다.
3. NonrecInorder( )를 구현한다
4. class InorderIterator를 구현한다.
5. class Queue를 사용하여 LevelOrder( )를 구현한다.
expression = A + B * C - D를 TREE로 만드는 코딩
*/
#include <iostream>

using namespace std;
const int DefaultSize = 10;
enum Boolean { FALSE, TRUE };

template <class KeyType>
class Stack
{
public:
        Stack(int MaxStackSize = DefaultSize);

        Boolean IsFull( );

        void Add(const KeyType& item);

        Boolean IsEmpty( );

        KeyType* Delete(KeyType&);

        void StackEmpty( ) { cout << "empty" << endl; };
        void StackFull( ) { cout << "full" << endl; };
        void Output( );
private:
        int top;
        KeyType* stack;
        int MaxSize;
};

template <class KeyType>
Stack<KeyType>::Stack(int MaxStackSize) : MaxSize(MaxStackSize)
{
        stack = new KeyType[MaxSize];
        top = -1;
}
```

```
template <class KeyType>
inline Boolean  Stack<KeyType>::IsFull( )
{
        if (top == MaxSize - 1) return TRUE;
        else return FALSE;
}

template <class KeyType>
inline Boolean  Stack<KeyType>::IsEmpty( )
{
        if (top == -1) return TRUE;
        else return FALSE;
}

template <class KeyType>
void Stack<KeyType>::Add(const KeyType& x)
{
        if (IsFull( )) StackFull( );
        else stack[++top] = x;
}

template <class KeyType>
KeyType* Stack<KeyType>::Delete(KeyType& x)
{
        if (IsEmpty( )) { StackEmpty( ); return 0; }
        x = stack[top--];
        return &x;
}

template <class KeyType>
void Stack<KeyType>::Output( )
{
        cout << "top = " << top << endl;
        for (int i = 0; i <= top; i++)
                cout << i << ":" << stack[i] << endl;
}

#include <iostream>

template <class KeyType>
class Queue
{
        // objects: A finite ordered list with zero or more elements.
```

```
public:
	Queue(int MaxQueueSize = 5);
	// Create an empty queue whose maximum size is MaxQueueSize

	bool IsFull( );
	// if number of elements in the queue is equal to the maximum size of
	//   the queue, return TRUE (1); otherwise, return FALSE (0)

	void Add(const KeyType& item);
	// if IsFull( ), then QueueFull( ); else insert item into the top of the queue.

	bool IsEmpty( );
	// if number of elements in the queue is equal to 0, return TRUE (1) else return FALSE (0).

	KeyType* Delete(KeyType&);
	// if IsEmpty( ), then QueueEmpty( ); else remove and return the topmost element of the Queue

	void QueueEmpty( ) { cout << "empty" << endl; };
	void QueueFull( ) { cout << "full" << endl; };
	void Output( );
private:
	int front;
	int rear;
	KeyType* queue;
	int MaxSize;
};

template <class KeyType>
Queue<KeyType>::Queue(int MaxQueueSize) : MaxSize(MaxQueueSize)
{
	queue = new KeyType[MaxSize];
	front = rear = -1;
}

template <class KeyType>
inline bool  Queue<KeyType>::IsFull( )
{
	if (rear == MaxSize - 1) return true;
	else return false;
}

template <class KeyType>
inline bool  Queue<KeyType>::IsEmpty( )
{
```

```
        if (front == rear) return true;
        else return false;
}

template <class KeyType>
void Queue<KeyType>::Add(const KeyType& x)
// add x to the queue
{
        if (IsFull( )) QueueFull( );
        else queue[++rear] = x;
}

template <class KeyType>
KeyType* Queue<KeyType>::Delete(KeyType& x)
// remove and return front element from queue
{
        if (IsEmpty( )) { QueueEmpty( ); return 0; }
        x = queue[++front];
        return &x;
}

template <class KeyType>
void Queue<KeyType>::Output( )
{
        cout << "front = " << front << "rear = " << rear << endl;
        for (int i = front + 1; i <= rear; i++)
                cout << i << ":" << queue[i] << endl;
}

//make a binary tree
/*
1. preorder, postorder, copy, == (equal)를 test한다.
2. 두개의 binary tree를 만들어 equal 테스트한다.
3. NonrecInorder( )를 구현한다
4. class InorderIterator를 구현한다.
5. class Queue를 사용하여 LevelOrder( )를 구현한다.
   expression = A + B * C -D를 TREE로 만드는 코딩
6. template version으로 만드는 것
7. inorder iterator 처럼 level order로 binary tree를 traverse하는 LevelIterator를 구현
8. PostorderIterator 구현
9. count # of of leaf nodes
10. SwapTree( ): swap left and right child of every node
*/
```

```
#include <iostream>
#include <stdio.h>
#include <stdlib.h>
#include "stackqueue.h"

//inorder( ), postorder( ), preorder( ) -> NonrecInorder( ) -> class InorderIterator -> Next( ) ->
LevelOrder( ) -> NoStackInorder( ) -> Copy( ) -> equal( )
using namespace std;

class Tree;

class TreeNode {
	friend class Tree;
	friend class InorderIterator;
	friend int equal(TreeNode*, TreeNode*);
private:
	TreeNode* LeftChild;
	int data;
	TreeNode* RightChild;

	TreeNode( ) {
		LeftChild = RightChild = 0;
	};

	TreeNode(int ch, TreeNode* Lefty, TreeNode* Righty) {
		data = ch;
		LeftChild = Lefty;
		RightChild = Righty;
	}
};

class Tree {
	friend int operator==(const Tree&, const Tree&);
	friend class InorderIterator;
private:
	TreeNode* root;
	void inorder(TreeNode*);
	void preorder(TreeNode*);
	void postorder(TreeNode*);
	TreeNode* copy(TreeNode*);
public:
	Tree(const Tree&);
	Tree( ) { root = 0; };
	bool Insert(int);
```

```
	void inorder( );
	void preorder( );
	void postorder( );
	void NoStackInorder( );
	void NonrecInorder( );
	void LevelOrder( );
	Tree* Copy( ); //void Copy(Tree&);
};

Node* Tree::InorderSucc(Node* current)
{
	Node* temp = current->RightChild;
	if (current->RightChild != null)
		while (temp->LeftChild != null) temp = temp->LeftChild;
	return temp;
}

class InorderIterator {
public:
	int* Next( );
	InorderIterator(Tree tree) : t(tree) {
		CurrentNode = t.root;
	};

private:
	Tree t;
	Stack<TreeNode*> s;
	TreeNode* CurrentNode;
};

int* InorderIterator::Next( )
{
	while (CurrentNode) {
		s.Add(CurrentNode);
		CurrentNode = CurrentNode->LeftChild;
	}
	if (!s.IsEmpty( )) {
		CurrentNode = *s.Delete(CurrentNode);
		int& temp = CurrentNode->data;
		CurrentNode = CurrentNode->RightChild;
		return &temp;
	}
	else return 0;
}
```

```
void Tree::inorder( )
{
        inorder(root);
}

void Tree::preorder( )
{
        preorder(root);
}

void Tree::postorder( )
{
        postorder(root);
}

void Tree::inorder(TreeNode* CurrentNode)
{
        if (CurrentNode) {
                inorder(CurrentNode->LeftChild);
                cout << " " << CurrentNode->data;
                inorder(CurrentNode->RightChild);
        }
}

void Tree::preorder(TreeNode* CurrentNode)
{
        if (CurrentNode) {
                cout << CurrentNode->data << " ";
                preorder(CurrentNode->LeftChild);
                preorder(CurrentNode->RightChild);
        }
}

void Tree::postorder(TreeNode* CurrentNode)
{
        if (CurrentNode) {
                postorder(CurrentNode->LeftChild);
                postorder(CurrentNode->RightChild);
                cout << CurrentNode->data << " ";
        }
}

Tree::Tree(const Tree& s)//copy constructor
{
```

```
        root = copy(s.root);
}

TreeNode* Tree::copy(TreeNode* orignode)
{
        if (orignode) {
                TreeNode* temp = new TreeNode;
                temp->data = orignode->data;
                temp->LeftChild = copy(orignode->LeftChild);
                temp->RightChild = copy(orignode->RightChild);
                return temp;
        }
        else return 0;
}

// Driver
int operator==(const Tree& s, const Tree& t)
{
        return equal(s.root, t.root);
}

// Workhorse
int equal(TreeNode* a, TreeNode* b)
/* This function returns 0 if the subtrees at a and b are not
equivalent. Otherwise, it will return 1 */
{
        if ((!a) && (!b)) return 1;  // both a and b are 0
        if (a && b &&                       // both a and b are non-0
                (a->data == b->data)        // data is the same
                && equal(a->LeftChild, b->LeftChild) // left subtrees are the same
                && equal(a->RightChild, b->RightChild)) // right subtrees are the same
                return 1;
        return 0;
}

bool Tree::Insert(int x) {//binary search tree를 만드는 입력 => A + B * C을 tree로 만드는 방법:
입력 해결하는 알고리즘 작성 방법을 설계하여 구현
        TreeNode* p = root;
        TreeNode* q = 0;
        while (p) {
                q = p;
                if (x == p->data) return false;
                if (x < p->data) p = p->LeftChild;
                else p = p->RightChild;
        }
```

```
        p = new TreeNode;
        p->LeftChild = p->RightChild = 0;
        p->data = x;
        if (!root) root = p;
        else if (x < q->data) q->LeftChild = p;
                else q->RightChild = p;
        return true;
}

void Tree::NonrecInorder( )//void Tree::inorder(TreeNode *CurrentNode)와 비교
{
        Stack<TreeNode*> s;
        TreeNode* CurrentNode = root;
        while (1) {
                while (CurrentNode) {
                        s.Add(CurrentNode);
                        CurrentNode = CurrentNode->LeftChild;
                }
                if (!s.IsEmpty( )) {
                        CurrentNode = *s.Delete(CurrentNode);
                        cout << CurrentNode->data << endl;
                        CurrentNode = CurrentNode->RightChild;
                }
                else break;
        }
}

void Tree::LevelOrder( )
{
        Queue <TreeNode*> q;
        TreeNode* CurrentNode = root;
        while (CurrentNode) {
                cout << CurrentNode->data << endl;
                if (CurrentNode->LeftChild)
                        q.Add(CurrentNode->LeftChild);
                if (CurrentNode->RightChild)
                        q.Add(CurrentNode->RightChild);
                CurrentNode = *q.Delete(CurrentNode);
        }
}

void Tree::NoStackInorder( ) //inorder( )와 비교
{
        if (!root) return;
        TreeNode* top = 0, * LastRight = 0, * p, * q, * r, * r1;//local variable이 key point
```

```
p = q = root;
while (1) {
        while (1) {
                if ((!p->LeftChild) && (!p->RightChild)) {
                        cout << p->data; break;
                }
                if (!p->LeftChild) {
                        cout << p->data;
                        r = p->RightChild; p->RightChild = q;
                        q = p; p = r;
                }
                else {
                        r = p->LeftChild; p->LeftChild = q;
                        q = p; p = r;
                }
        }
        TreeNode* av = p;
        while (1) {
                if (p == root) return;
                if (!q->LeftChild) {
                        r = q->RightChild; q->RightChild = p;
                        p = q; q = r;
                }
                else if (!q->RightChild) {
                        r = q->LeftChild; q->LeftChild = p;
                        p = q; q = r; cout << p->data;
                }
                else
                        if (q == LastRight) {
                                r = top; LastRight = r->LeftChild;
                                top = r->RightChild;
                                r->LeftChild = r->RightChild = 0;
                                r = q->RightChild; q->RightChild = p;
                                p = q; q = r;
                        }
                        else {
                                cout << q->data;
                                av->LeftChild = LastRight; av->RightChild = top;
                                top = av; LastRight = q;
                                r = q->LeftChild; q->LeftChild = p;
                                r1 = q->RightChild; q->RightChild = r;
                                p = r1;
                                break;
                        }
        }
```

```
        }
}

int main(void)
{
        Tree t;
        int eq = -1;
        char select = 'i';
        int max = 0, x = 0;
        while (select != 'q')
        {
                cout << "BinarySearchTree. Select i:Insert, d:Display, e:NonrecInorder, f:preorder,
g:postorder, h:copy and compare, q : Quit =>";
                cin >> select;
                switch (select)
                {
                case 'i':
                        cout << "The number of items = ";
                        cin >> max;
                        for (int i = 0; i < max; i++) {
                                cout << "value= ";
                                cin >> x;
                                if (!t.Insert(x)) cout << "Insert Duplicated data" << endl;
                        }
                        break;
                case 'd':
                        t.inorder( );
                        cout << endl;
                        break;
                case 'e':
                        t.NonrecInorder( );
                        break;
                case 'f':
                        t.preorder( );
                        break;
                case 'g':
                        t.postorder( );
                        break;
                case 'h':
                        eq = (t == Tree(t));//copy constructor를 호출
                        if (eq) {
                                cout << "compare result: true" << endl;
                        }
                        else
                                cout << "compare result: false" << endl;
```

```
				break;
			case 'q':
				cout << "Quit" << endl;
				break;

			default:
				cout << "WRONG INPUT  " << endl;
				cout << "Re-Enter" << endl;
				break;
			}
		}

		system("pause");
		return 0;
	}
```

5.3.2 Preorder traversal

preorder는 node를 먼저 방문하고 traverse left한 다음에 right로 이동한다. preorder traversal의 결과는 prefix를 만들며 +**/ABCDE를 만든다.

5.3.3 Postorder traversal

postorder는 left로 먼저 traverse한 다음에 right로 이동한 후에 노드를 방문한다. postorder traversal의 결과는 postfix를 만들며 AB/C*D*E+를 만든다.

5.3.4 Iterative inorder traversal

tree도 container class 이므로 iterator를 사용하는 것이 가능하다. recursion을 사용하지 않고 tree traversal을 구현하기 위하여 stack을 사용한다. void Tree::NonrecInorder( )는 recursion을 사용하지 않고 postorder 순서로 방문한다.

Tree::NonrecInorder( )의 local 변수 s, CurrentNode는 iterator를 처리하는 핵심 변수인데 class InorderIterator의 private data member로 포함한다. class InorderIterator의 Next( ) 함수를 호출할 때마다 next inorder element를 가져오게 된다.

5.3.5 Level-order traversal

inorder, preorder, postorder traversal은 recursive 알고리즘이므로 non-recursive traversal을 처리하려면 stack이 필요하다. level-order traversal은 level 1, level 2 등으로 방문하기 때문에 queue를 필요로 한다. binary tree의 level-order traversal은 +*E*D/CAB 결과를 만든다. void Tree::LevelOrder( ) 함수가 level-order traversal을 구현한다.

5.3.6 Stack 사용하지 않는 traversal

binary tree traversal이 stack을 사용하지 않고도 가능한가? recursive 알고리즘도 사실상 stack을 사용하는 것이다. 이 문제는 각 노드에 parent field를 추가하여 해결할 수 있다. child에서 root로 올라가는 것은 parent를 사용하고 root에서 각 child로 내려가는 것은 left link, right link를 사용한다. 또 다른 방법은 각 노드에 2개의 bit를 추가하여 link와 thread를 구분하는 threaded binary tree가 있다. left child, right child가 root로 올라가는 경우와 child로 사용되는 경우를 구분하기 위하여 2개의 bit를 사용한다. void Tree::NoStackInorder( ) 함수가 stack을 사용하지 않는 traversal를 구현한다.

5.3.7 Binary trees의 copy

binary tree의 copy는 class Tree의 멤버 함수로 만든다. Copy( )함수를 class Tree의 멤버 함수로 만들 것인가 아니면 일반 함수로 만들 것인가를 결정하는 설계 choice이다. postorder traversal 알고리즘을 수정하여 copy 알고리즘을 구현한다. copy 알고리즘은 Tree::Tree(const Tree& s) 생성자에 의해 호출된다

5.3.8 Binary tree의 equality 비교

2개의 binary trees의 equality를 비교하는 것은 각 노드가 같은 topology가 같고 identical data를 가지면 equal이라고 한다. tree 노드의 branch가 left, right 순서일 때 비교되는 다른 tree의 노드 branch 순서와 같으면 topology는 같다고 한다. friend int operator==(const Tree&, const Tree&)이 equality를 처리하는 driver 함수이며 workhorse 함수로서 equal(s.root, t.root)를 호출한다.

5.4 Satisfiability 문제

propositional calculus(명제 표현식)는 변수와 and, or, not으로 조건식을 표현하는 formula이다. 명제 formula 표현식은 1) 변수는 expression이고, 2) x와 y가 expressions이면, x ^ y, x | y, ~x도 expressions이며, 3) 괄호를 사용하여 evaluation 순서를 바꿀 수 있다. propositional calculus의 formula 예는 x1 | (x2 ^ ~x3)이며 x1과 x3이 false이고 x2가 true일 때는 expression은 true가 된다.

propositional calculus에 대한 satisfiability 문제는 expression의 값이 true가 되는 해가 있는지를 찾는 것이다. 그림 5.10처럼 expression (x1 ^ ~x2) | (~x1 ^ x3) | ~x3에 대하여 binary tree로 표현한 propositional formula가 true가 되는 x1,x2,x3의 변수 값을 찾는 문제[1]이다.

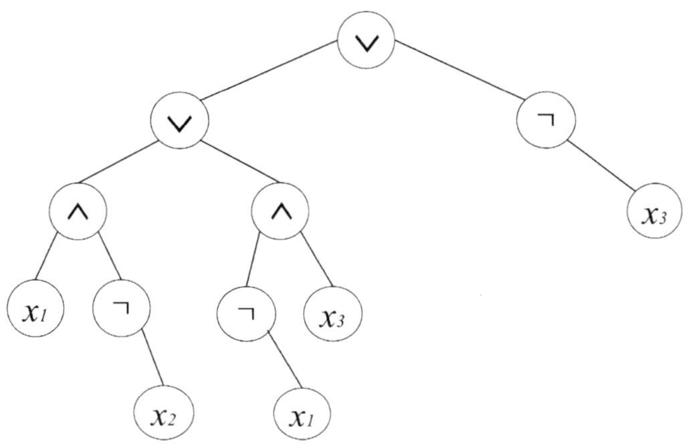

그림 5.10 논리식의 Tree 표현.

(x1, x2, x3)이 가질 수 있는 모든 조합에 대하여 binary tree를 postorder로 traverse하는 것이 필요하다. binary tree의 노드가 4개의 field: Leftchild, data, value, RightChild를 갖도록 설계한다. data는 각 노드에 저장된 값으로 and, or, not과 true, false를 갖기 위해 enum TypeOfData { }로 표현한다.

```
//소스 코드 5.2: Satisfiability problem
#include <iostream>
#include <sstream>
```

```
#include <vector>
#include <algorithm>

using namespace std;

//1장의 recursive permutation(순열) 참조
//generate all length-n permutations of true/false
void full_combine(vector<int*>* result, int* data, int cur, int len)
{
	if (cur == len) {
		int* newCombination = new int[len];
		for (int i = 0; i < len; i++) {
			newCombination[i] = data[i];
			//cout << data[i];
		}
		//cout << endl;
		result->push_back(newCombination);
	}
	else {
		data[cur] = 1;
		full_combine(result, data, cur + 1, len);// t t t 조합을 recursive로 구현
		data[cur] = 0;
		full_combine(result, data, cur + 1, len);//0을 사용한 조합 만들기
	}
}

void full_combine(int size, vector<int*>* result) {
	int* data = new int[size];

	full_combine(result, data, 0, size);

	delete[ ]data;
}

enum TypesOfData {
	LogicalNot, LogicalAnd, LogicalOr,
	LogicalTrue, LogicalFalse
};

class SatTree;

class SatNode {
	friend class SatTree;
private:
	SatNode* LeftChild;
```

```
	TypesOfData data;
	bool value;
	char notation;
	SatNode* RightChild;
	SatNode( ) { LeftChild = RightChild = 0; };

	SatNode(TypesOfData tod) {
		data = tod;
	}

	SatNode(TypesOfData tod, char notation) {
		data = tod;
		this->notation = notation;
	}

	SatNode(TypesOfData tod, SatNode* Lefty, SatNode* Righty)
	{
		data = tod;
		LeftChild = Lefty;
		RightChild = Righty;
	}
};

class SatTree {
private:
	SatNode* root;
	void PostOrderEval(SatNode*);

	vector<SatNode*> leafNodeList;//store references of all leaves in the tree
	SatNode* MakeSatTree(string prefixNotation, int& index);
	void clear(SatNode* currNode);
public:
	void PostOrderEval( );
	SatTree( ) { root = 0; };
	void setup( );
	void setup2( );

	void MakeSatTree(string prefixNotation);
	void Satisfiable( );

	void rootvalue( ) {
		cout << "result: ";
		if (root->value) {
			cout << "true" << endl;
		}
```

```
		else {
			cout << "false" << endl;
		}
	};

	void clear( ) {
		clear(root);
		leafNodeList.clear( );

	}

	~SatTree( ) { clear( ); }
};

void SatTree::PostOrderEval( )
{
	PostOrderEval(root);
}

void SatTree::PostOrderEval(SatNode* s)
{
	if (s) {
		PostOrderEval(s->LeftChild);
		PostOrderEval(s->RightChild);
		switch (s->data) {
		case LogicalNot:
			s->value = !s->RightChild->value;
			break;
		case LogicalAnd:
			s->value = s->LeftChild->value && s->RightChild->value;
			break;
		case LogicalOr:
			s->value = s->LeftChild->value || s->RightChild->value;
			break;
		case LogicalTrue:
			s->value = true;
			break;
		case LogicalFalse:
			s->value = false;
		}
	}
}

//(False|True)&(!False), result = True
void SatTree::setup( ) //any formula를 입력하는 insert( ) 알고리즘 구현
{
```

```
	root = new SatNode(LogicalAnd);
	root->LeftChild = new SatNode(LogicalOr);
	root->LeftChild->LeftChild = new SatNode(LogicalFalse);
	root->LeftChild->RightChild = new SatNode(LogicalTrue);
	root->RightChild = new SatNode(LogicalNot);
	root->RightChild->RightChild = new SatNode(LogicalFalse);

	cout << "set up: (False|True)&(!False)" << endl;
}

//(False & True) | (False)
void SatTree::setup2( ) {
	root = nullptr;

	root = new SatNode(LogicalOr);
	SatNode* n1 = new SatNode(LogicalAnd);
	root->LeftChild = n1;
	n1->LeftChild = new SatNode(LogicalFalse);
	n1->RightChild = new SatNode(LogicalTrue);
	root->RightChild = new SatNode(LogicalFalse);

	cout << "set up: (False & True) | (False)" << endl;
}

bool isLeafNode(char c) {
	if (c == '!' || c == '&' || c == '|') return false;
	return true;
}

//char transfromLogicToChar(TypesOfData t) {
//	switch (t) {
//	case LogicalTrue: return 'T';
//	case LogicalFalse: return 'F';
//	case LogicalOr: return '|';
//	case LogicalAnd: return '&';
//	case LogicalNot: return '!';
//	default: throw "no such kind of notation";
//	}
//}

TypesOfData transfromCharToLogic(char c) {
	switch (c) {
	case 'T': return LogicalTrue;
	case 'F': return LogicalFalse;
	case '|': return LogicalOr;
```

```
        case '&': return LogicalAnd;
        case '!': return LogicalNot;
        default: return LogicalFalse;//special
        }
}

//calculate and print out all possible satisfiable combinations.
void SatTree::Satisfiable( ) {
        bool hasSatisfied = false;

        vector<int*> combinationVector;//store all kinds of combination
        full_combine(leafNodeList.size( ), &combinationVector);//calculate all combination

        for (int* arr : combinationVector) {//"arr" is one kind of combination
                                                                        //update the logic of
leaves nodes based on the new combination.
                for (int i = 0; i < leafNodeList.size( ); i++) {
                        if (arr[i]) leafNodeList[i]->data = LogicalTrue;
                        else leafNodeList[i]->data = LogicalFalse;
                }

                PostOrderEval(root);

                if (root->value) {//if it is satisfied, print out
                        cout << "satisfiable combination" << endl;
                        for (SatNode* node : leafNodeList) {
                                cout << ((char)node->notation) << " = ";
                                if (node->value) cout << "True" << ", ";
                                else cout << "False" << ", ";

                                hasSatisfied = true;
                        }
                        cout << endl;
                }
        }

        if (!hasSatisfied)
                cout << "no satisfiable combination" << endl;
}

//input: expression x = prefix notation
void SatTree::MakeSatTree(string prefixNotation) {
        if (prefixNotation.size( ) < 1) throw "empty notation";

        int index = 0;
        //a sign # indecates a empty node connected to a leaf node of the tree.
```

```
	stringstream newNotation;
	for (int i = 0; i < prefixNotation.size( ); i++) {
		newNotation << prefixNotation[i];
		if (isLeafNode(prefixNotation[i])) {
			newNotation << "##";
		}
		else if (prefixNotation[i] == '!') {
			newNotation << "#";
		}
	}

	root = MakeSatTree(newNotation.str( ), index);
}

//prefix notation을 사용하여 preorder( ) 알고리즘으로 구현
SatNode* SatTree::MakeSatTree(string prefixNotation, int& index) {
	if (index >= prefixNotation.size( )) return nullptr;
	char c = prefixNotation[index++];
	if (c == '#') return nullptr;

	SatNode* currRootNode = new SatNode(transfromCharToLogic(c), c);;

	if (isLeafNode(c)) this->leafNodeList.push_back(currRootNode);

	currRootNode->LeftChild = MakeSatTree(prefixNotation, index);
	currRootNode->RightChild = MakeSatTree(prefixNotation, index);
	return currRootNode;
}

void SatTree::clear(SatNode* currNode) {
	if (currNode) {
		clear(currNode->LeftChild);
		clear(currNode->RightChild);
		currNode->LeftChild = nullptr;
		currNode->RightChild = nullptr;
		delete currNode;
		currNode = nullptr;
	}
}

int main( )
{
	//test cases
	//&&AB|CD
	//|&ABC
	//&|AB!C
```

```
	SatTree t;

	string prefixNotation = "";

	int select = 0;
	cout << "input: expression x = prefix notation, example:" << endl;
	cout << "example 1: &&AB|CD" << endl;
	cout << "example 2: |&ABC" << endl;
	cout << "example 3: &|AB!C" << endl;

	do {
		cout << "₩nSatisfactionTree. Select: 1 useDefaultInput, 2 customInput, >=3 exit" << endl;
		cin >> select;
		switch (select) {
		case 1:
			cout << "input: expression x = prefix notation" << endl << "Default input 1: 
" << "|&ABC" << endl;
			t.MakeSatTree("|&ABC");
			t.Satisfiable( );
			t.clear( );

			cout << endl << "Default input 2: " << "&|AB!C" << endl;
			t.MakeSatTree("&|AB!C");
			t.Satisfiable( );
			t.clear( );
			break;
		case 2:
			cout << "input: expression x = prefix notation" << endl;
			cout << "input: ";
			cin >> prefixNotation;
			if (prefixNotation.size( ) < 1) {
				cout << "input proper prefix notation!";
				break;
			}
			t.MakeSatTree(prefixNotation);
			t.Satisfiable( );
			t.clear( );
			break;

		default:
			exit(1);
			break;

		}
	} while (select < 3);
```

```
        system("pause");
        return 0;
}
```

propositional calculus의 모든 변수에 대한 가능한 모든 조합을 만들고 PostOrderEval (root)함수로 expression의 값을 구한다. 주어진 expression이 prefix notation으로 입력되면 binary tree를 만들어 주는 void SatTree::MakeSatTree(string prefixNotation) 함수를 사용한다.

5.5 Threaded binary trees

binary tree에는 노드의 link가 0-links(link 값이 null)인 노드가 더 많다. 노드 개수가 n개일 때 전체 link 숫자는 2n이며 0-links의 숫자는 n+1개가 된다. 이런 0-link를 thread로 바꾸어 사용하는 것이 threaded binary tree이다. 0-link를 pointer로 바꾸어 tree의 다른 노드를 가리키게 하는 데 이를 thread라고 한다.

thread의 사용 규칙은 다음 2가지가 있다. 1) 노드 p의 RightChild field(value = 0)는 p의 inorder successor로 방문할 노드를 가리킨다. 2) 노드 p의 LeftChild(value = 0)는 p의 inorder predecessor를 가리킨다.

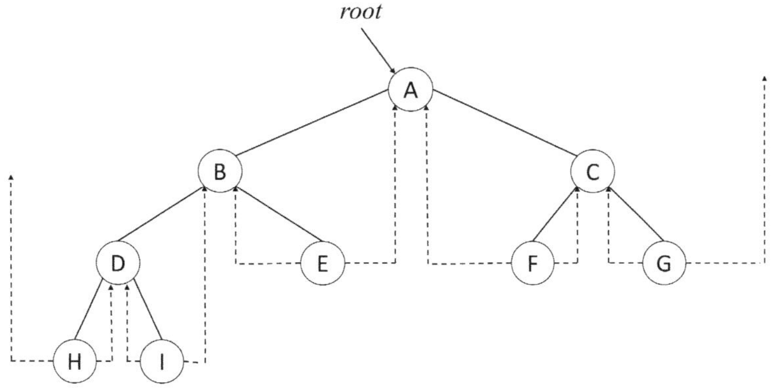

그림 5.11 Null Link 사용.

그림 5.11처럼 9개의 노드를 갖고 있고 10개의 0-link를 포함한다[1]. tree의 inorder traversal 순서는 H, D, I, B, E, A, F, C, G 순서이다. thread와 real pointer를 구분하기 위하여 2개의 boolean field를 추가하였다. LeftThread와 RightThread가 사용된다. 만일 t->LeftThread == TRUE이면 t->LeftChild는 thread가 된다. t->LeftThread == FALSE이면 t->LeftChild는 real pointer로서 child를 가리킨다.

모든 threaded binary tree는 head node를 갖게 해야 한다. 그 이유는 tree의 가장 왼쪽 노드와 가장 우측 노드의 thread가 가리키는 어떤 노드가 필요하기 때문이다. head node 를 사용할 때에 original tree는 그림 5.12처럼 head node의 left subtree로 둔다. 그리고 empty threaded binary tree는 leftThread는 true로, rightThread는 false로 설정해야 tree의 insert( ) 함수와 tree traversal 알고리즘이 일관되게 동작할 수 있다.

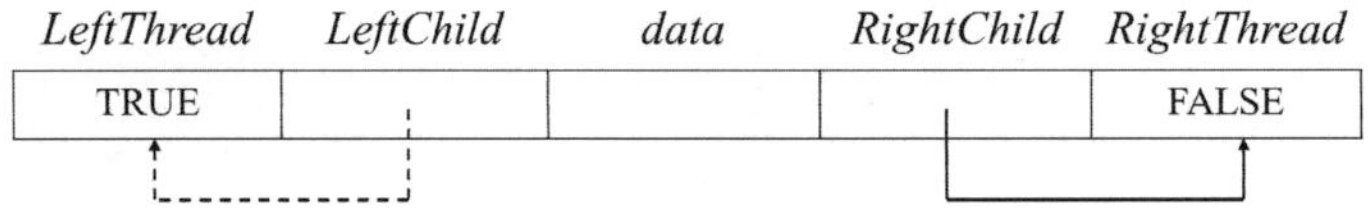

그림 5.12 Threaded Tree의 Head.

그림 5.13과 같은 threaded binary tree의 inorder traversal 처리는 thread를 사용한다[1,2]. x->RightThread == TRUE이면 x의 inorder successor는 x->RightChild이다. x->RightThread == FALSE이면 x의 inorder successor는 x의 right child로 부터 left child로 따라가는데 LeftThread == TRUE가 되는 방문 노드가 된다.

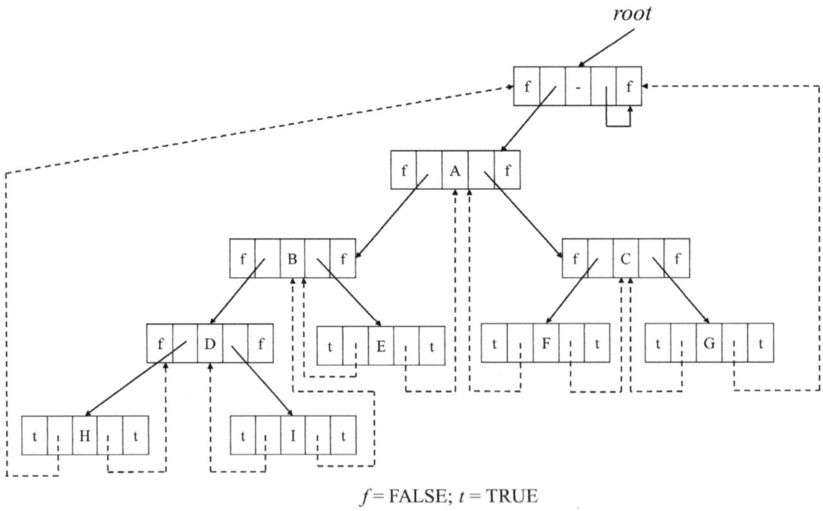

그림 5.13 Threaded Tree 표현.

```
//소스 코드 5.3: Threaded Tree
* C++ Program to Implement Threaded Binary Tree₩
화면에서 입력받으면 tree를 생성하는 프로그램 작성
*/
#include <iostream>
#include <cstdlib>
#define MAX_VALUE 65536
using namespace std;

class ThreadedTree;

class ThreadedNode {
	friend class ThreadedTree;
	friend class ThreadedInorderIterator;
private:
	bool LeftThread;
	ThreadedNode* LeftChild;
	char data;
	ThreadedNode* RightChild;
	bool RightThread;
public:
	ThreadedNode( ) { LeftChild = RightChild = 0; };
	ThreadedNode(char ch) { data = ch; };
	ThreadedNode(char ch, ThreadedNode* lefty, ThreadedNode* righty,
		bool lthread, bool rthread)
	{
		data = ch; LeftChild = lefty; RightChild = righty;
		LeftThread = lthread;  RightThread = rthread;
	};
};

class ThreadedTree {
	friend class ThreadedInorderIterator;
private:
	ThreadedNode* root;
	void Inorder(ThreadedNode*, bool);
public:
	/* Constructor */
	ThreadedTree( ) {
		root = new ThreadedNode;
		root->RightChild = root->LeftChild = root;
		root->data = 'z';
		root->LeftThread = true; root->RightThread = false;
	};
```

```
        void InsertRight(ThreadedNode*, char);
        bool Insert(char data);
        void Delete(char data);
        void Inorder( );
        void PrintTree( );
        bool Search(char data);
        ThreadedNode* InorderSucc(ThreadedNode*);
};

ThreadedNode* ThreadedTree::InorderSucc(ThreadedNode* current)
{
        ThreadedNode* temp = current->RightChild;
        if (!current->RightThread)
                while (!temp->LeftThread) temp = temp->LeftChild;
        return temp;
}

void ThreadedTree::InsertRight(ThreadedNode* s, char ch)
// Create node r; store ch in r; insert r as the right child of s
{
        ThreadedNode* r = new ThreadedNode(ch);
        r->RightChild = s->RightChild;
        r->RightThread = s->RightThread;
        r->LeftChild = s;
        r->LeftThread = true; // LeftChild is a thread
        s->RightChild = r; // attach r to s
        s->RightThread = false;
        if (!r->RightThread) {
                ThreadedNode* temp = InorderSucc(r); // returns the inorder successor of r
                temp->LeftChild = r;
        }
}

/* Function to delete an element */
void ThreadedTree::Delete(char data)
{
        ThreadedNode* dest = root->LeftChild, * p = root;
        for (;;)
        {
                if (dest->data < data)
                {
                        /* not found */
                        if (dest->RightThread)
                                return;
                        p = dest;
```

```
			dest = dest->RightChild;
		}
		else if (dest->data > data)
		{
			/* not found */
			if (dest->LeftThread)
				return;
			p = dest;
			dest = dest->LeftChild;
		}
		else
		{
			/* found */
			break;
		}
	}
	ThreadedNode* target = dest;
	if (!dest->RightThread && !dest->LeftThread)
	{
		/* dest has two children*/
		p = dest;
		/* find largest node at left child */
		target = dest->LeftChild;
		while (!target->RightThread)
		{
			p = target;
			target = target->RightChild;
		}
		/* using replace mode*/
		dest->data = target->data;
	}
	if (p->data >= target->data)
	{
		if (target->RightThread && target->LeftThread)
		{
			p->LeftChild = target->LeftChild;
			p->LeftThread = true;
		}
		else if (target->RightThread)
		{
			ThreadedNode* largest = target->LeftChild;
			while (!largest->RightThread)
			{
				largest = largest->RightChild;
```

```
            }
            largest->RightChild = p;
            p->LeftChild = target->LeftChild;
        }
        else
        {
            ThreadedNode* smallest = target->RightChild;
            while (!smallest->LeftThread)
            {
                smallest = smallest->LeftChild;
            }
            smallest->LeftChild = target->LeftChild;
            p->LeftChild = target->RightChild;
        }
    }
    else
    {
        if (target->RightThread && target->LeftThread)
        {
            p->RightChild = target->RightChild;
            p->RightThread = true;
        }
        else if (target->RightThread)
        {
            ThreadedNode* largest = target->LeftChild;
            while (!largest->RightThread)
            {
                largest = largest->RightChild;
            }
            largest->RightChild = target->RightChild;
            p->RightChild = target->LeftChild;
        }
        else
        {
            ThreadedNode* smallest = target->RightChild;
            while (!smallest->LeftThread)
            {
                smallest = smallest->LeftChild;
            }
            smallest->LeftChild = p;
            p->RightChild = target->RightChild;
        }
    }
}
```

```
void ThreadedTree::Inorder( )
{
	Inorder(root, root->LeftThread);
}

void ThreadedTree::Inorder(ThreadedNode* CurrentNode, bool b)
{
	if (!b) {
		Inorder(CurrentNode->LeftChild, CurrentNode->LeftThread);
		cout << " " << CurrentNode->data;
		cout << "Inorder:" << "rightthread=" << CurrentNode->RightThread;
		if (CurrentNode->RightChild != root) Inorder(CurrentNode->RightChild,
CurrentNode->RightThread);
	}
}


bool ThreadedTree::Insert(char d)//leaf node에만 insert, 중간 노드에 insert 아님
{
	ThreadedNode* p = root;
	ThreadedNode* q = p;
	bool temp = p->LeftThread;
	while (!temp) {
		q = p;
		if (d == p->data) return false;
		if (d < p->data) { temp = p->LeftThread; p = p->LeftChild; }
		else { temp = p->RightThread; p = p->RightChild; }
		cout << "Insert:: while" << endl;
	}
	p = new ThreadedNode;
	p->data = d;
	//	if (q->LeftChild == q){ q->LeftChild = p;q->LeftThread = false;}
	//	else
	if (d < q->data)
	{
		p->RightChild = q; p->RightThread = true;
		p->LeftChild = q->LeftChild; p->LeftThread = q->LeftThread;
		q->LeftChild = p; q->LeftThread = false;
		cout << "Insert:: go left";
	}
	else
	{
		p->RightChild = q->RightChild; p->RightThread = q->RightThread;
```

```
            p->LeftChild = q; p->LeftThread = true;
            q->RightChild = p; q->RightThread = false;
        }
        return true;
}

/* Function to print tree */
void ThreadedTree::PrintTree( )
{
        ThreadedNode* tmp = root, * p;
        for (;;)
        {
            p = tmp;
            tmp = tmp->RightChild;
            if (!p->RightThread)
            {
                while (!tmp->LeftThread)
                {
                    tmp = tmp->LeftChild;
                }
            }
            if (tmp == root)
                break;
            cout << tmp->data << "    ";
        }
        cout << endl;
}

class ThreadedInorderIterator {
public:
        void Inorder( );
        char* Next( );
        ThreadedInorderIterator(ThreadedTree tree) : t(tree) {
            CurrentNode = t.root;
        };
private:
        ThreadedTree t;
        ThreadedNode* CurrentNode;
};

char* ThreadedInorderIterator::Next( )
// Find the inorder successor of CurrentNode in a threaded binary tree
{
        ThreadedNode* temp = CurrentNode->RightChild;
```

```
	if (!CurrentNode->RightThread)
		while (!temp->LeftThread) temp = temp->LeftChild;
	CurrentNode = temp;
	if (CurrentNode == t.root) return 0; // all tree nodes have been traversed
	else return &CurrentNode->data;
}

void ThreadedInorderIterator::Inorder( )
{
	for (char* ch = Next( ); ch; ch = Next( ))
		cout << *ch << endl;
}

/* Main Contains Menu */
int main( )
{
	ThreadedTree t;
	ThreadedInorderIterator ti(t);
	cout << "ThreadedTree Test₩n";
	char ch;
	int choice;
	/*  Perform tree operations  */
	do
	{
		cout << "₩nThreadedTree Operations₩n";
		cout << "1. Insert list " << endl;
		cout << "2. Delete" << endl;
		cout << "3. recursive Inorder" << endl;
		cout << "4. iteratorInorder" << endl;
		cout << "5. PrintTree" << endl;
		// postorder traversal
		// preorder traversal
		cout << "6. exit" << endl;
		cout << "Enter Your Choice: ";
		cin >> choice;
		switch (choice)
		{
		case 1:
			int m;
			cout << "1. Insert::The number of data = ";
			cin >> m;
			for (int i = 0; i < m; i++)
			{
				cout << endl << "The next char element = ";
```

```
                cin >> ch;
                if (!t.Insert(ch)) cout << "Duplicate data already" << endl;
            }
            break;
        case 2:
            cout << "Enter integer element to delete: ";
            cin >> ch;
            t.Delete(ch);
            break;
        case 3:
            cout << "Recursive Inorder" << endl;
            t.Inorder( );
            break;
        case 4:
            cout << "IteratorInorder" << endl;
            ti.Inorder( );
            break;
        case 5:
            cout << "PrintTree " << endl;
            t.PrintTree( );
            break;
        case 6:
            exit(0);
            break;
        default:
            cout << "Wrong Entry" << endl;
            break;
        }
        /*  Display tree   */
        cout << "Tree = ";
        t.PrintTree( );
    } while (choice != 7);

    system("pause");
    return 0;
}
```

class Tree의 class InorderIterator 처럼 class ThreadedInorderIterator를 만들 수 있다. void ThreadedInorderIterator::Inorder( ) 함수에서 Next( ) 함수를 호출한다. char* ThreadedInorderIterator::Next( )는 stack을 사용하지 않고 threaded binary tree에서 inorder successor를 return한다.

threaded binary tree에 한 노드를 insert하는 알고리즘을 만들기 위해 간단한 예제는 그림 5.14처럼 노드 s의 right child 가 없는 경우에 노드 r을 insert하는 경우이다[1]. 새로운 노드 r을 s의 right child로 포함하고 r의 left child가 s를 가리키고, r의 right child는 s의 right child를 가리킨다. s가 non-empty right subtree를 가지면 s의 Next( )를 찾아 새로 insert된 r을 가리키게 해야 한다. 임의 data를 갖는 노드를 삭제는 void ThreadedTree::Delete(char data) 함수로 구현된다.

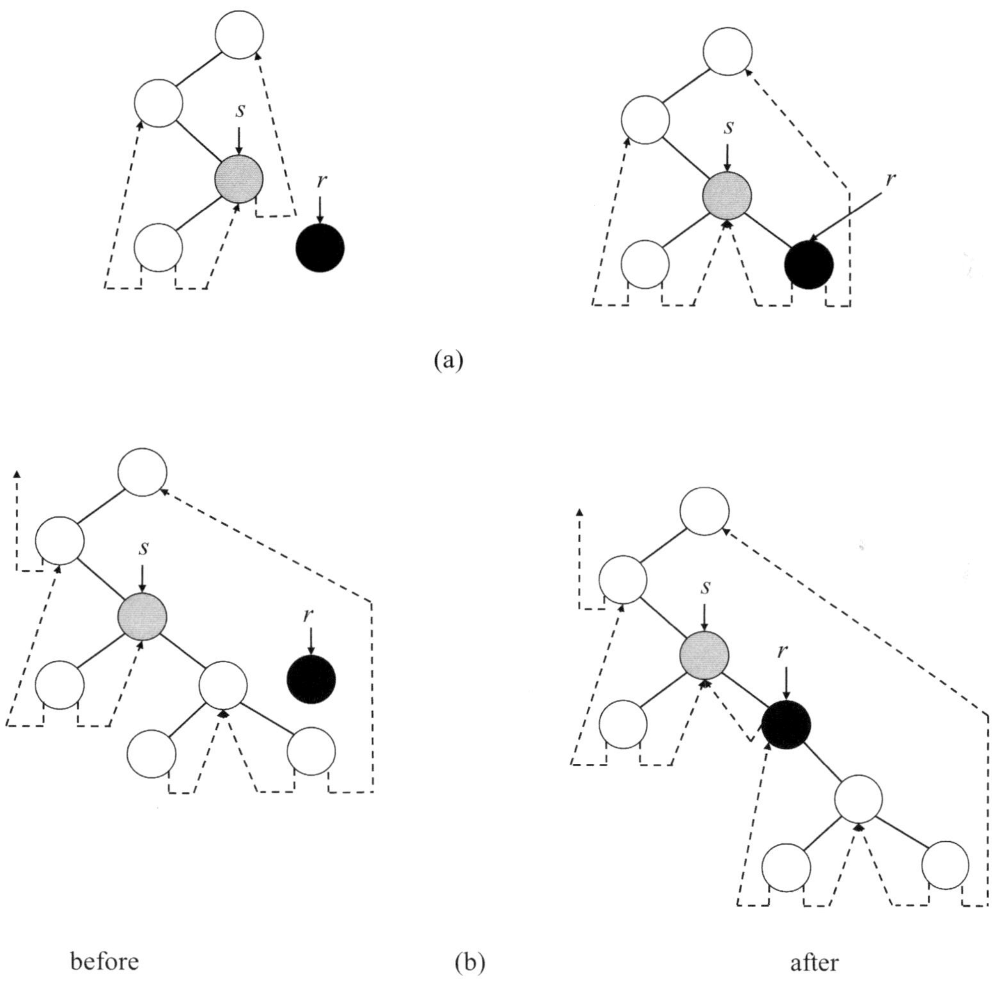

그림 5.14 Threaded tree에 insert.

5.6 Heaps

5.6.1 Simple heap

heap은 priority queues를 구현하는 데 가장 빈번히 사용된다. priority queue에서 우선순위가 가장 높은 (또는 가장 낮은) element가 삭제된다. 임의 priority를 갖는 element가 queue에 삽입되는 데 queue의 rear에 들어가지 않고 priority에 따라 처음 또는 중간에 삽입이 된다. 이와 같이 first come, high priority serve를 지원하는 자료구조를 max(min) priority queue라고 부른다. Priority queue를 abstract class로 정의한 다음에 class MaxHeap 또는 class MinHeap를 subclass로 구현한다[2].

```
//소스 코드 5.4: Heap
#include <iostream>
//simple queue에 대한 성능 비교 실험, 난수를 사용하여 시간 측정
//MinPQ를 구현
using namespace std;

const int HeapSize = 1000;
enum Boolean { FALSE, TRUE };

template <class Type>
class Element {
public:
        Type key;
        Element( ) { }
        Element(Type key) :key(key) { }
};

template <class Type>
class MaxPQ {
public:
        virtual void Insert(const Element<Type>&) = 0;
        virtual Element<Type>* DeleteMax(Element<Type>&) = 0;
};

template <class Type>
class MaxHeap : public MaxPQ<Type> {
```

```
public:
        MaxHeap(int sz = HeapSize)
        {
                MaxSize = sz; n = 0;
                heap = new Element〈Type〉[MaxSize + 1]; // Don't want to use heap[0]
        };
        void display( );
        void Insert(const Element〈Type〉& x);
        Element〈Type〉* DeleteMax(Element〈Type〉&);
private:
        Element〈Type〉* heap;
        int n; // current size of MaxHeap
        int MaxSize; // Maximum allowable size of MaxHeap
        void HeapEmpty( ) { cout 〈〈 "Heap Empty" 〈〈 "₩n"; };
        void HeapFull( ) { cout 〈〈 "Heap Full"; };
};

template 〈class Type〉
void MaxHeap〈Type〉::display( )
{
        int i;
        cout 〈〈 "MaxHeap:: (i, heap[i].key): ";
        for (i = 1; i 〈= n; i++) cout 〈〈 "(" 〈〈 i 〈〈 ", " 〈〈 heap[i].key 〈〈 ") ";
        cout 〈〈 "₩n";
}

template 〈class Type〉
void MaxHeap〈Type〉::Insert(const Element〈Type〉& x)
{
        int i;
        if (n == MaxSize) { HeapFull( ); return; }
        n++;
        for (i = n; 1; ) {
                if (i == 1) break; // at root
                if (x.key 〈= heap[i / 2].key) break;
                // move from parent to i
                heap[i] = heap[i / 2];
                i /= 2;
        }
        heap[i] = x;
}

template 〈class Type〉
Element〈Type〉* MaxHeap〈Type〉::DeleteMax(Element〈Type〉& x)
{
```

```
    int i, j;
    if (!n) { HeapEmpty( ); return 0; }
    x = heap[1]; Element<Type> k = heap[n]; n--;

    for (i = 1, j = 2; j <= n; )
    {
        if (j < n) if (heap[j].key < heap[j + 1].key) j++;
        // j points to the larger child
        if (k.key >= heap[j].key) break;
        heap[i] = heap[j];
        i = j; j *= 2;
    }
    heap[i] = k;
    return &x;
}

int main( ) {
    int select = 0;
    int data = 0;

    MaxHeap<int> heap(20);
    Element<int> ele;

    Element<int>* deletedEle = nullptr;

    do {
        cout << endl << "Max Tree. Select: 1 insert, 2 display, 3 delete, >=5 exit" << endl;
        cin >> select;
        switch (select) {
        case 1:
            cout << "input value: ";
            cin >> data;
            heap.Insert(Element<int>(data));
            heap.display( );
            break;
        case 2:
            heap.display( );
            break;
        case 3:
            deletedEle = heap.DeleteMax(ele);
            if (deletedEle != nullptr) {
                cout << "deleted element: " << deletedEle->key << endl;
            }
            cout << "current max heap: " << endl;
            heap.display( );
```

```
                break;
            case 5:
                exit(1);
                break;

            }
        } while (select < 5);

        return 0;
}
```

MaxPQ는 다양한 data structures로 구현할 수 있다. unordered list로서 구현할 수도 있고 ordered list로 구현할 수 있다. unordered linear list로 MaxPQ를 구현할 경우에 list의 rear에 insert는 O(1)이며 largest key를 갖는 element를 찾는 삭제는 O(n)이다. abstract class MaxPQ의 sublcass로 구현할 수 있다. ordered linear list를 사용하여 MaxPQ를 구현하면 delete time은 O(1)이며 insert time은 O(n)이 된다. abstract class MaxPQ의 sublcass로 ordered linear list로 구현할 수 있다. ordered list 대신에 max heap 사용하면 insert, delete 모두 O(log n)으로 처리할 수 있다. log(n)인 이유는 heap이 complete binary tree의 depth이기 때문이다.

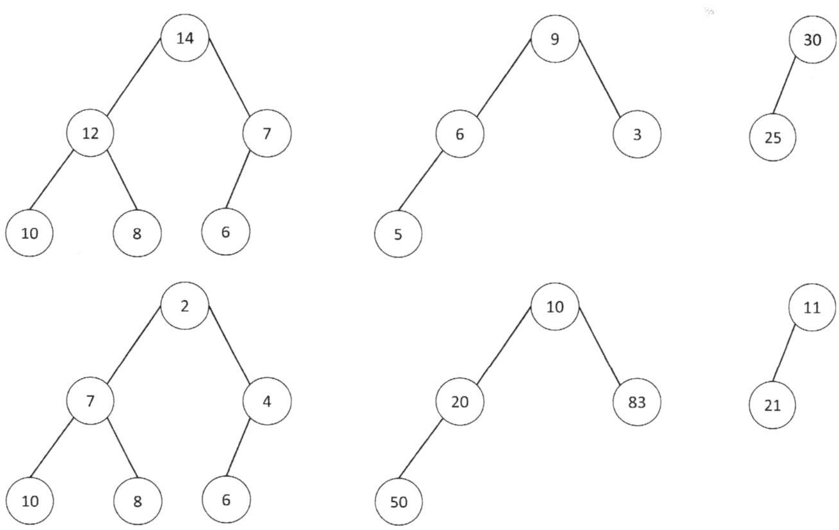

그림 5.15 max heap, min heap.

max heap[1]는 그림 5.15처럼 각 노드의 key 값이 child보다 항상 큰 tree로 정의된다. min heap은 각 노드의 key 값이 child보다 항상 작은 tree로 정의된다. max(min) heap은 배열로 표현되는 complete binary tree이며 insert는 배열의 마지막에, delete는 root에서 처리된다. heap에 insert, delete를 한 후에 heap의 조건(child의 key 값이 parent보다 작아야 한다는 조건)을 만족하기 위해서 heap의 insert( ), delete( )알고리즘의 구현이 필요하다.

max heap에 삽입은 그림 5.16처럼 heap을 표현한 배열의 마지막 위치에 저장한다. heap에 삽입은 complete binary tree에 insert한 후에도 complete binary tree가 유지되어야 한다. heap에 n개가 있을 때 새로 삽입될 위치는 heap[n++]이다. 현재 heap이 (20, 15, 2, 14, 10)일 때 5를 insert한 결과가 (c)이고, 21을 insert한 결과가 (d)이다. heap insertion의 구현은 삽입되는 element 부터 parent로 이동하면서 크기를 비교하여 insert되는 키가 크면 parent와 맞바꾼다.

heap의 삭제는 항상 root에서 발생하며 root가 비어 있게 되므로 heap[n]이 배열의 마지막 element이므로 heap[n]을 root에 이동한다. 다음에 root는 child보다 항상 커야 하므로 child가 크면 현재 root와 맞바꾼다. 이 과정을 leaf node까지 반복한다.

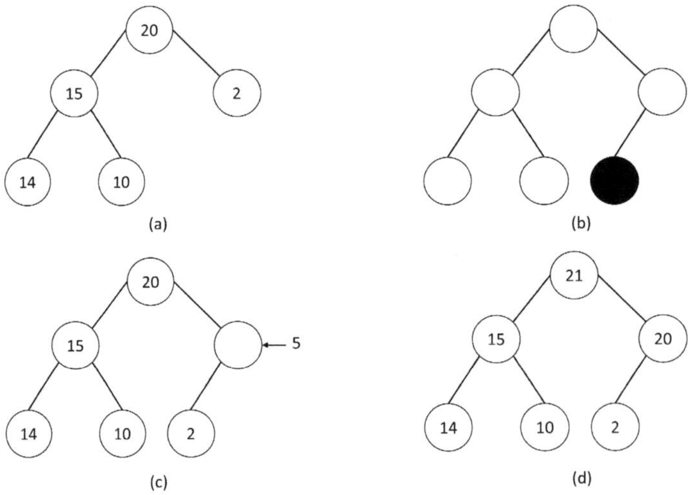

그림 5.16 heap 삭제.

현재 heap[ ] = {21, 15, 20, 14, 10, 2}일 때 root인 21을 삭제하면 heap[6] = 2가 root로 이동하게 되고 20이 크므로 20이 root가 되고 2는 그림 5.17처럼 root의 우측 child로 가게 된다. 삭제한 후에 heap[ ] = {20, 15, 2, 14, 10}이 된다.

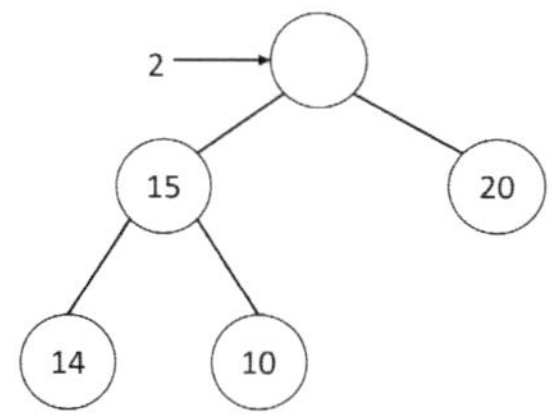

그림 5.17 heap에서 21 삭제.

난수로 k개의 정수를 입력받아 배열 data [ ] = {12, 3, 5, 19, 22, 14, 21}이 있을 때 새로운 배열을 만들지 않고 제자리에서(in-place라는 의미로 data[ ]만을 사용하는 것을 말한다) max heap을 만드는 알고리즘을 구현한다. heap에서 최댓값을 delete하여 sort된 결과를 display하는 알고리즘을 구현한다.

난수를 사용하여 10^6 ~ 10^7개의 heap을 만들고 insert, delete 처리 시간과 ordered list로서 sort된 결과를 유지하고 insert후에도 sort 결과를 유지하고, delete후에도 sorted 결과를 유지하기 위한 자료구조를 제안하고 구현후 처리 시간을 측정한다.

5.6.2 Min-max heap(알고리즘 issue)

double-ended priority queue는 1) 임의 key를 insert 하며, 2) max key를 O(1)로 delete하며, 3) min key를 O(1)로 delete한다. min-max heap은 complete binary tree이다. 각 tree level이 그림 5.18처럼 min과 max을 교대로 나타낸다[1]. root가 min이므로 child는 max를 나타낸다.

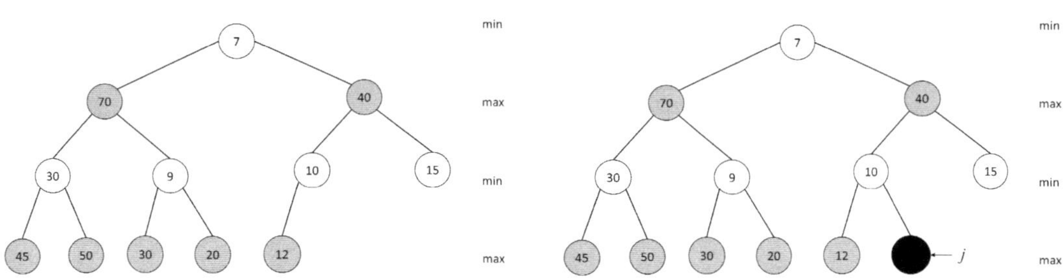

그림 5.18 Min-Max Heap.

min-max heap은 1차원 array로 저장하며 complete binary tree를 나타낸다. data member MaxSize는 min-max heap의 최대 가능 크기를 나타낸다. 새로운 값 j의 insert는 그림 5.18처럼 complete binary tree에서 마지막 위치 다음이 된다. min-max heap에서 삽입 처리는 새로운 노드 j로부터 root로 올라가는 경로에 대한 비교가 필요하다. 그림 5.18에서 새로운 key 5는 10과 비교되는데 10은 min level이므로 j로 부터 root로 가는 경로상의 max level의 모든 값보다는 작다. 우선 10과 5가 맞교환하고 그 다음 min level인 7과 비교하여 다시 맞교환된다. 그림 5.19의 좌측은 그림 5.18에 5를 입력한 경우이다.

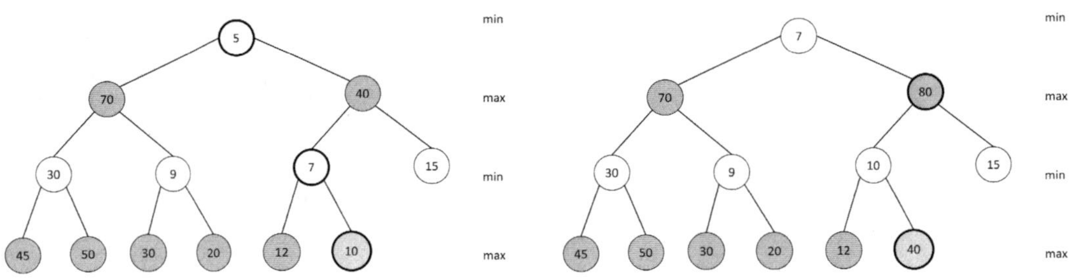

그림 5.19 Min-Max Heap insert.

그림 5.18에서 80을 insert하는 경우에 parent보다 크므로 min level에 있는 모든 노드보다 크고 heap에 새로 insert된 노드부터 root로 가는 경로의 max 노드보다 클 가능성이 있다. 따라서 root로 가는 경로의 max level의 노드와 비교하는 것이 필요하다. 그림 5.19의 우측은 그림 5.18에 80를 입력한 경우이다.

MinMaxHeap<T>::Insert(const T& x)은 MinMaxHeap<T>::VerifyMax(int i, const T& x), MinMaxHeap<T>::VerifyMinx(int i, const T& x), MinMaxHeap<T>::level(int)을 사용하여 구현한다. MinMaxHeap<T>::level(int)은 한 노드가 min-max heap에서 min level인지 max level인지를 알려준다. MinMaxHeap<T>::VerifyMax(int i, const T& x)은 max node i부터 root로 가는 경로 상에서 max인지 verify한다.

delete는 min의 삭제와 max의 삭제가 있다. min의 삭제는 그림 5.20처럼 root에서 일어난다. min인 7의 삭제는 heap의 마지막 노드인 12를 삭제하고 12를 reinsert 처리하는 것과 같다. reinsert는 root부터 시작하여 leaf 노드를 도달할 때 종료된다. reinsert(x)는 root의 child가 없으면 root에 x를 insert한다. root가 적어도 하나의 child를 갖고 있으면 root의 child 또는 grandchild의 최솟값을 갖고 있는 노드가 k라고 하자. 1) x < h[k]이면 x는 root에 insert된다.

2) x > h[k]이고 k는 root의 child이면 k는 max child이므로 h[k]보다 더 큰 descendants는 없다. 노드 k는 x보다 큰 descendant를 갖고 있지 않다. h[k]는 root로 가고 x는 node k에 저장된다. 3) x > h[k]이고 k가 grandchild이면 h[k]는 root로 이동해야 한다. p가 k의 parent라고 하면 x > h[p]이면 h[p]와 x는 맞교환한다.

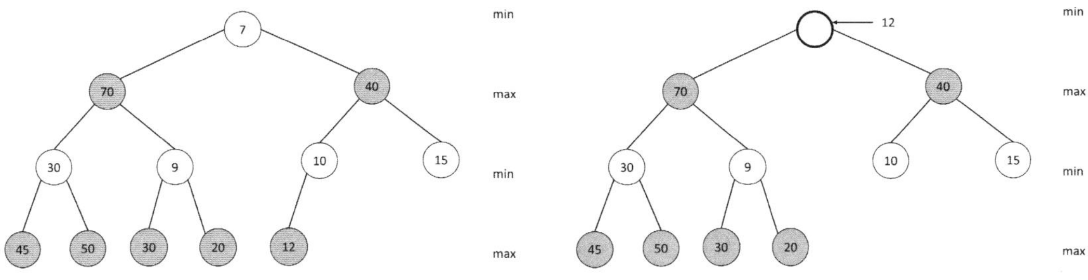

그림 5.20 Min-Max Heap 삭제.

inMaxHeap<T>::DeleteMin(T& y)은 MinMaxHeap<T>::MinChildGrandChild(int)를 사용한다. MinMaxHeap<T>::MinChildGrandChild(int)은 최솟값을 갖는 노드 i의 child 또는 grandchild를 정한다.

```
//소스 코드 5.5: MinMaxHeap
#pragma once
template<class T>
class DEPQ {
public:
        vuirtual void Insert(const T&) = 0;
        virtual T* DeleteMax(T&) = 0;
        virtual T* DeleteMin(T&) = 0;
};
template<class T>
class MinMaxHeap : public DEPQ<T> {
public:
        MinMaxHeap(const int);
        ~MinMaxHeap( );
        void Insert(const T&);
        T* DeleteMax(T&);
        T* DeleteMin(T&);
private:
        T* h;
        int n;
```

```
        int MaxSize;
        //MinMaxHeap operations
};

template <class T>
MinMaxHeap<T>::MInMaxHeap(const int sz = DefaultHeapSize) :MaxSize(sz), n(0) {
        h = new T[MaxSize + 1];
}

template <class T>
void MinMaxHeap<T>::Insert(const T& x) {
        if (n == MaxSize) { MinMaxFull( ); return; }
        n++; //n = current size
        int p = n / 2;
        if (!p) { h[1] = x; return; }
        switch (level(p)) {
        case MIN:
                if (x < h[p])
                {
                        h[n] = h[p];
                        VerifyMin(p, x);
                }
                else VerifyMax(n, x);
        case MAX:
                if (x > h[p])
                {
                        h[n] = h[p];
                        VerifyMax(p, x);
                }
                else VerifyMin(n, x);
        }
}

template <class T>
void MinMaxHeap<T>::VerifyMax(int i, const T& x) {
        for (int gp = i / 4; gp && (x > h[gp]); gp /= 4)
        {
                h[i] = h[gp];
                i = gp;
        }
        h[i] = x;

}

template <class T>
void MinMaxHeap<T>::level(int) { }
```

```
template <class T>
void MinMaxHeap<T>::VerifyMinx(int i, const T& x) { }

template <class T>
void MinMaxHeap<T>::MinChildGrandChild(int){ }

template <class T>
T* MinMaxHeap<T>::DeleteMin(T& y) {
	if (!n) { MinMaxEmpty( ); return 0;}
	y = h[1];
	T x = h[n--];
	int i = 1, j = n / 2;
	while (i <= j) {
		int k = MinChildGrandChild(i);
		if (x <= h[k]) break;
		else {
			h[i] = h[k];
			if (k <= 2 * i + 1)
				break;
			else {
				int p = k / 2;
				if (x > h[p]) {
					T t = h[p];
					h[p] = x; x = t;
				}
			}
			i = k;
		}
	}
	h[i] = x;
	return &y;
}

template <class T> T* MinMaxHeap<T>::DeleteMax( ){ }
```

5.6.3 Deap(알고리즘 issue)

deap은 double-ended heap으로 insert, delete-min, delete-max를 지원하는 double-ended priority-queue이다[1]. deap이 min-max heap과 다른 점은 root의 left가 min heap

이고 right가 max heap이다. deap도 complete binary tree로 구현된다. deap은 다음 4가지 조건을 만족한다. 1) root는 no element이다. 2) left subtree는 min heap이다. 3) right subtree는 max heap이다. 4) right subtree 가 empty가 아니고 i를 left subtree의 한 노드라고 하자. j를 right subtree에서 i에 대응하는 노드라고 하자. j가 존재하지 않으면 j는 i의 parent(또는 다시 grand parent)에 대응하는 노드라고 하자. 노드 i의 값은 항상 노드 j보다 작거나 같아야 한다. 그림 5.21에서 min heap의 9에 해당하는 max heap의 노드는 40이 된다. min heap의 한 노드가 i라고 하면 max heap에 대응되는 노드 j는 $i + 2^{\lfloor \log_2 i \rfloor - 1}$이 된다. $j > n$이면 j /= 2;가 된다.

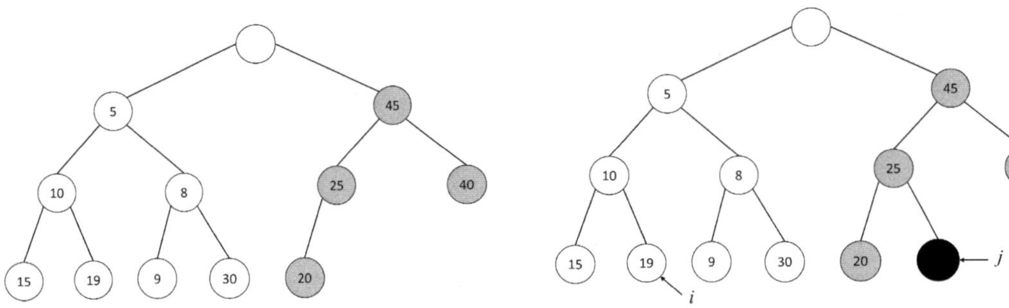

그림 5.21 Deap 구조.

deap에 4를 insert 하는 경우에 그림 5.21처럼 heap의 다음 insert 위치는 j가 된다. 위치 j의 4와 min heap의 j의 위치에 대응되는 위치인 i와 비교한다. 19가 더 크므로 19는 j로 이동한다. 위치 i로 이동한 4의 insert는 min heap insert 알고리즘으로 처리한다. 4는 root의 left child로 이동한다. 그림 5.22(우측)처럼 4 대신에 30을 insert 한다면 j의 위치에 대응되는 min heap의 i 위치의 19에 비교하여 더 크므로 30은 j에 insert 된다. 30은 max heap algorithm으로 parent로 이동한다. insert가 min heap의 node에서 발생하면 max heap과 비교하여 처리한다.

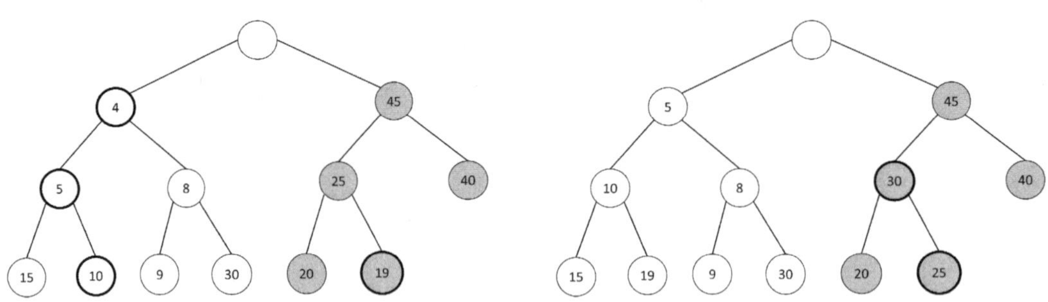

그림 5.22 Deap Insert.

Deap<T>::Insert(const T& x)이 사용하는 함수는 다음과 같다.1) Deap<T>::DeapFull( )은 Deap이 full이므로 insert를 진행할 수 없다. 2) Deap<T>::MaxHeap(int p)은 p가 max heap에 해당하는지를 조사하는 bool 값을 return한다. 3) Deap<T>::MinParter(int p)은 max heap 위치인 p에 대응하는 min heap node를 계산한다. min heap node의 위치는 p - $2^{[\log_2 p]-1}$로 계산된다. 4) Deap<T>::MaxParter(int p)은 min heap 위치 p의 parent에 대응되는 max heap node로서 (p + $2^{[\log_2 p]-1}$)/2로 계산된다. 5) Deap<T>::MaxInsert(int i, const T&x)과 Deap<T>::MinInsert(int i, const T& x)은 min heap, max heap에 insert한다.

min의 deletion은 그림 5.23처럼 min heap의 root가 delete되는 것이고 이것은 min heap의 leaf의 delete로 처리된다. 이것은 min heap에서 root-to-leaf path로 따라가서 replace하는 것이다. 그리고 min heap의 leaf node의 빈공간은 deap의 마지막 위치에 있는 값으로 대치된다. t가 min heap의 p 위치에 insert하는 것은 Deap:Insert( )으로 처리된다. Deap::MaxPartner(i)는 j = i + $2^{[\log_2 i]-1}$; if (j > n+ 1) j /= 2;로 처리된다.

그림 5.21(좌측)에서 min heap의 5를 delete하면 deap의 마지막 위치인 20을 넣을 위치를 찾아야 한다. 20을 임시 변수 t라고 하자. min heap의 빈위치 2에는 위치 2부터 leaf로 가는 경로의 값으로 채워져야 한다. 8이 빈위치 2의 child 중에서 가장 작은 값이므로 위치 2로 이동한다. 다음에 9가 위치 5로 이동한다. 위치 10이 empty leaf가 된다. 여기에 deap insert를 하기 위해서는 max partner의 대응노드 값인 40과 t가 비교된다. 그림 5.23처럼 t = 20 < 40이므로 t는 empty leaf 10 위치에 insert하는 과정을 시작한다.

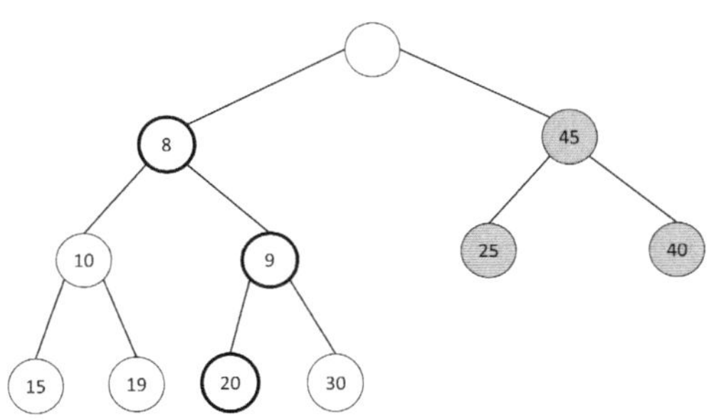

그림 5.23 Deap Delete.

```
//소스 코드 5.6: Deap
#pragma once
template <class T>
class Deap : public DEPQ<T> {
```

```
public:
        Deap(const int);
        ~Deap( );
        void Insert(const T&);
        T* DeleteMin(T&);
        T* DeleteMax(T&);
private:
        T* d;
        int n;
        int MAxSize;
        //Deap operations
        void Insert(const T&);
        T* DeleteMin(T& x);
        void DeapFull( );
        void DeapEmpty( );
        bool MaxHeap(int p);
        int MinParter(int p);
        int MaxParter(int p);
        void MaxInsert(int i, const T& x);
        void MinInsert(int i, const T& x);
};

template <class T>
Deap<T>::Deap(const int sz = DefaultHeapSize) : MaxSize(sz), n(0) {
        d = new T[MaxSize + 2];
}

template <class T>
void Deap<T>::Insert(const T& x) {
        int i;
        if (n == MaxSize) { DeapFull( ); return; }
        n++;
        if (n == 1) { d[2] = x; return; }
        int p = n + 1;
        switch (MaxHeap(p)) {
        case TRUE:
                i = MinParter(p);
                if (x < d[i]) {
                        d[p] = d[i];
                        MinInsert(i, x);
                }
                else MaxInsert(p, x);
                break;
        case FALSE:
                i = MaxParter(p);
```

```
            if (x > d[i]) {
                  d[p] = d[i];
                  MaxInsert(i, x);
            }
            else MinInsert(p, x);

      }
}

template <class T>
T* Deap<T>::DeleteMin(T& x) {
      if (!n) { DeapEmpty( ); return 0; }
      x = d[2];
      p = n + 1;
      T t = d[p]; n--;
      for (int i = 2; i has a child; i = j) {
            Let j be the child with smaller key;
            d[i] = d[j];
      }
      Do a deap insertion of t at position i;
      return &x;
}

template <class T>
void Deap<T>::DeapFull( ){ }

template <class T>
void Deap<T>::DeapEmpty( ) { }

template <class T>
bool Deap<T>::MaxHeap(int p) { }

template <class T>
int Deap<T>::MinParter(int p) { }

template <class T>
int Deap<T>::MaxParter(int p) { }

template <class T>
void Deap<T>::MaxInsert(int i, const T&x) { }

template <class T>
void Deap<T>::MinInsert(int i, const T& x) { }
```

5.7 Binary search trees

binary search tree는 주어진 노드의 키값이 x라고 할 때 left subtree < x < right subtree를 만족한다. 즉, left subtree의 모든 노드 값은 x보다 작고 right subtree의 모든 노드 값은 x보다 크다. 그림 5.24처럼 35를 insert 하는 경우에 root인 30보다 크므로 right child로 이동하고 40보다 작으므로 40의 left child로 insert 된다.

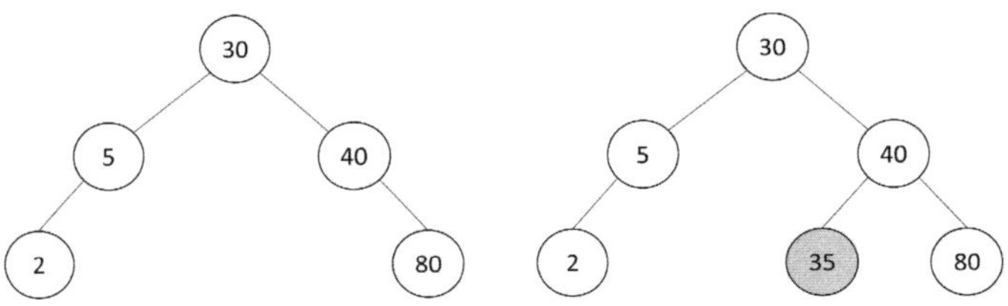

그림 5.24 이진트리.

binary search tree에서 search는 driver로서 class BST[1]의 public 함수인 BstNode* Search(const Element&)에서 workhorse인 recursive 함수인 BstNode* Search(BstNode*, const Element&)를 호출한다. search의 non-recursive 알고리즘은 BstNode* IterSearch (const Element&)로 처리한다.

binary search tree를 inorder traversal하면 sort된 결과를 만든다. rank search는 첫째 가장 큰 값, 3번째 가장 큰 값을 찾는 것을 말한다. n번째 가장 큰 값을 찾는 rank search 알고리즘을 구현하기 위하여 각 노드에 *LeftSize* field를 추가한다. 여기서 중요한 것은 설계하는 알고리즘을 간단히 하기 위하여 노드에 LeftSize를 추가하는 아이디어이다. 각 node에 표현된 *rank*는 "1 + left subtree의 노드 개수"를 기록한다. 노드 30의 rank = 1 + 2 = 3이 된다. BstNode* BST::Search(int k)을 완성하고 insert, delete시에 rank 값을 제대로 수정하는 알고리즘을 구현하는 실습을 한다.

binary search tree에 insert하기 위해서는 삽입할 데이터에 대한 search를 해야 한다. bool Insert(const Element& x)는 임의 element x를 삽입하는 함수를 구현한 것이다. 주어진 element 값을 binary search tree에서 삭제하는 Delete( ) 함수를 구현하는 실습을 한다. binary search tree의 삭제에서 leaf element의 삭제는 해당 노드만 삭제만 하면 된다. child가 1개인 non leaf element의 삭제는 parent node가 single-child node를 가리키도록

pointer를 변경해야 한다. 2개의 child를 갖는 non-leaf node 의 삭제는 삭제되는 노드를 left subtree의 largest element로 replace하거나 right subtree의 smallest element로 replace해야 한다.

```
//소스 코드 5.7:Binary Search Tree
/* Binary Search Tree
- 화면에서 입력받아 BST를 만든다
- 입력후 left subtree의 노드 수 - right subtree의 노드 수 >= 5 이상이면 split 호출
- adjust하는 프로그램 작성-balanced tree를 만드는 방법
*/
#include <iostream>
using namespace std;

class Element {
public:
	int key;
	Element( ) { }
	Element(int key) :key(key) { }
};

class BstNode {
	friend class BST;
public:
	void display(int i);
	void treeprint(int i);
private:
	int LeftSize;
	Element data;
	BstNode* LeftChild, * RightChild;
};


class BST {
public:
	BST(BstNode* init = 0) { root = init; };

	//	BST& operator=(const BST&);

	bool Insert(const Element& x);
	//bool Delete(const Element&);//구현 실습, 특히 non-leaf node의 삭제시에 inorder successor( )를
구해 replace하는 것이 필요
	BstNode* Search(BstNode*, const Element&);//private function으로 이동해야 한다.
	BstNode* Search(const Element&);
```

```
    BstNode* IterSearch(const Element&);

    BST* ThreeWayJoin(BST* A, Element* x, BST* B);
    BST* TwoWayJoin(BST* A, BST* B);

    void treeprint( ) { cout << "₩n"; root->treeprint(1); }

    void display( ) {
        cout << "₩n";
        if (root) root->display(1);
        else cout << "0₩n";
    };
    Element* Split(int i, BST& B, BST& C, Element& x);
private:
    BstNode* root;
    bool DeleteLargestElement(Element& outElement);//TwoWayJoin( )에서 호출된다
};

void BstNode::display(int i)
{
    cout << "Position " << i << ": data.key " << data.key << "₩n";
    if (LeftChild) LeftChild->display(2 * i);
    if (RightChild) RightChild->display(2 * i + 1);
};

Element* BST::Split(int i, BST& B, BST& C, Element& x)
// Split the binary search tree with respect to key i
{
    if (!root) {// empty tree
        B.root = C.root = 0;
        return 0;
    }

    BstNode* Y = new BstNode;
    BstNode* L = Y;
    BstNode* Z = new BstNode;
    BstNode* R = Z;
    BstNode* t = root;
    while (t)
        if (i == t->data.key) {  // split at t
            L->RightChild = t->LeftChild;
            R->LeftChild = t->RightChild;
            x = t->data;
            B.root = Y->RightChild; delete Y;
            C.root = Z->LeftChild; delete Z;
            return &x;
```

```
		}
		else if (i < t->data.key) {
			R->LeftChild = t;
			R = t;
			t = t->LeftChild;
		}
		else {
			L->RightChild = t;
			L = t;
			t = t->RightChild;
		}
	L->RightChild = R->LeftChild = 0;
	B.root = Y->RightChild;
	delete Y;
	C.root = Z->LeftChild;
	delete Z;
	return 0;
}

void BstNode::treeprint(int l)
{
	if (this) {
		(this->RightChild)->treeprint(l + 1);
		for (int i = 1; i <= l; i++) cout << "    ";
		cout << this->data.key << "₩n";
		(this->LeftChild)->treeprint(l + 1);
	}
};

BstNode* BST::Search(BstNode* b, const Element& x)
{
	if (!b) return 0;
	if (x.key == b->data.key) return b;
	if (x.key < b->data.key) return Search(b->LeftChild, x);
	return Search(b->RightChild, x);
}

BstNode* BST::Search(const Element& x)
{
	return Search(root, x);
}

BstNode* BST::IterSearch(const Element& x)
{
	for (BstNode* t = root; t; )
	{
```

```
            if (x.key == t->data.key) return t;
            if (x.key < t->data.key) t = t->LeftChild;
            else t = t->RightChild;
        }
        return 0;
}

//BstNode* BST::Search(int k){//Search by rank;
//      BstNode *t = root;
//      while (1)
//      {
//            if (k == t->LeftSize) return t;
//            if (k < t->LeftSize) t = t->LeftChild;
//            else {
//                  k -= LeftSize;
//                  t = t->RightChild;
//            }
//      }
//      return 0;
//}

bool BST::Insert(const Element& x)
{
        BstNode* p = root;
        BstNode* q = 0;
        while (p) {
              q = p;
              if (x.key == p->data.key) return false; //x.key is already in t
              if (x.key < p->data.key) p = p->LeftChild;
              else p = p->RightChild;
        };
        p = new BstNode;
        p->LeftChild = p->RightChild = 0; p->data = x;
        if (!root) root = p;
        else if (x.key < q->data.key) q->LeftChild = p;
        else q->RightChild = p;
        return true;
}

bool BST::DeleteLargestElement(Element& outElement) {
        BstNode* deletedNode = nullptr;
        if (!root) return false;

        if (!root->RightChild) {//the tree does not have right sub-tree
              deletedNode = root;
              root = root->LeftChild;
```

```
    }
    else {
        BstNode* parentNode = root, * currNode = root;
        while (currNode->RightChild) {
            parentNode = currNode;
            currNode = currNode->RightChild;
        }
        if (currNode->LeftChild) {//the largest node has left child
            parentNode->RightChild = currNode->LeftChild;
            deletedNode = currNode;
        }
        else {//the larget node is a leaf node.
            deletedNode = currNode;
            parentNode->RightChild = nullptr;
        }
    }
    outElement = deletedNode->data;
    delete deletedNode;
    deletedNode = nullptr;
    return true;
}

BST* BST::ThreeWayJoin(BST* A, Element* x, BST* B) {
    //To be implemented
    BstNode* newNode = new BstNode;
    newNode->data = *x;
    newNode->LeftChild = A->root;
    newNode->RightChild = B->root;

    BST* newTree = new BST;
    newTree->root = newNode;
    return newTree;
}

BST* BST::TwoWayJoin(BST* A, BST* B)
{
    if (!A) return B;
    if (!B) return A;

    Element midEle;
    A->DeleteLargestElement(midEle);

    //x = largest element of A or smallest element of B
    return ThreeWayJoin(A, &midEle, B);
}
```

```
int main( ) {
	int select = 0;
	int data = 0;
	BST tree;
	BST splitTree1;
	BST splitTree2;
	BST* joinTree = nullptr;
	Element ele;

	Element* tempEle;

	do {
		cout << "binary search tree. Select: 1 insert, 2 display, 3 split and join, >=5 exit"
<< endl;//delete를 추가하는 구현 실습
		cin >> select;
		switch (select) {
		case 1:
			cout << "input value: ";
			cin >> data;
			tree.Insert(Element(data));
			tree.treeprint( );
			break;
		case 2:
			tree.display( );
			break;
		case 3:
			cout << "intput splited tree note: ";
			cin >> data;
			tempEle = tree.Split(data, splitTree1, splitTree2, ele);
			if (tempEle != 0) {
				cout << "------------ThreeWayJoinTree-------------------" << endl;
				cout << "mid element = " << data << endl;
				cout << "splited tree 1: " << endl;
				splitTree1.treeprint( );
				cout << "splited tree 2: " << endl;
				splitTree2.treeprint( );
				cout << "join the splited trees: " << endl;
				joinTree = tree.ThreeWayJoin(&splitTree1, tempEle, &splitTree2);
				joinTree->treeprint( );
				cout << "------------TwoWayJoinTree-------------------" << endl;
				cout << "splited tree 1: " << endl;
				splitTree1.treeprint( );
				cout << "splited tree 2: " << endl;
				splitTree2.treeprint( );
				cout << "join the splited trees: " << endl;
				joinTree = tree.TwoWayJoin(&splitTree1, &splitTree2);
```

```
                    joinTree->treeprint( );
                }
                break;
            case 5:
                exit(1);
                break;

        }
    } while (select < 5);

    return 0;
}
```

binary search tree의 join과 split는 balanced tree를 만들기 위해 사용된다. 만약 binary search tree에 입력되는 값이 1,3,5,7,9,11이면 오른쪽으로 치우친 skewed tree가 되며 이것은 linked list보다 더 나쁜 구조(link field가 2개나 되는데 linked list 모양이므로)가 된다.

C.ThreeWayJoin(A, x, B)[1]는 2개의 subtrees A, B와 key x를 결합한 binary search tree C를 만든다. 이때 join 결과는 A < x.key < B를 만족해야 한다. C.TwoWayJoin(A, B)는 2개의 binary search trees(A, B)를 join한다. A와 B를 join 하기 위해서 A의 largest key인 x를 삭제하고 x를 삭제한 binary search tree = A'라 한다. three-way join으로 처리하기 위해 C.ThreeWayJoin(A', x, B)을 호출한다. A.Split(i, B, x, C)은 A를 분할하여 B, x, C로 나누며 B < i.key < C를 만족해야 한다. x는 key가 i인 element를 말한다. 만약 A에 key가 i인 element가 없다면 x = 0이 된다. Element* BST::Split(int i, BST& B, BST & C, Element & x) 함수가 binary search tree를 split 한다.

binary search tree의 split과 join은 skewed tree와 같이 unbalanced tree를 balanced tree로 만드는 데 매우 유용한다. 자료구조에서 성능 문제를 해결하기 위하여 가장 많이 사용되는 구조가 tree이며 balanced tree로 만들기 위한 split, join 함수의 구현 실습이 매우 유익하다.

binary search tree의 height가 search 성능에 매우 중요하다. skewed tree이면 worst case는 n번 search 해야 하므로 O(n)이며 balanced binary tree이면 O(log n)이 된다. balanced binary search tree의 시간복잡도를 O(log n)로 만들기 위한 개선된 자료구조로서 AVL, 2-3, 2-3-4, red/black, B-trees 등이 고안되었다. 고급 수준의 자료구조 및 알고리즘 코딩 실력을 갖추려면 AVL, 2-3, 2-3-4, red/black, B-trees 구현을 다른 자료를 보지 않고 완성할 수 있어야 한다.

5.8 Set 표현

set를 표현하는 데 tree를 사용한다. set이 disjoint하다고 가정할 때 그림 5.25처럼 S1 = {0, 6, 7, 8}, S2 = {1, 4, 9}, S3 = {2, 3, 5}를 tree로 표현한다. set을 만드는 이유는 두개의 element가 있을 때 같은 set인지 다른 set인지를 구분하기 위함이다. set이 필요한 응용은 그래프의 minimal spanning tree와 shortest path를 구할 때 사용된다. 따라서 set의 표현을 tree 모양이지마는 배열로 구현하는 방법을 사용한다.

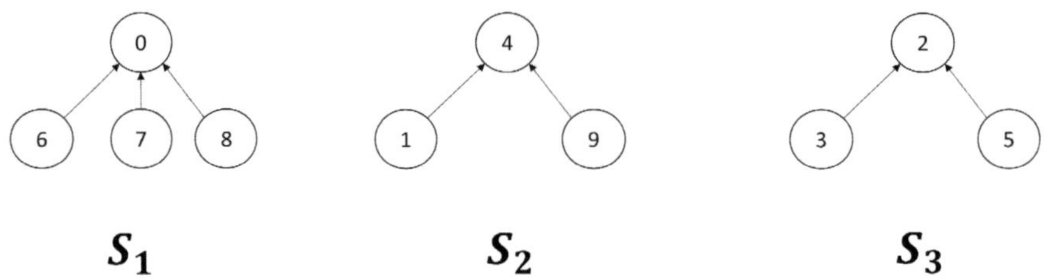

그림 5.25 Set의 트리 표현.

set operations[1]은 union과 find 함수이다. disjoint set union은 그림 5.26처럼 합집합을 만드는 함수이다. find(i)는 element i를 찾는 함수이다. find( )를 사용하여 2개의 element가 같은 집합인지 다른 집합인지 구분하기 위하여 find(i) == find(j) 을 사용한다.

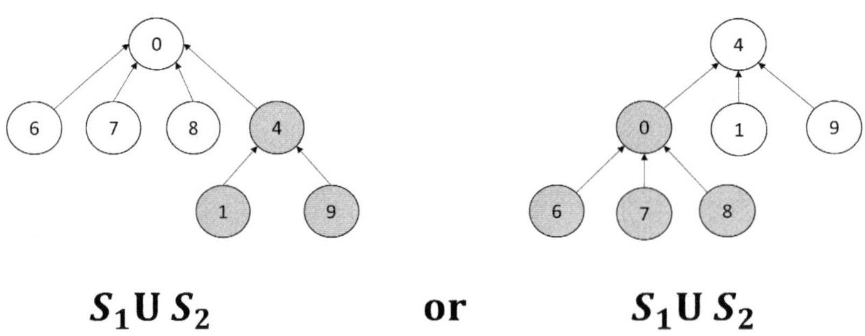

그림 5.26 합집합 처리.

Union은 2개의 set를 합치는 것으로 union(0, 4)을 사용한다. set s1의 root가 0이고 s2의 root가 4일 때 s2가 s1의 child로 합치거나 s1이 s2의 child로 합친다. union( )의 알고리즘에 따라 skewed tree가 될 수도 있고 balanced tree가 될 수가 있다.

set을 표현하는 tree node를 그림 5.27처럼 배열 parent[MaxElements]로 표현한다. parent[ ]의 값이 음수이면 root를 나타낸다. parent[1] = 4이고 parent[4] = -1이므로 {1,4}는 같은 set에 속하며 4가 root에 해당된다. 다음 set의 표현은 union( )하기 전의 set S1, S2, S3을 표현한 것이다.

i	[0]	[1]	[2]	[3]	[4]	[5]	[6]	[7]	[8]	[9]
parent	-1	4	-1	2	-1	2	0	0	0	4

그림 5.27 집합의 배열 표현[1].

union(i, j)은 root가 i와 j인 2개의 tree를 합친다. find(i)는 element i를 포함하는 tree의 root를 return한다. set를 tree로 표현하였지마는 구현은 int * parent;로 배열로 처리한다. find(i)는 i를 포함하는 tree의 root를 return한다. 이때 root의 parent는 -1이다. union(i, j)는 i가 j의 subtree가 되도록 parent[i] = j로 구현한다. void Sets::SimpleUnion(int i, int j)은 skewed tree를 만들 수 있다.

```
//소스 코드 5.8: Set 표현
/* sets - graph의 최단경로에서 사용
*/
#include <iostream>
#include <stdlib.h>
using namespace std;

const int HeapSize = 100;

class Sets {
public:
        Sets(int);
        void display( );
        void SimpleUnion(int, int);
        int SimpleFind(int);
        void WeightedUnion(int, int);
        int CollapsingFind(int);
private:
        int* parent;
        int n;
};

Sets::Sets(int sz = HeapSize)
```

```
{
        n = sz;
        parent = new int[sz + 1]; // Don't want to use parent[0]
        for (int i = 1; i <= n; i++) parent[i] = -1;  // 0 for Simple versions
}

void Sets::SimpleUnion(int i, int j)
// Replace the disjoint sets with roots i and j, i != j with their union
{
        parent[j] = i;
}

int Sets::SimpleFind(int i)
// Find the root of the tree containing element i
{
        while (parent[i] > 0) i = parent[i];
        return i;
}

void Sets::WeightedUnion(int i, int j)
// Union sets with roots i and j, i != j, using the weighting rule.
// parent[i]~=~-count[i] and parent[i]~=~-count[i].
{
        int temp = parent[i] + parent[j];
        if (parent[i] > parent[j]) { // i has fewer nodes
                parent[i] = j;
                parent[j] = temp;
        }
        else { // j has fewer nodes
                parent[j] = i;
                parent[i] = temp;
        }
}

int Sets::CollapsingFind(int i)
// Find the root of the tree containing element i.
// Use the collapsing rule to collapse all nodes from @i@ to the root
{
        int r;
        for (r = i; parent[r] > 0; r = parent[r]); // find root
        while (i != r) {
                int s = parent[i];
                parent[i] = r;
                i = s;
        }
        return r;
```

```
}

void Sets::display( )
{
	cout << "display:index= ";
	for (int i = 1; i <= n; i++) cout << " " << i;
	cout << "₩n";
	cout << "display: value= ";
	for (int i = 1; i <= n; i++) cout << " " << parent[i];
	cout << "₩n";
}

int main(void)
{
	Sets m(8);
	m.display( );
	cout << "find 5: " << m.CollapsingFind(5) << endl;
	m.WeightedUnion(1, 2);
	m.WeightedUnion(3, 4);
	m.WeightedUnion(5, 6);
	m.WeightedUnion(7, 8);
	m.display( );
	cout << "find 5: " << m.CollapsingFind(5) << endl;
	cout << "find 6: " << m.CollapsingFind(6) << endl;
	m.WeightedUnion(1, 3);
	m.WeightedUnion(5, 7);
	m.display( );
	cout << "find 5: " << m.CollapsingFind(5) << endl;
	cout << "find 6: " << m.CollapsingFind(6) << endl;
	cout << "find 7: " << m.CollapsingFind(7) << endl;
	cout << "find 8: " << m.CollapsingFind(8) << endl;
	m.WeightedUnion(1, 5);
	m.display( );
	cout << "find 1: " << m.CollapsingFind(1) << endl;
	cout << "find 2: " << m.CollapsingFind(2) << endl;
	cout << "find 3: " << m.CollapsingFind(3) << endl;
	cout << "find 4: " << m.CollapsingFind(4) << endl;
	cout << "find 5: " << m.CollapsingFind(5) << endl;
	cout << "find 6: " << m.CollapsingFind(6) << endl;
	cout << "find 7: " << m.CollapsingFind(7) << endl;
	cout << "find 8: " << m.CollapsingFind(8) << endl;
	m.display( );
	system("pause");
	return 0;
}
```

simpleUnion으로 n 개의 set (Si = {i}), parent[i] = -1에 대하여 union(0,1), union(1,2), union(2,3), ..., union(n-2,n-1)을 실행하면 degenerate tree가 된다. degenerate trees를 피하는 방법은 그림 5.28처럼 union(i,j)에 대하여 weighting-rule[1]를 사용하는 것이다. 2개의 set에 대한 노드 개수를 사용하여 노드 개수가 작은 set이 노드 개수가 많은 set에 child로 들어가는 것이다.

if (root i 의 node 숫자 < root j 의 node 숫자),

then j가 i의 parent

else i가 j의 parent

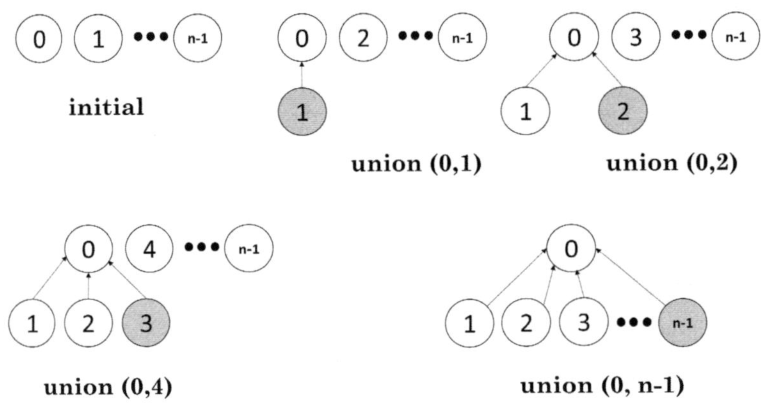

그림 5.28 Weighting rule를 사용한 합집합 처리.

tree의 root에 count field를 사용하여 weighting rule을 구현한다. root에 count field를 따로 두지 않고 그림 5.29처럼 parent[ ]의 값이 음수이면 root이면서 set의 노드 개수를 표현한다. void Sets::WeightedUnion(int i, int j)에서 parent[i]와 parent[j]을 비교하여 weighting rule을 적용한다.

collapsing rule를 사용하여 find algorithm을 수정한다. Collapsing Rule은 j가 i로 부터 root로 가는 경로상의 node이고 parent[i] != root(i)이면 parent[j] = root(i)로 만들어 root로 가는 경로를 줄이는 방법이다. int Sets::CollapsingFind(int i) 함수가 collapsing rule을 사용한다.

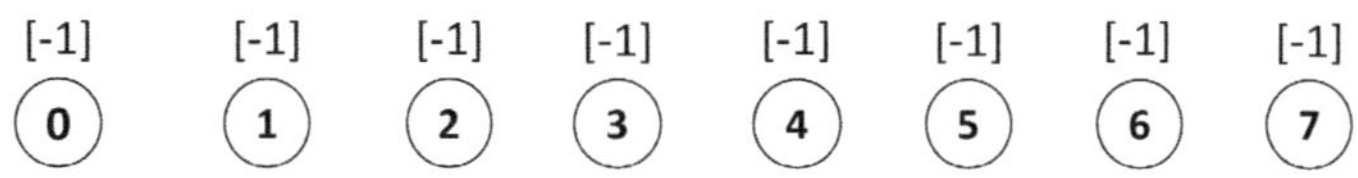

(a) 초기 Height -1 trees

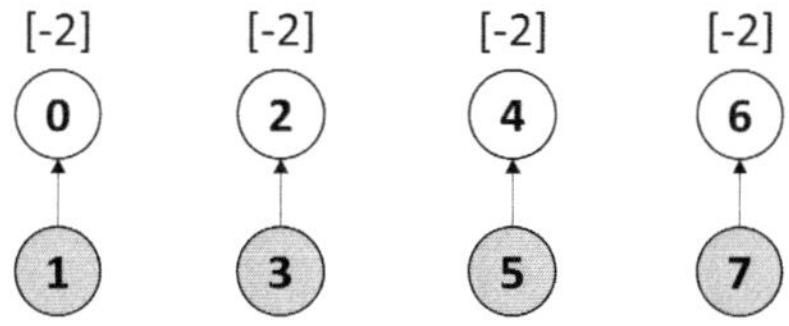

(b) Height -2 trees는 *union* (0,1), (2,3), (4,5) and (6,7)의 결과

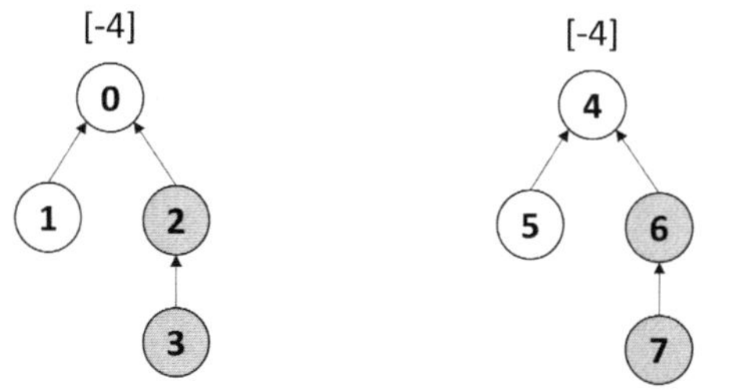

(c) Height -3 trees는 *union* (0,2), and (4,6)의 결과

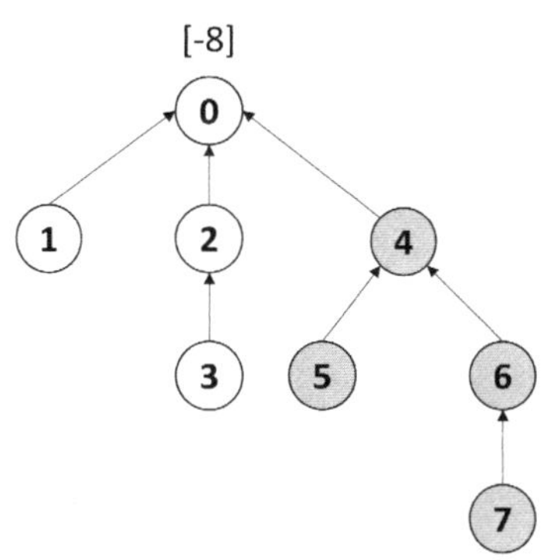

(d) Height -4 tree는 *union* (0,4)의 결과

그림 5.29 union과 find 처리.

5.9 C++ STL map과 Set

map은 <key, value>로 구성된 노드들의 tree이다. map에서 중복을 허용하지 않는다. C++ STL의 map은 search, insert, delete가 모두 O(log n)인 red-black tree로 구현된다. map은 key 값으로 오름차순으로 sort된다. 내림차순의 sort를 원하면 map<int, float, greater> m1로 사용한다.

```
#include ⟨map⟩
map⟨string, int⟩ m;
if (m.find("good") != m.end( )) { }
m.insert({"noce", 10});
for (auto it = m.begin( ); it != m.end( ); it++) { }
for (auto it:m) { }
m.erase(m.begin( ));
m.erase("nice");
m.erase(m.begin( ), m.end( ));
m.clear( );
```

C++ STL set은 associative container이며 container의 모든 element가 node 들로 표현된 balanced binary search tree로 구현된다. 모든 associative container는 key로 sort된다. default sort는 less이며 greater로 바꾸려면 template parameter를 지정해야 한다. insert에 의해 tree에 sort되어 추가된다. set의 모든 element는 unique하다. key의 중복을 허용하려면 multiset를 사용한다.

6장

Graph

6장 Graph

6.1 Graph 용어

그림 6.1처럼 그래프 G는 vertices의 집합 V(G)와 edge들의 집합 E(G)에 대하여 G = (V, E)로 정의한다. undirected graph는 (u, v) 또는 (v, u)로 표기하며 같은 edge를 나타낸다. directed graph는 <u, v>로 표기하며 u를 tail이라 하고 v를 edge의 head라고 부른다.

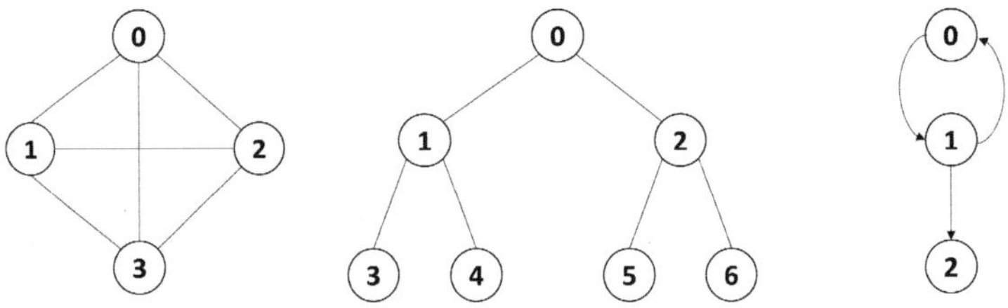

그림 6.1 그래프.

E(G)의 한 edge가 (u, v)일 때 u와 v는 *adjacent* 하다고 한다. edge (u,v)는 u, v에 대하여 *incident* 하다고 한다. <u, v>가 directed edge이므로 u 는 v에 adjacent to라고 하고 v는 u로 부터 adjacent from이라고 한다. edge <u, v>는 u와 v에 대하여 incident라고 한다.

u로 부터 v로 가는 path는 <u, i_1, i_2, ..., i_k, v>이며 path length는 path의 # of edges이다. simple path는 출발점과 도착점이 다르고 중간 vertices들은 모두 다른(중간 경유 verices가 같은 것이 없는 것) path를 말한다. cycle은 출발점과 도착점이 같은 simple path를 말한다. 그래프 G에서 u로 부터 v가 가는 path가 존재하면 u와 v는 connected라고 한다. undirected graph의 connected component는 maximal connected graph를 말한다.

tree는 connected acyclic graph이다. directed graph G의 모든 vertices u와 v에 대하여 u -> v 또는 v -> u로 가는 directed path가 존재하면 strongly connected라고 한다. strongly connected component는 strongly connected인 maximal subgraph 이다.

vertex의 degree는 vertex에 incident 한 # of edges이다. G가 directed graph일 때 vertex v의 in-degree는 v가 head인 # of edges이다. v의 out-degree는 v가 tail인 # of edges이다.

6.2 Graph 표현 구조

6.2.1 Adjacency matrix

그래프 G의 adjacency matrix[1]는 그림 6.2처럼 2차원의 n x n 배열로 표현한다. edge (i, j)가 E(G)에 있으면 A[i][j] = 1로 표현한다. 방향성 그래프와 비방향성 그래프 모두 배열로 표현하는 방법이다.

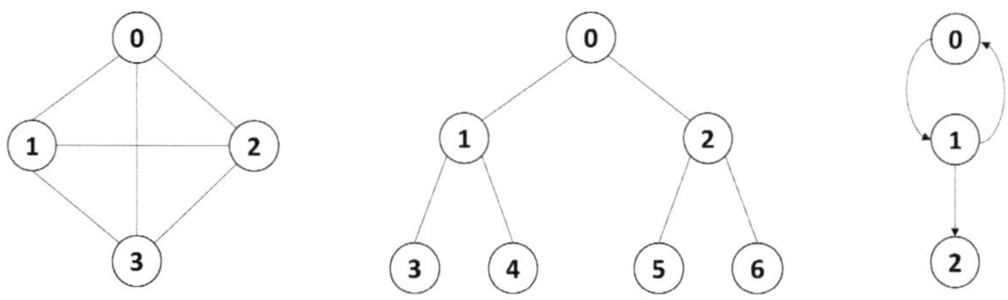

(a) G_1 (b) G_2 (c) G_3

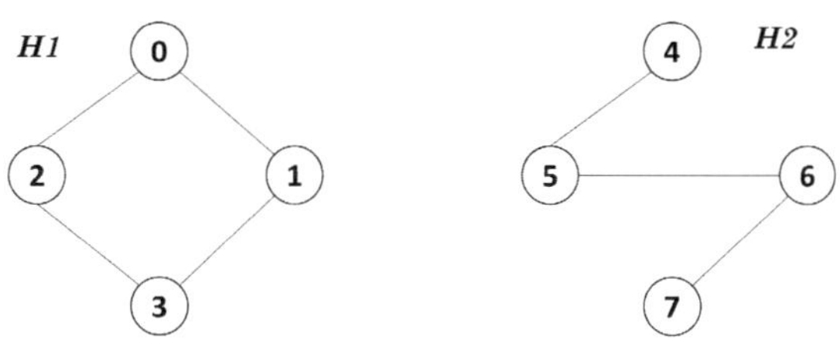

G_4

	0	1	2	3
0	0	1	1	1
1	1	0	1	1
2	1	1	0	1
3	1	1	1	0

(a) G_1

	0	1	2
0	0	1	0
1	1	0	1
2	0	0	0

(b) G_3

	0	1	2	3	4	5	6	7
0	0	1	1	0	0	0	0	0
1	1	0	0	1	0	0	0	0
2	1	0	0	1	0	0	0	0
3	0	1	1	0	0	0	0	0
4	0	0	0	0	0	1	0	0
5	0	0	0	0	1	0	1	0
6	0	0	0	0	0	1	0	1
7	0	0	0	0	0	0	1	0

(c) G_4

그림 6.2 그래프의 행렬 표현.

6.2.2 Adjacency lists

adjacency matrix의 n row가 n linked list로 표현하는 방법이다. 그래프 G에서 각 vertex를 위한 하나의 list가 있다. list i의 노드는 vertex i으로부터 adjacent from인 vertices를 나타낸다. 각 list node는 data와 link를 포함한다. 각 노드의 data field는 vertex i에 adjacent to인 vertex index를 저장한다.

n vertices와 e edge를 갖는 undirected graph에 대하여 adjacency list[1]는 그림 6.3처럼 n head node와 2e list node를 갖는다. undirected graph의 vertex degree는 해당 adjacency list의 node 개수를 세면 된다.

directed graph는 list node 개수는 e이다. vertex의 out-degree는 adjacency list의 노드 개수를 세면 된다. vertex의 in-degree는 계산이 복잡하다. 어떤 vertex에 대한 adjacent to인 vertex를 구하기 위해서는 inverse adjacency list를 만드는 것이 더 편리하다. inverse adjacency list에서 각 list는 vertex에 adjacent to인 vertex 들을 나타낸다.

graph의 edge가 weight를 가질 수 있다. 예를 들면 edge weight는 vertex 간의 거리 등을 표현할 수 있다. adjacency list의 각 list node에 weight field를 포함하는 것을 weight edge라 한다. weight edge로 표현된 graph를 network이라 한다.

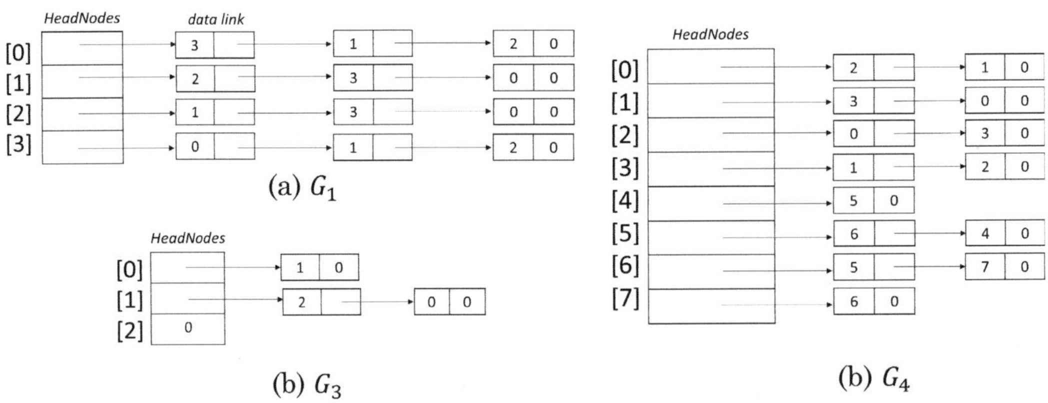

그림 6.3 그래프의 Adjacency list 표현.

```
//소스 코드 6.1: Graph Representation
//Adjacency Lists + BFS + DFS

#include <iostream>
#include <string>

using namespace std;

template <class Type> class List;
template <class Type> class ListIterator;

template <class Type>
class ListNode {
	friend class List<Type>;
	friend class ListIterator<Type>;
private:
	Type data;
	ListNode* link;
	ListNode(Type);
};

template <class Type>
ListNode<Type>::ListNode(Type Default)
{
	data = Default;
	link = 0;
}

template <class Type>
class List {
	friend class ListIterator<Type>;
public:
	List( ) { first = 0; };
	void Insert(Type);
	void Delete(Type);
private:
	ListNode<Type>* first;
};

template <class Type>
void List<Type>::Insert(Type k)
{
	ListNode<Type>* newnode = new ListNode<Type>(k);
	newnode->link = first;
```

```
        first = newnode;
}

template <class Type>
void List<Type>::Delete(Type k)
{
        ListNode<Type>* previous = 0;
        for (ListNode<Type>* current = first; current&& current->data != k;
                previous = current, current = current->link);
        if (current)
        {
                if (previous) previous->link = current->link;
                else first = first->link;
                delete current;
        }
}

template <class Type>
class ListIterator {
public:
        ListIterator(const List<Type>& l) : list(l) { current = l.first; }
        Type* First( );
        Type* Next( );
        bool NotNull( );
        bool NextNotNull( );
private:
        const List<Type>& list;
        ListNode<Type>* current;
};

template <class Type>
Type* ListIterator<Type>::First( ) {
        if (current) return &current->data;
        else return 0;
}

template <class Type>
Type* ListIterator<Type>::Next( ) {
        current = current->link;
        return &current->data;
}

template <class Type>
bool ListIterator<Type>::NotNull( )
{
```

```
        if (current) return true;
        else return false;
}

template <class Type>
bool ListIterator<Type>::NextNotNull( )
{
        if (current->link) return true;
        else return false;
}

//template <class Type>
ostream& operator<<(ostream& os, List<char>& l)
{
        ListIterator<char> li(l);
        if (!li.NotNull( )) return os;
        os << *li.First( ) << endl;
        while (li.NextNotNull( ))
                os << *li.Next( ) << endl;
        return os;
}

class Queue;

class QueueNode {
        friend class Queue;
private:
        int data;
        QueueNode* link;
        QueueNode(int def = 0, QueueNode* l = 0)
        {
                data = def;
                link = l;
        };
};

class Queue {
private:
        QueueNode* front, * rear;
        void QueueEmpty( ) { };
public:
        Queue( ) { front = rear = 0; };
        void Insert(int);
        int* Delete(int&);
        bool IsEmpty( ) { if (front == 0) return true; else return false; };
```

```
};

void Queue::Insert(int y)
{
        if (front == 0) front = rear = new QueueNode(y, 0); // empty queue
        else rear = rear->link = new QueueNode(y, 0); // update ₩fIrear₩fR
}

int* Queue::Delete(int& retvalue)
// delete the first node in queue and return a pointer to its data
{
        if (front == 0) { QueueEmpty( ); return 0; };
        QueueNode* x = front;
        retvalue = front->data; // get data
        front = x->link;        // delete front node
        if (front == 0) rear = 0; // queue becomes empty after deletion
        delete x; // free the node
        return &retvalue;
}

class Graph
{
private:
        List<int>* HeadNodes;
        int n;
        bool* visited;

        void _DFS(const int v);
public:
        Graph(int vertices = 0) : n(vertices) {
                HeadNodes = new List<int>[n];
        };
        void BFS(int);
        void InsertVertex(int startNode, int endNode);
        void Setup( );

        void displayAdjacencyLists( );


        void DFS(int v);

};

void Graph::displayAdjacencyLists( ) {
        for (int i = 0; i < n; i++) {
```

```
        //HeadNodes[i];
        ListIterator<int> iter(HeadNodes[i]);
        if (!iter.NotNull( )) {
            cout << i << " -> null" << endl;
            continue;
        }
        cout << i;
        for (int* first = iter.First( ); iter.NotNull( ); first = iter.Next( )) {
            cout << " -> " << (*first);
        }
        cout << endl;
    }
}

void Graph::InsertVertex(int start, int end) {
    if (start < 0 || start >= n || end < 0 || end >= n) {
        cout << "the start node number is out of bound.";
        throw "";
    }
    //check if already existed.
    ListIterator<int> iter(HeadNodes[start]);
    for (int* first = iter.First( ); iter.NotNull( ); first = iter.Next( )) {
        if (*first == end) return;
    }

    HeadNodes[start].Insert(end);
    HeadNodes[end].Insert(start);
}

void Graph::BFS(int v)
{
    visited = new bool[n]; // visited is declared as a Boolean ₩(** data member of Graph.
    for (int i = 0; i < n; i++) visited[i] = false; // initially, no vertices have been visited

    visited[v] = true;
    cout << v << ",";
    Queue q;
    q.Insert(v);

    while (!q.IsEmpty( )) {
        v = *q.Delete(v);
        ListIterator<int> li(HeadNodes[v]);
        if (!li.NotNull( )) continue;
        int w = *li.First( );
        while (1) {
```

```
                if (!visited[w]) {
                    q.Insert(w);
                    visited[w] = true;
                    cout << w << ",";
                };
                if (li.NextNotNull( ))
                    w = *li.Next( );
                else break;
            }
        }
        delete[ ] visited;
}

// Driver
void Graph::DFS(int v)
{
        visited = new bool[n]; // visited is declared as a  bool ₩(** data member of Graph.
        for (int i = 0; i < n; i++)
            visited[i] = false; // initially, no vertices have been visited

        _DFS(v); // start search at vertex 0
        delete[ ] visited;

}

// Workhorse
void Graph::_DFS(const int v)
//  visit all previously unvisited vertices that are reachable from vertex v
{
        visited[v] = true;
        cout << v << ", ";
        ListIterator<int> li(HeadNodes[v]);
        if (!li.NotNull( )) return;
        int w = *li.First( );
        while (1) {
            if (!visited[w]) _DFS(w);
            if (li.NextNotNull( )) w = *li.Next( );
            else return;
        }
}

int main(void)
{

        int select = 0, n, startEdge = -1, endEdge = -1;
```

```
	int startBFSNode = 100;//the start node to BFS

	cout << "Input the total node number: ";
	cin >> n;
	Graph g(n);

	while (select != '0')
	{
		cout << "\nSelect command 1: Add edges, 2: Display Adjacency Lists, 3: BFS,
4: DFS, 5: Quit => ";
		cin >> select;
		switch (select) {
		case 1:
			cout << "Add an edge: " << endl;
			cout << "--------Input start node: ";
			cin >> startEdge;

			cout << "--------Input  end  node: ";
			cin >> endEdge;
			if (startEdge < 0 || startEdge >= n || endEdge < 0 || endEdge >= n) {
				cout << "the input node is out of bound." << endl;
				break;
			}
			//get smallest start node.
			if (startEdge < startBFSNode)startBFSNode = startEdge;
			if (endEdge < startBFSNode) startBFSNode = endEdge;

			g.InsertVertex(startEdge, endEdge);
			break;

		case 2:
			//display
			g.displayAdjacencyLists( );
			break;

		case 3:
			cout << "Start BFS from node: " << startBFSNode << endl;
			g.BFS(startBFSNode);
			break;
		case 4:
			cout << "Start DFS from node: " << startBFSNode << endl;
			g.DFS(startBFSNode);
			break;
		case 5:
			exit(0);
```

```
                break;
            default:
                cout << "WRONG INPUT   " << endl;
                cout << "Re-Enter" << endl;
                break;
            }
        }

        system("pause");
        return 0;
}
```

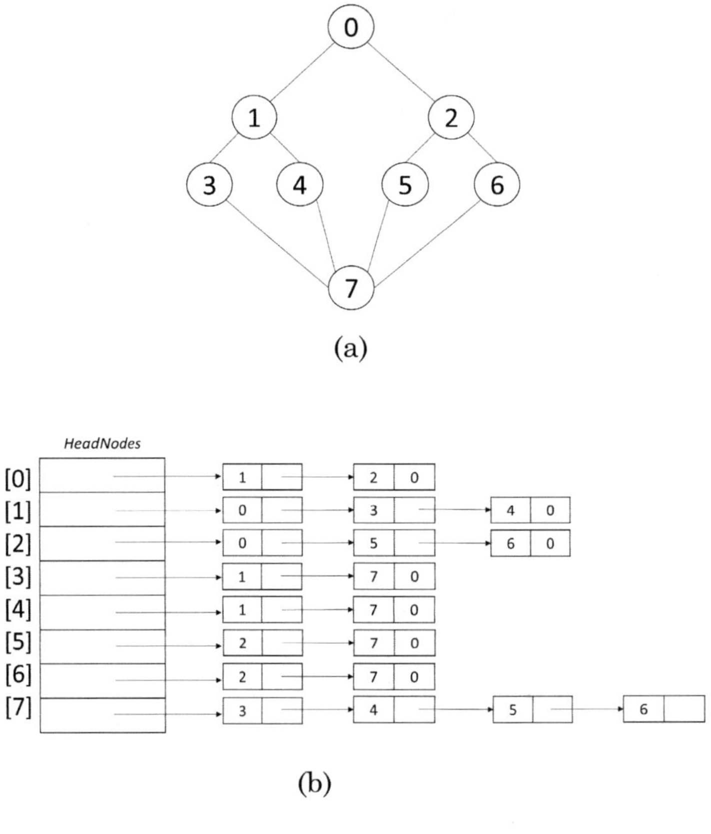

(a)

(b)

그림 6.4 그래프의 List 표현.

6.3 DFS와 BFS

그래프 G = (V, E)에서 V(G)의 한 vertex v에 대하여 v로 부터 reachable 한 모든 vertices를 방문하는 알고리즘을 만든다. 그림 6.4에 대하여 vertex v에 연결된 모든 vertices를 방문하는 방법으로 depth-first search와 breadth-first search[1]가 있다.

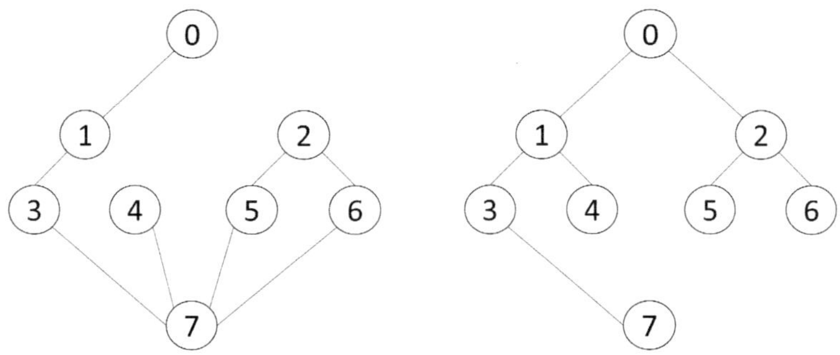

(a) *DFS*(0) spanning tree (a) *BFS*(0) spanning tree

그림 6.5 DFS와 BFS.

6.3.1 Depth-first search

시작 vertex를 v라고 하자. 그림 6.5처럼 v에 adjacent to인 미방문 vertex w를 선택한 다음에 w에 또 다시 adjacent to인 미방문 노드를 선택한다. 만일 w에 인접한 미방문 노드를 방문한 다음에 아직도 미방문 노드가 남아 있으면 v로 돌아가(backtrack) v에 인접한 미방문 노드를 찾아가게 된다. v로부터 reachable 한 모든 노드가 방문하게 될 때 종료된다. depth-first search의 driver는 void Graph::DFS(int v)이며 workhorse는 void Graph::_DFS(const int v)으로 구현한다.

6.3.2 Breadth-first search

그림 6.5처럼 vertex v에서 시작할 때 v에 adjacent to인 모든 미방문 노드를 방문한다. v에 인접한 미방문 노드를 모두 queue에 넣고 방문 처리한 후에 queue에서 하나씩 꺼내 다음

vertex를 처리하는 방식이다. void Graph::BFS(int v)가 queue를 사용하여 non-recursive 알고리즘으로 동작한다. vertex v에 대한 connected components는 DFS(v) 또는 BFS(v)를 처리하여 찾을 수 있다.

6.3.3 Spanning tree

DFS 또는 BFS는 그래프 G를 2개의 set, T(tree edges)와 N(nontree edges)을 partition한다. spanning tree는 그림 6.6처럼 tree edges[1]의 집합인 T를 말한다. T는 T = T + {(v,w)}으로 set에 추가되며 G의 모든 vertex를 포함한다.

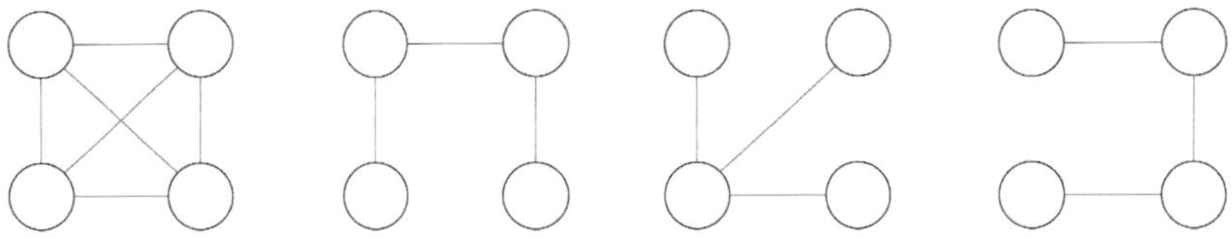

그림 6.6 여러 가지 spanning tree.

depth-first spanning tree는 DFS에 의해서 breadth-first spanning tree는 BFS에 의해서 만들어진다. 그래프 G의 minimal spanning tree는 G의 minimal subgraph, G'로서 V(G') = V(G)이고 G'가 connected인 것을 말한다.

6.4 최소 비용 Spanning tree

weighted, undirected graph의 spanning tree의 비용은 spanning tree의 edge weight의 합이다. minimum-cost spanning tree T는 edge weight의 합이 최소가 되는 spanning tree이다. minimum-cost spanning tree는 greedy-method로서 Kruskal, Prim, Sollin 알고리즘으로 구한다. greedy-method(탐욕적 방법)은 여러 경우 중에서 하나를 선택할 때마다 그 순간에 best라고 생각되는 것을 선택(매 순간마다 best만 선택하므로 탐욕적이라 부름)하는 방식이다. 매 순간마다 best를 선택한다고 해서 최종적인 선택이 best라고 항상 보장할 수는 없다. greedy-method가 잘 작동하는 문제는 greedy choice property와 optimal substructure 조

건이 만족되는 경우이다. greedy choice property 조건은 앞의 best 선택이 이후의 best 선택에 영향을 주지 않는다는 것이다. optimal substructure 조건은 문제 전체에 대한 최적해(best 선택)가 부분 문제에 대해서도 역시 최적해라는 것이다. 이러한 두 가지 조건이 만족되지 않으면 greedy-method가 최적 해를 구하지 못한다.

greedy-method에서 각 stage별로 best 선택에 의한 optimal 해를 만든다. 초기 stage에서의 best 선택은 나중 stage에서 변경할 수 없다. minimum-cost spanning tree를 만들기 위한 best 선택은 least-cost를 선택할 때 사용하는 constraints는 다음과 같다: 1) 그래프의 edge 정보만 사용해야 한다. 2) n-1 edge만을 사용해야 한다. 3) cycle을 만드는 edge는 사용해서는 안 된다.

Minimal-cost spanning tree 문제는 자료구조로서 adjacency list와 set를 사용하여 알고리즘 구현하기에 좋은 예제이다. 어떠한 자료구조를 선택하여 재사용할 것인지에 대한 실습 과제로서 소스 코드를 완성해보는 실습을 수행한다.

```
//소스 코드 6.2: Minimal Spanning Tree
//  minimal spanning tree:: Kruskal's source code
// min heap, set 사용하여 MST 구현
#include <stdio.h>
#include <stdlib.h>
#include <string.h>
#include <iostream>
using namespace std;
const int HeapSize = 100;

enum Boolean { FALSE, TRUE };

template <class Type>
class Element {
public:
        Type key;
};

template <class Type>
class MaxPQ {
public:
        virtual void Insert(const Element<Type>&) = 0;
        virtual Element<Type>* DeleteMax(Element<Type>&) = 0;
};
```

```
template <class Type>
class MaxHeap : public MaxPQ<Type> {
public:
        MaxHeap(int sz = HeapSize)
        {
                MaxSize = sz; n = 0;
                heap = new Element<Type>[MaxSize + 1]; // Don't want to use heap[0]
        };
        void display( );
        void Insert(const Element<Type>& x);
        Element<Type>* DeleteMax(Element<Type>&);
private:
        Element<Type>* heap;
        int n; // current size of MaxHeap
        int MaxSize; // Maximum allowable size of MaxHeap

        void HeapEmpty( ) { cout << "Heap Empty" << "₩n"; };
        void HeapFull( ) { cout << "Heap Full"; };
};

template <class Type>
void MaxHeap<Type>::display( )
{
        int i;
        cout << "MaxHeap:: (i, heap[i].key): ";
        for (i = 1; i <= n; i++) cout << "(" << i << ", " << heap[i].key << ") ";
        cout << "₩n";
}

template <class Type>
void MaxHeap<Type>::Insert(const Element<Type>& x)
{
        int i;
        if (n == MaxSize) { HeapFull( ); return; }
        n++;
        for (i = n; 1; ) {
                if (i == 1) break; // at root
                if (x.key <= heap[i / 2].key) break;
                // move from parent to i
                heap[i] = heap[i / 2];
                i /= 2;
        }
        heap[i] = x;
}
```

```
template <class Type>
Element<Type>* MaxHeap<Type>::DeleteMax(Element<Type>& x)
{
        int i, j;
        if (!n) { HeapEmpty( ); return 0; }
        x = heap[1]; Element<Type> k = heap[n]; n--;

        for (i = 1, j = 2; j <= n; )
        {
                if (j < n) if (heap[j].key < heap[j + 1].key) j++;
                // j points to the larger child
                if (k.key >= heap[j].key) break;
                heap[i] = heap[j];
                i = j; j *= 2;
        }
        heap[i] = k;
        return &x;
}

class Sets {
public:
        Sets(int);
        void display( );
        void SimpleUnion(int, int);
        int SimpleFind(int);
        void WeightedUnion(int, int);
        int CollapsingFind(int);
private:
        int* parent;
        int n;
};

Sets::Sets(int sz = HeapSize)
{
        n = sz;
        parent = new int[sz + 1]; // Don't want to use parent[0]
        for (int i = 1; i <= n; i++) parent[i] = -1;   // 0 for Simple versions
}

void Sets::SimpleUnion(int i, int j)
// Replace the disjoint sets with roots i and j, i != j with their union
{
        parent[j] = i;
}
```

```
int Sets::SimpleFind(int i)
// Find the root of the tree containing element i
{
        while (parent[i] 〉 0) i = parent[i];
        return i;
}

void Sets::WeightedUnion(int i, int j)
// Union sets with roots i and j, i != j, using the weighting rule.
// parent[i]~=~-count[i] and parent[i]~=~-count[i].
{
        int temp = parent[i] + parent[j];
        if (parent[i] 〉 parent[j]) { // i has fewer nodes
                parent[i] = j;
                parent[j] = temp;
        }
        else { // j has fewer nodes
                parent[j] = i;
                parent[i] = temp;
        }
}

int Sets::CollapsingFind(int i)
// Find the root of the tree containing element i.
// Use the collapsing rule to collapse all nodes from @i@ to the root
{
        int r;
        for (r = i; parent[r] 〉 0; r = parent[r]); // find root
        while (i != r) {
                int s = parent[i];
                parent[i] = r;
                i = s;
        }
        return r;
}

void Sets::display( )
{
        cout 〈〈 "display:index= ";
        for (int i = 1; i 〈= n; i++) cout 〈〈 " " 〈〈 i;
        cout 〈〈 "₩n";
        cout 〈〈 "display: value= ";
        for (int i = 1; i 〈= n; i++) cout 〈〈 " " 〈〈 parent[i];
        cout 〈〈 "₩n";
}
```

```
template <class Type> class List;
template <class Type> class ListIterator;

template <class Type>
class ListNode {
	friend class List<Type>;
	friend class ListIterator<Type>;
private:
	Type data;
	ListNode* link;
	ListNode(Type);
};

template <class Type>
ListNode<Type>::ListNode(Type Default)
{
	data = Default;
	link = 0;
}

template <class Type>
class List {
	friend class ListIterator<Type>;
public:
	List( ) { first = 0; };
	void Insert(Type);
	void Delete(Type);
private:
	ListNode<Type>* first;
};

template <class Type>
void List<Type>::Insert(Type k)
{
	ListNode<Type>* newnode = new ListNode<Type>(k);
	newnode->link = first;
	first = newnode;
}

template <class Type>
void List<Type>::Delete(Type k)
{
	ListNode<Type>* previous = 0;
	for (ListNode<Type>* current = first; current&& current->data != k;
```

```
            previous = current, current = current->link);
        if (current)
        {
            if (previous) previous->link = current->link;
            else first = first->link;
            delete current;
        }
}

template <class Type>
class ListIterator {
public:
        ListIterator(const List<Type>& l) : list(l) { current = l.first; }
        Type* First( );
        Type* Next( );
        bool NotNull( );
        bool NextNotNull( );
private:
        const List<Type>& list;
        ListNode<Type>* current;
};

template <class Type>
Type* ListIterator<Type>::First( ) {
        if (current) return &current->data;
        else return 0;
}

template <class Type>
Type* ListIterator<Type>::Next( ) {
        current = current->link;
        return &current->data;
}

template <class Type>
bool ListIterator<Type>::NotNull( )
{
        if (current) return true;
        else return false;
}

template <class Type>
bool ListIterator<Type>::NextNotNull( )
{
        if (current->link) return true;
```

```
        else return false;
}

//template <class Type>
ostream& operator<<(ostream& os, List<char>& l)
{
        ListIterator<char> li(l);
        if (!li.NotNull( )) return os;
        os << *li.First( ) << endl;
        while (li.NextNotNull( ))
                os << *li.Next( ) << endl;
        return os;
}

class Queue;

class QueueNode {
        friend class Queue;
private:
        int data;
        QueueNode* link;
        QueueNode(int def = 0, QueueNode* l = 0)
        {
                data = def;
                link = l;
        };
};

class Queue {
private:
        QueueNode* front, * rear;
        void QueueEmpty( ) { };
public:
        Queue( ) { front = rear = 0; };
        void Insert(int);
        int* Delete(int&);
        bool IsEmpty( ) { if (front == 0) return true; else return false; };
};

void Queue::Insert(int y)
{
        if (front == 0) front = rear = new QueueNode(y, 0); // empty queue
        else rear = rear->link = new QueueNode(y, 0); // update ₩flrear₩fR
```

```
}

int* Queue::Delete(int& retvalue)
// delete the first node in queue and return a pointer to its data
{
	if (front == 0) { QueueEmpty( ); return 0; };
	QueueNode* x = front;
	retvalue = front->data; // get data
	front = x->link;        // delete front node
	if (front == 0) rear = 0; // queue becomes empty after deletion
	delete x; // free the node
	return &retvalue;
}

class Graph
{
private:
	List<int>* HeadNodes;
	int n;
	bool* visited;

	void _DFS(const int v);
public:
	Graph(int vertices = 0) : n(vertices) {
		HeadNodes = new List<int>[n];
	};
	void BFS(int);
	void InsertVertex(int startNode, int endNode, int weight);
	void Setup( );
	void displayAdjacencyLists( );

	void DFS(int v);

};

void Graph::displayAdjacencyLists( ) {
	for (int i = 0; i < n; i++) {
		//HeadNodes[i];
		ListIterator<int> iter(HeadNodes[i]);
		if (!iter.NotNull( )) {
			cout << i << " -> null" << endl;
			continue;
		}
```

```
            cout << i;
            for (int* first = iter.First( ); iter.NotNull( ); first = iter.Next( )) {
                    cout << " -> " << (*first);
            }
            cout << endl;
    }
}

void Graph::InsertVertex(int start, int end, int weight) {
    if (start < 0 || start >= n || end < 0 || end >= n) {
            cout << "the start node number is out of bound.";
            throw "";
    }
    //check if already existed.
    ListIterator<int> iter(HeadNodes[start]);
    for (int* first = iter.First( ); iter.NotNull( ); first = iter.Next( )) {
            if (*first == end) return;
    }

    HeadNodes[start].Insert(end, weight);
    HeadNodes[end].Insert(start, weight);
}

void Graph::BFS(int v)
{
    visited = new bool[n]; // visited is declared as a Boolean ₩(** data member of Graph.
    for (int i = 0; i < n; i++) visited[i] = false; // initially, no vertices have been visited

    visited[v] = true;
    cout << v << ",";
    Queue q;
    q.Insert(v);

    while (!q.IsEmpty( )) {
            v = *q.Delete(v);
            ListIterator<int> li(HeadNodes[v]);
            if (!li.NotNull( )) continue;
            int w = *li.First( );
            while (1) {
                    if (!visited[w]) {
                            q.Insert(w);
                            visited[w] = true;
                            cout << w << ",";
```

```
                    };
                    if (li.NextNotNull( ))
                          w = *li.Next( );
                    else break;
              }
        }
        delete[ ] visited;
}

// Driver
void Graph::DFS(int v)
{
        visited = new bool[n]; // visited is declared as a bool ₩(** data member of Graph.
        for (int i = 0; i < n; i++)
              visited[i] = false; // initially, no vertices have been visited

        _DFS(v); // start search at vertex 0
        delete[ ] visited;

}

// Workhorse
void Graph::_DFS(const int v)
//  visit all previously unvisited vertices that are reachable from vertex v
{
        visited[v] = true;
        cout << v << ", ";
        ListIterator<int> li(HeadNodes[v]);
        if (!li.NotNull( )) return;
        int w = *li.First( );
        while (1) {
              if (!visited[w]) _DFS(w);
              if (li.NextNotNull( )) w = *li.Next( );
              else return;
        }
}

// The main function to construct MST using Kruskal's algorithm
void KruskalMST(struct Graph* graph)
{
        int V = graph->V;
        struct Edge result[20];  // Tnis will store the resultant MST
        int e = 0;  // An index variable, used for result[ ]
```

```
int i = 0;  // An index variable, used for sorted edges

// Step 1:  Sort all the edges in non-decreasing order of their weight
// If we are not allowed to change the given graph, we can create a copy of
// array of edges
qsort(graph->edge, graph->E, sizeof(graph->edge[0]), myComp);

// Allocate memory for creating V subsets
struct subset* subsets =
        (struct subset*) malloc(V * sizeof(struct subset));

// Create V subsets with single elements
for (int v = 0; v < V; ++v)
{
        subsets[v].parent = v;
        subsets[v].rank = 0;
}

// Number of edges to be taken is equal to V-1
while (e < V - 1)
{
        // Step 2: Pick the smallest edge. And increment the index
        // for next iteration
        struct Edge next_edge = graph->edge[i++];

        int x = find(subsets, next_edge.src);
        int y = find(subsets, next_edge.dest);

        // If including this edge does't cause cycle, include it
        // in result and increment the index of result for next edge
        if (x != y)
        {
                result[e++] = next_edge;
                Union(subsets, x, y);
        }
        // Else discard the next_edge
}

// print the contents of result[ ] to display the built MST
printf("Following are the edges in the constructed MST₩n");
for (i = 0; i < e; ++i)
        printf("%d -- %d == %d₩n", result[i].src, result[i].dest,
                result[i].weight);
return;
```

```
}

// Driver program to test above functions
int main(void)
{
        int select = 0, n, start, end, weight;
        int startBFSNode = 100;//the start node to BFS

        cout << "Input the total node number: ";
        cin >> n;

        /* Let us create following weighted graph */
        struct Graph graph(n);
        Graph* spanningTree = nullptr;
        while (select != '0')
        {
                cout << "₩nSelect command 1: Add edges and Weight, 2: Display Adjacency Lists,
3: spanningTree, 4: Quit => ";
                cin >> select;
                switch (select) {
                case 1:
                        cout << "Add an edge: " << endl;
                        cout << "--------Input start node: ";
                        cin >> start;
                        cout << "--------Input  destination  node: ";
                        cin >> end;
                        if (start < 0 || start >= n || end < 0 || end >= n) {
                                cout << "the input node is out of bound." << endl;
                                break;
                        }
                        cout << "--------Input  weight: ";
                        cin >> weight;

                        graph.InsertVertex(start, end, weight);
                        break;
                case 2:
                        //display
                        graph.displayAdjacencyLists( );
                        break;
                case 3:
                        cout << "₩nSpanningTree - Prim's algorithm: " << endl;
                        spanningTree = KruskalMST(&graph);
                        if (spanningTree) {
                                spanningTree->displayAdjacencyLists( );
```

```
                }
                delete spanningTree;
                spanningTree = nullptr;
                break;
            case 4:
                exit(0);
                break;
            default:
                cout << "WRONG INPUT  " << endl;
                cout << "Re-Enter" << endl;
                break;
            }
        }

        KruskalMST(graph);
        system("pause");
        return 0;
}
```

6.4.1 Kruskal 알고리즘

minimum-cost spanning tree을 만들기 위해 그림 6.7처럼 한 번에 하나의 edge만을 선택하여 set T에 추가한다[1]. 이를 위한 먼저 edge들의 weight를 오름차순으로 sort하고 edge가 cycle을 만들지 않으면 T에 추가한다. n vertices를 갖는 G에 대하여 n-1 edge가 포함되면 종료된다.

```
Algorithm Kruskal //[1]참조
begin
T = Ø
while ((T contains less than n-1 edges) && ( E not empty)) {
        choose an edge(v,w) from E of lowest cost;
        delete (v,w) from E;
        if ((v,w) does not create a cycle in T) add (v,w) to T;
        else discard (v,w);
}
if (T contains fewer than n-1 edges) cout <<"no spanning tree" <<endl;
end Kruskal
```

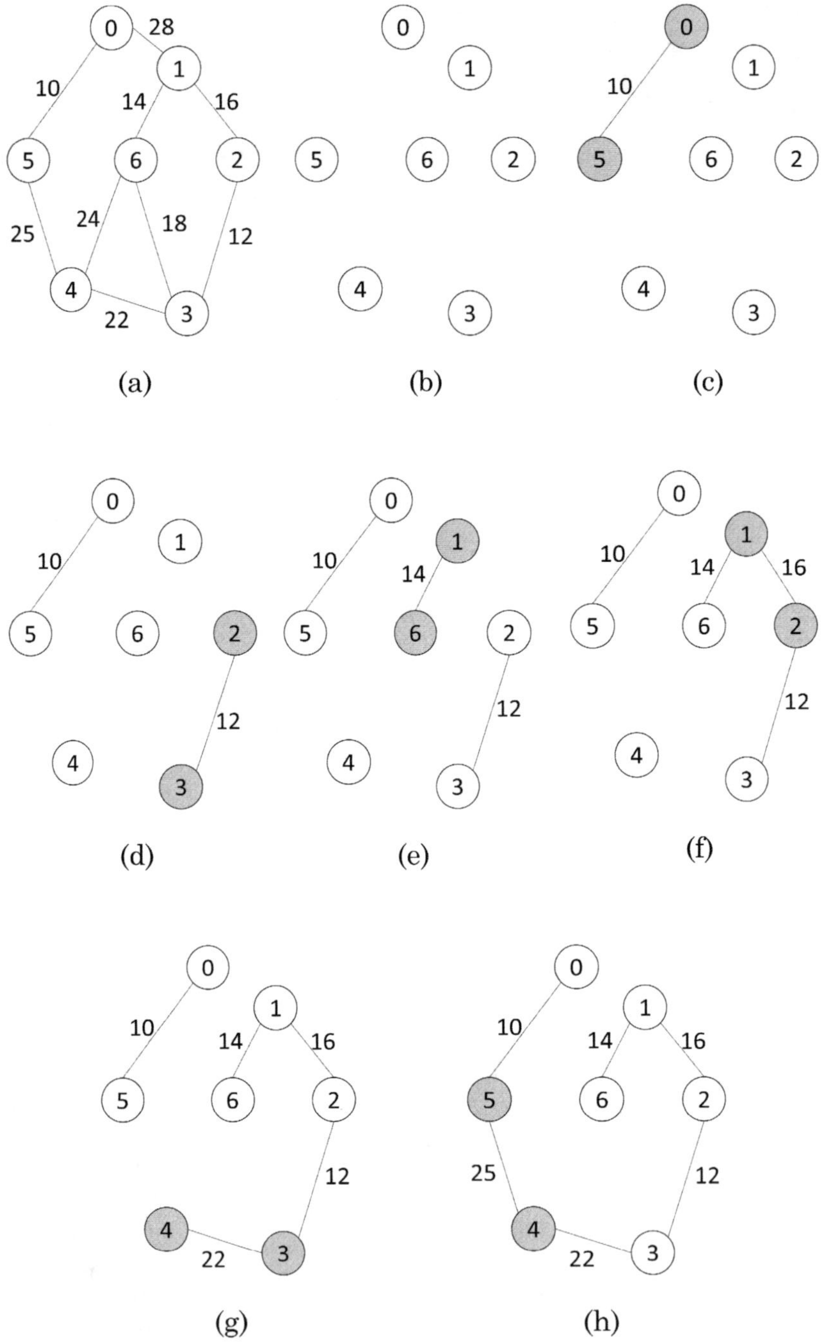

그림 6.7 Kruskal 알고리즘 적용 처리.

G = (V, E)에서 E의 lowest edge (v,w)를 선택하기 위하여 모든 edge를 minheap알고리즘으로 O(e log e)시간 복잡도로 sort한다. min heap은 next edge의 선택은 O(log e)으로 처리된다. (v,w)가 T에서 cycle을 만들지 않으면 T에 추가된다. T는 connected vertices로서 set으로 표현된다. v와 w가 T에서 connected이면 같은 set에 있게 된다.

6.4.2 Prim 알고리즘

선택된 edges의 집합이 하나의 tree를 만들어간다. 그림 6.8처럼 처음 시작 시에 T는 단하나의 시작 vertex를 포함한다. least-cost edge (u, v)를 T에 포함하면 T + {(u, v)}는 하나의 tree가 된다. 시작 vertex u에 연결된 edge 중에서 least-cost가 되는 edge를 선택한다. 이미 선택된 set {u, v}에 연결된 edge 중에서 least-cost가 되는 edge를 선택한다. 예를 들면 T = {0}이라고 할 때 (0,5), (0,1) 중에서 cost가 min인 edge(0, 5)를 선택한다. (0,1) edge weight가 28이므로 1번 노드 대신에 5번 노드를 선택한다. T = {0,5}가 되며 후보 edge는 (0,1), (5,4)이 된다.

void KruskalMST(struct Graph* graph)의 소스 코드를 수정하여 Prim 알고리즘[1]을 재작성하는 실습을 한다. Adjacency list와 Set를 사용하여 구현한다. Prim 알고리즘에서 사용하는 Set 처리 방법은 Shortest path 문제를 해결하기 위한 set를 사용하는 방식과 유사하다.

```
Algorithm Prim //[1]참조
begin
//Assume that G has at least one vertex
TV ←{0}; //start with vertex 0 and no edges
for (T = Ø; T contains fewer than n-1 edges; add (u,v) to T)
{
        Let (u,v) be a least-cost edge such that u ∈ TV and v ∉ TV;
        if (there is no such edge) break;
        add v to TV;
}
if (T contains fewer than n-1 edges) cout << "no spanning tree" << endl;
end Prim
```

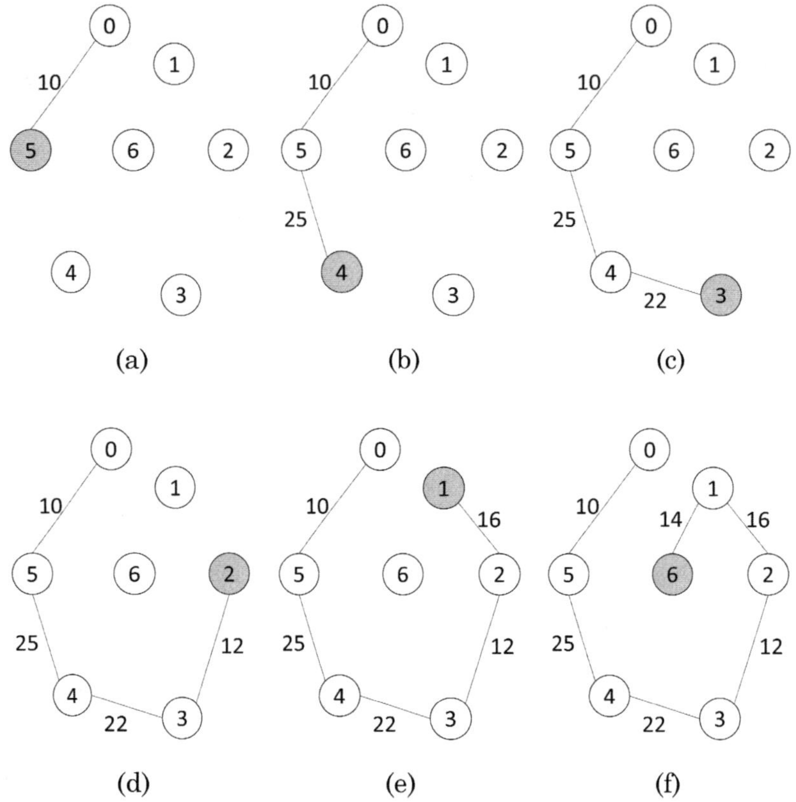

그림 6.8 Prim 알고리즘 적용 처리.

```
//소스 코드 6.3: Prim Minimal Spanning Tree
// min heap, set 사용하여 MST 구현

#include <string>
#include <iostream>
#include "list"

using namespace std;

class WeightAndDestination {
public:
        int dest;
        int weight;

        WeightAndDestination( ) { }
        WeightAndDestination(int dest, int weight) :dest(dest), weight(weight) { }
};
```

```
class Graph
{
private:
	list<WeightAndDestination*>* HeadNodes;//two-dimensional list
	int n;//total node number
	bool* visited = nullptr;

public:
	Graph(int vertices = 0) : n(vertices) {
		HeadNodes = new list<WeightAndDestination*>[n];
	};

	~Graph( );
	void InsertVertex(int startNode, int endNode, int weight);
	void displayAdjacencyLists( );

	Graph* spanningTree_PrimAlgorithm( );

	Graph* spanningTree_KruskalAlgorithm( );

	bool getNearestEdge(int& start, int& destination, int& weight);

	//check whether all nodes connect to the same graph.
	bool checkCurrGraph( );
};
// Kruskal( ) 구현을 참조하여 재작성 실습
/*void PrimMST(struct Graph* graph){
	TV = { 0 };
	For(T = 0; T contains fewer than n - 1 edges; add(u, v) to T){
		Let(u, v) be a least - cost edge such that u ∈≠TV and v ≠∈ TV;
		If(there is no such change) break;
		Add v to TV;
	}
	IF(T contains fewer than n - 1 edges) cout << "no spanning tree" << '₩n';
}*/

Graph* Graph::spanningTree_PrimAlgorithm( ) {
	if (!checkCurrGraph( )) { return nullptr; }

	Graph* T = new Graph(this->n);
	int edgeSize = 0;

	visited = new bool[n]; //TV
	for (int i = 0; i < n; i++)
```

```
            visited[i] = false;

        int start = 0, destination = 0, weight = 0;
        visited[0] = 1;
        for (; edgeSize < n - 1; T->InsertVertex(start, destination, weight)) {
            if (!getNearestEdge(start, destination, weight))
                break;
            visited[destination] = 1;//Add v to TV;
            edgeSize++;
        }
        if (edgeSize < n - 1) {
            cout << "no spanning tree" << endl;
            return nullptr;
        }

        delete[ ]visited;
        visited = nullptr;

        return T;
}

bool Graph::getNearestEdge(int& start, int& destination, int& weight) {
        bool isHaveNearestEdge = false;//
        int minWeight = 9999999;//store the smallest weight
        for (int i = 0; i < n; i++) {//find U.
            if (visited[i] == true) {
                list<WeightAndDestination*> connectedNodes = this->HeadNodes[i];
                for (WeightAndDestination* edge : connectedNodes) {//find V.
                    if (visited[edge->dest] == false) {
                        if (minWeight > edge->weight) {
                            minWeight = edge->weight;
                            start = i;
                            destination = edge->dest;
                            weight = minWeight;

                            isHaveNearestEdge = true;
                        }
                    }
                }
            }
        }
        return isHaveNearestEdge;
}

bool Graph::checkCurrGraph( ) {
```

```
    for (int i = 0; i < n; i++) {
        if (this->HeadNodes[i].size( ) == 0) {
            cout << "The node " << i << "does not connect to the graph." << endl;
            return false;
        }
    }
    return true;
}

void Graph::displayAdjacencyLists( ) {
    for (int i = 0; i < n; i++) {
        if (HeadNodes[i].size( ) == 0) {
            cout << i << " -> null" << endl;
            continue;
        }
        cout << i;
        for (WeightAndDestination* edge : HeadNodes[i]) {
            cout << " -> " << edge->dest << " (weight=" << edge->weight << ") ";
        }
        cout << endl;
    }
}

void Graph::InsertVertex(int start, int end, int weight) {
    if (start < 0 || start >= n || end < 0 || end >= n) {
        cout << "the start node number is out of bound.";
        throw "";
    }
    //check if already existed.
    for (WeightAndDestination* edge : this->HeadNodes[start]) {
        if (edge->dest == end) return;
    }

    HeadNodes[start].push_back(new WeightAndDestination(end, weight));
    HeadNodes[end].push_back(new WeightAndDestination(start, weight));
}

Graph::~Graph( ) {
    for (int i = 0; i < n; i++) {
        list<WeightAndDestination*> edgeList = this->HeadNodes[i];
        for (WeightAndDestination* edge : edgeList) {
            delete edge;
            edge = nullptr;
        }
    }
```

```
        delete[ ] this->HeadNodes;
}

int main(void)
{

        int select = 0, n, start = -1, end = -1, weight = -1;
        cout << "Input the total node number: ";
        cin >> n;
        Graph g(n);
        Graph* spanningTree = nullptr;

        while (select != '0')
        {
                cout << "₩nSelect command 1: Add edges and Weight, 2: Display Adjacency Lists,
3: spanningTree, 4: Quit => ";
                cin >> select;
                switch (select) {
                case 1:
                        cout << "Add an edge: " << endl;
                        cout << "--------Input start node: ";
                        cin >> start;
                        cout << "--------Input  destination  node: ";
                        cin >> end;
                        if (start < 0 || start >= n || end < 0 || end >= n) {
                                cout << "the input node is out of bound." << endl;
                                break;
                        }
                        cout << "--------Input  weight: ";
                        cin >> weight;

                        g.InsertVertex(start, end, weight);
                        break;
                case 2:
                        //display
                        g.displayAdjacencyLists( );
                        break;
                case 3:
                        cout << "₩nSpanningTree - Prim's algorithm: " << endl;
                        spanningTree = g.spanningTree_PrimAlgorithm( );
                        if (spanningTree) {
                                spanningTree->displayAdjacencyLists( );
                        }
                        delete spanningTree;
                        spanningTree = nullptr;
```

```
                break;
            case 4:
                exit(0);
                break;
            default:
                cout << "WRONG INPUT  " << endl;
                cout << "Re-Enter" << endl;
                break;
            }
        }

        system("pause");
        return 0;
}
```

6.4.3 Sollin 알고리즘

각 stage에 여러 개의 edge를 한꺼번에 선택한다. 그림 6.9처럼 선택된 edge들은 spanning forest를 만든다. stage 1에서 그래프 G의 모든 vertex를 포함하도록 최소 weight를 갖는 edge를 선택한다. stage1에서 edge의 가중치가 10,12,14 다음에 16을 선택하지 않는 이유는 (u,v) = (1,2)가 이미 선택된 set T에 있기 때문이다. 다시 말하면 stage1에서 새로운 edge (u,v)를 포함하려면 u,v 중에서 적어도 하나는 T에 없어야 한다. stage 2에서 spanning forest의 각 tree들을 연결할 edg로서 minimum-cost edge를 선택하는데 cycle이면 제외한다. Prim 알고리즘을 수정하여 Sollin 알고리즘[1]을 구현하는 실습을 한다.

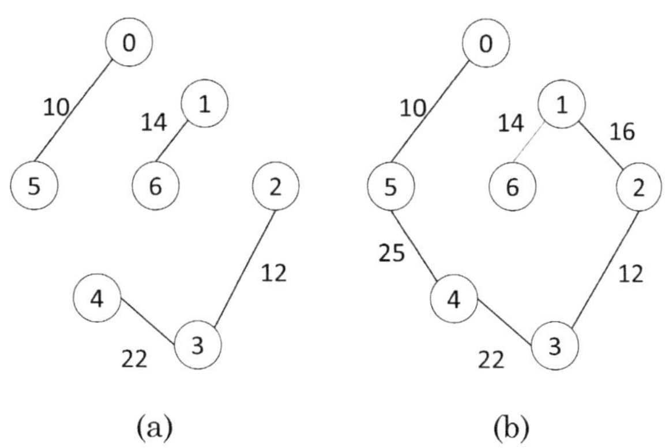

그림 6.9 Sollin 알고리즘 적용 처리.

```
Algorithm Sollin
begin //stage2
        for each i ∈N do N_i ←{i}
        T* ← Ø ;
        while |T*| < (n-1) do
                begin
                        for each tree N_k do nearest-neighbor(N_k,i_k,j_k)
                        for each N_k do
                if nodes i_k and j_k belong to different trees then
                        merge (i_k,j_k) and update T* ← T* ∪{(i_k,j_k)}
        end
end
```

6.5 Shortest paths

A부터 B로 가는 path가 있는가? 있다면 A부터 B로 가는 shortest path는 무엇인가? 최단 경로 문제는 edge의 weight 또는 cost가 있는 그래프에 대하여 적용한다. 최단 경로의 출발점을 source, 도착점을 destination이라 한다.

6.5.1 Single source/all destinations: nonnegative edges costs

주어진 directed graph G = (V, E)에 대하여, length function인 length(i, j)이 있고 length(i,j) >= 0이 edge의 이동 소요 시간이라 하자. 그림 6.10처럼 출발점 v로 부터 G의 나머지 vertices로 가는 shortest path를 구하는 문제[1]이다.

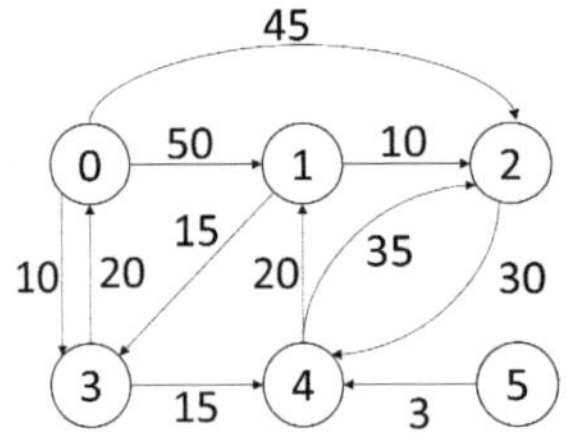

(a) Graph

	Path	*Length*
1)	0, 3	10
2)	0, 3, 4	25
3)	0, 3, 4, 1	45
4)	0, 2	45

(b) 시작노드0으로 부터 최단 경로

그림 6.10 그래프 최단 경로.

S를 이미 찾은 shortest paths의 vertices 집합이라 하자. v를 source vertex(출발점)이라고 할 때 S = {v}이다. dist[w]를 v로 부터 시작하여 S에 있는 *vertices*만을 경유하여 w로 가는 shortest path의 length라 하자. w는 S에 포함되지 않은 vertex이다. 최단 경로를 구하는 greedy algorithm은 path length가 증가하는 순서로 shortest paths를 구한다. path length는 source로 부터 시작하여 경유 vertices를 통과하여 w까지 도달하는 데 경유하는 edge들의 length의 합이다. greedy 알고리즘이 path length 순서로 최단 경로를 구한다.

1) next shortest path가 v로 부터 u일 때 최단 경로는 S에 있는 vertices만을 경유해야 한다. v에서 u로 가는 최단 경로의 vertex는 S에 없는 vertex를 경유하지 않는다.
2) 다음에 생성되는 next path의 destination의 선택은 S에 있지 않는 vertices 중에서 minimum distance, dist[u]인 u를 선택한다.
3) u가 선택되어 S에 포함되면 S에 있지 않은 vertex w에 대하여 dist[w]를 다시 계산한다. dist[w]를 다시 계산할 때 S에 있는 vertex를 경유한 최단 경로의 dist[w]를 계산한다. dist[w]와 dist[u] + length(<u,w>)(v부터 시작하여 u를 경유하여 w로 가는 비용) 중에서 최솟값을 dist[w]로 계산한다.

ShortestPath 알고리즘은 Edsger Dijkstra(pronounced[dεikstrɑ])[1]가 고안한 알고리즘으로 greedy한 이유는 각 loop에서 모든 경우를 check하여 매 선택 시마다 가장 최선의 선택을 하기 때문에 붙인 이름이다. S 집합은 array s[i]로 표현하며, vertex i가 S에 있으면 s[i] = true이다. graph는 length-adjacency matrix, length[i][j]로 표현한다. graph 문제를 adjacency list로 표현하여 알고리즘을 구현하는 대표적 응용이 minimal cost spanning tree이다. 반면에 graph를 matrix로 표현하여 알고리즘 문제를 푸는 전형적인 사례가 최단경로 문제이다.

```
class Graph {
private:
        int length[nmax[nmax];
        int dist[nmax];
        bool s[nmax];
public:
        void ShortestPath(const int, const int);
        int choose(const int);
};
```

그림 6.11에서 dist[6] = ∞이고(값이 없으면 경로가 없으므로 무한대로 간주) 출발점 4 → 5 → 6로 이동하는 경로는 1150이다. 따라서 5가 선택되어 S에 포함되면 dist[6] = min(<4,6>, <4,5><5,6>) = 1150이 된다.

```
//소스 코드 6.4: Shortest path
#include 〈iostream〉
#include 〈stdlib.h〉
using namespace std;

const int nmax = 100;
const int MAX_WEIGHT = 9999999;

//6.4 shortest path
class Graph {
private:
	int length[nmax][nmax]; //connection matrix
	int a[nmax][nmax];
	int dist[nmax]; //distance from v to u.
	bool s[nmax]; //
	int newdist[nmax];

	const int n;
public:
	void ShortestPath(const int);
	void ShortestPath_display(const int);
	void BellmanFord(const int);
	void BellmanFord2(const int);
	void AllLengths( );
	int choose( );
	void Out(int startNode, int n);
	void OutA(int);

	Graph(int nodeSize) :n(nodeSize) {
		for (int i = 0; i 〈 nmax; i++) {
			for (int k = 0; k 〈 nmax; k++) {
				length[i][k] = MAX_WEIGHT;
			}
		}
	}

	void insertEdge(int start, int end, int weight);
```

```
        void displayConnectionMatrix( );

        bool isNonNegativeEdgeCost( ) {
                for (int i = 0; i < n; i++) {
                        for (int k = 0; k < n; k++) {
                                if (length[i][k] < 0) return false;
                        }
                }
                return true;
        }

private:
        void displayS( ) {
                cout << "[";
                for (int i = 0; i < n; i++) {
                        if (s[i]) cout << i << ",";
                        else cout << "  ";
                }
                cout << "]; ";
        }
};

void Graph::displayConnectionMatrix( ) {
        for (int i = 0; i < n; i++) {
                bool exists = false;
                for (int k = 0; k < n; k++) {
                        if (length[i][k] == MAX_WEIGHT) continue;
                        exists = true;
                        cout << i << " -> " << k << "(weight=" << length[i][k] << "), ";
                }
                if (exists) cout << endl;
        }
}

void Graph::insertEdge(int start, int end, int weight) {
        if (start >= n || end >= n || start < 0 || end < 0) {
                cout << "the input node is out of bound, the biggest node is " << (n - 1) << endl;
                return;
        }

        length[start][end] = weight;
}

void Graph::Out(int startNode, int n) {
```

```
	//cout << endl;
	for (int i = 0; i < n; i++) {
		if (i == startNode) {
			cout << "0" << ", ";
		}
		else if (dist[i] == MAX_WEIGHT)
			cout << "∞" << ", ";
		else
			cout << dist[i] << ", ";
	}

	cout << endl;
}

void Graph::OutA(int n) {
	//cout << endl;
	for (int i = 0; i < n; i++) {
		cout << "startNode = " << i << ": ";
		for (int j = 0; j < n; j++) {
			if (i == j) {
				cout << "0 " << "  ";
			}
			else if (a[i][j] > MAX_WEIGHT - 100000)//100000 is one a big enough number
				cout << "∞" << "  ";
			else cout << a[i][j] << "  ";
		}
		cout << endl;
	}
}

void Graph::ShortestPath(const int v)
{
//dist[j], 0<=j<=n, is set to the length of the shortest path from vertex v to vertex j
// in a digraph G with n vertices and edge lengths given by length[i][j]
	for (int i = 0; i < n; i++) {// initialize
		s[i] = false;
		dist[i] = length[v][i];
	}
	s[v] = true;
	dist[v] = 0;

	//Out(n);
	for (int i = 0; i < n - 2; i++) { // determine n-1 paths from vertex v
		Out(i, n);
```

```
		int u = choose( );  // choose returns a value u such that:
			// dist[u] = minimum dist[w], where s[w] = false
		s[u] = true;
		for (int w = 0; w 〈 n; w++)
			if (!s[w])
				if (dist[u] + length[u][w] 〈 dist[w])
					dist[w] = dist[u] + length[u][w];
	} //end of for (i=0;...)

	Out(v, n);
}

void Graph::ShortestPath_display(const int v)
{
	for (int i = 0; i 〈 n; i++) {// initialize
		s[i] = false;
		dist[i] = length[v][i];
	}

	//〉〉〉〉〉〉〉〉〉〉display
	cout 〈〈 1 〈〈 "; ";
	displayS( );
	cout 〈〈 "vertex selected: " 〈〈 v 〈〈 "; ";
	Out(v, n);
	//〈〈〈〈〈〈〈〈〈〈

	s[v] = true;
	dist[v] = 0;

	//Out(n);
	int i = 0;
	for (; i 〈 n - 2; i++) { // determine n-1 paths from vertex v

		int u = choose( );  // choose returns a value u:
							// dist[u] = minimum dist[w], where s[w] = false
		cout 〈〈 i + 2 〈〈 "; ";
		displayS( );

		s[u] = true;

		cout 〈〈 "vertex selected: " 〈〈 u 〈〈 "; ";
		Out(v, n);

		for (int w = 0; w 〈 n; w++)
```

```
                if (!s[w])
                    if (dist[u] + length[u][w] < dist[w])
                        dist[w] = dist[u] + length[u][w];
    }
    cout << i + 2 << ", ";
    displayS( );
    cout << ":                              " << ", ";
    Out(v, n);
}

int Graph::choose( )
{
    int prevmax = -1;
    int index = -1;
    for (int i = 0; i < n; i++)
        if ((!s[i]) && ((prevmax == -1) || (dist[i] < prevmax)))
        {
            prevmax = dist[i]; index = i;
        }
    return index;
}

void Graph::BellmanFord(const int v) {
//single source all destination shortest paths with negative edge lengths
    for (int i = 0; i < n; i++)
        dist[i] = length[v][i];//initialize dist[ ]
    //
    cout << endl;
    int k = 0;
    for (k = 1; k <= n - 1; k++) {
        cout << "k = " << k << ", ";
        Out(v, n);
        for (int u = 0; u < n; u++) {//for (each u such that u != v and u has at least
                            // one incoming edge)
            if (u != v) {
                for (int i = 0; i < n; i++) {//for (each <i,u> in the graph)
                    if ((u != i) && (length[i][u] < MAX_WEIGHT)) {
                        if (dist[u] > dist[i] + length[i][u]) {
                            dist[u] = dist[i] + length[i][u];
                        }
                    }
                }
            }
        }
```

```
	}
	//cout << "k = " << k << ", ";
	//Out(n);
}

void Graph::BellmanFord2(const int v)
// Single source all destination shortest paths with negative edge lengths
{
	for (int i = 0; i < n; i++)
		dist[i] = length[v][i]; // initialize dist
	for (int k = 2; k <= n - 1; k++) {
		for (int l = 0; l < n; l++)
			newdist[l] = dist[l];
		for (int u = 0; u < n; u++)
			if (u != v) {
				for (int i = 0; i < n; i++)
					if ((u != i) && (length[i][u] < MAX_WEIGHT))
						if (newdist[u] > dist[i] + length[i][u])
							newdist[u] = dist[i] + length[i][u];
			}
		for (int i = 0; i < n; i++)
			dist[i] = newdist[i];
	}
}

void Graph::AllLengths( )
// length[n][n] is the adjacency matrix of a graph with n vertices.
// a[i][j] is the length of the shortest path between i and j
{
	for (int i = 0; i < n; i++)
		for (int j = 0; j < n; j++)
			a[i][j] = length[i][j];    // copy length into a

	int k = 0;
	for (; k < n; k++) {  // for a path with highest vertex index k
		cout << "₩n A[" << k - 1 << "]" << endl;
		OutA(n);
		for (int i = 0; i < n; i++)  // for all possible pairs of vertices
			for (int j = 0; j < n; j++)
				if ((a[i][k] + a[k][j]) < a[i][j])
					a[i][j] = a[i][k] + a[k][j];
	}
	cout << "₩n A[" << k - 1 << "]" << endl;
	OutA(n);
```

```
}

Graph* defaultSetup1( ) {
        Graph* g = new Graph(7);

        g->insertEdge(0, 1, 6);
        g->insertEdge(0, 2, 5);
        g->insertEdge(0, 3, 5);
        g->insertEdge(1, 4, -1);
        g->insertEdge(2, 1, -2);
        g->insertEdge(2, 4, 1);
        g->insertEdge(3, 2, -2);
        g->insertEdge(3, 5, -1);
        g->insertEdge(4, 6, 3);
        g->insertEdge(5, 6, 3);

        return g;
}

Graph* defaultSetup2( ) {
        Graph* g = new Graph(8);

        g->insertEdge(1, 0, 300);
        g->insertEdge(2, 1, 800);
        g->insertEdge(2, 0, 1000);
        g->insertEdge(3, 2, 1200);
        g->insertEdge(4, 3, 1500);
        g->insertEdge(4, 5, 250);
        g->insertEdge(5, 3, 1000);
        g->insertEdge(5, 7, 1400);
        g->insertEdge(5, 6, 900);
        g->insertEdge(6, 7, 1000);
        g->insertEdge(7, 0, 1700);

        return g;
}

Graph* setup_allPairsShortestPaths( ) {
        Graph* g = new Graph(3);
        g->insertEdge(0, 1, 4);
        g->insertEdge(0, 2, 11);
        g->insertEdge(1, 0, 6);
        g->insertEdge(1, 2, 2);
        g->insertEdge(2, 0, 3);
```

```
        return g;
}

int main(void)
{
        Graph* g = nullptr;
        int select = 0, n, start = -1, end = -1, weight = -1;
        cout << "1: custom setup, 2: Default Setup1[shortest path(non-negative)], "
                << "3: Default Setup2[single source/all destinations(negative edge costs)], 4: Default
Setup3[allPairsShortestPaths]";
        cin >> select;
        if (select == 1) {
                cout << "Input the total node number: ";
                cin >> n;
                g = new Graph(n);
        }
        else if (select == 2) {
                g = defaultSetup2( );
        }
        else if (select == 3) {
                g = defaultSetup1( );
        }
        else if (select == 4) {
                g = setup_allPairsShortestPaths( );
        }
        else {
                throw "illegal input";
        }

        while (select != '0')
        {
                cout << "₩nSelect command 1: AddEdge, 2: AdjacencyLists, 3: singleSource/all
destinations(non-negative edge cost)"
                        << "4:  single source/all destinations(negative edge costs), 5. All-pairs
shortest paths, 6. Quit => ";
                cin >> select;
                switch (select) {
                case 1:
                        cout << "Add an edge: " << endl;
                        cout << "--------Input start node: ";
                        cin >> start;
                        cout << "--------Input  destination  node: ";
                        cin >> end;
                        cout << "--------Input  weight: ";
```

```
            cin >> weight;

            g->insertEdge(start, end, weight);
            break;
        case 2:
            //display
            g->displayConnectionMatrix( );
            break;
        case 3:
            cout << "₩nsingle source/all destinations: non-negative edge costs: " << endl;
            if (!g->isNonNegativeEdgeCost( )) {
                cout << "Negative edge cost exists!!" << endl;
                cout << "Please re-build the graph with non-negative edge costs." << endl;
                break;
            }

            cout << "₩n ----------> Input start node: ";
            cin >> start;

            g->ShortestPath_display(start);
            break;
        case 4:
            cout << "₩nsingle source/all destinations: negative edge costs: " << endl;
            cout << "₩n ----------> Input start node: ";
            cin >> start;

            g->BellmanFord(start);
            break;
        case 5:
            cout << "₩nAll-pairs shortest paths:" << endl;
            g->AllLengths( );
            break;
        case 6:
            exit(0);
        default:
            cout << "WRONG INPUT  " << endl;
            cout << "Re-Enter" << endl;
            break;
        }
    }
    delete g;
    return 0;
}
```

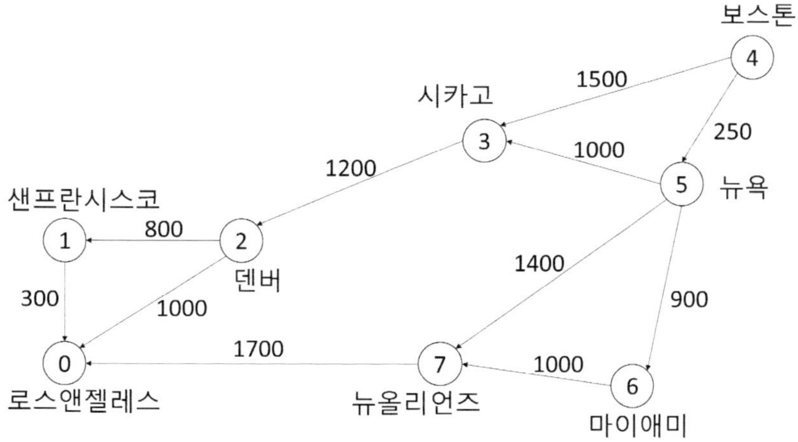

(a) Diagraph

$$
\begin{array}{c}
 \\ 0 \\ 1 \\ 2 \\ 3 \\ 4 \\ 5 \\ 6 \\ 7
\end{array}
\begin{array}{c}
\begin{array}{cccccccc} 0 & 1 & 2 & 3 & 4 & 5 & 6 & 7 \end{array} \\
\begin{bmatrix}
0 & 0 & 0 & 0 & 0 & 0 & 0 & 0 \\
300 & 0 & 0 & 0 & 0 & 0 & 0 & 0 \\
1000 & 800 & 0 & 0 & 0 & 0 & 0 & 0 \\
0 & 0 & 1200 & 0 & 0 & 0 & 0 & 0 \\
0 & 0 & 0 & 1500 & 0 & 250 & 0 & 0 \\
0 & 0 & 0 & 1000 & 0 & 0 & 900 & 1400 \\
0 & 0 & 0 & 0 & 0 & 0 & 0 & 1000 \\
1700 & 0 & 0 & 0 & 0 & 0 & 0 & 0
\end{bmatrix}
\end{array}
$$

(b) Length − adjacency matrix

그림 6.11 미국 도시들의 최단경로 예제.

Iteration	S	Vertex Selected	Distance							
			LA	SF	DEN	CHI	BOST	NY	MIA	NO
			[0]	[1]	[2]	[3]	[4]	[5]	[6]	[7]
Initial	--	---	+∞	+∞	+∞	1500	0	250	+∞	+∞
1	{4}	5	+∞	+∞	+∞	1250	0	250	1150	1650
2	{4,5}	6	+∞	+∞	+∞	1250	0	250	1150	1650
3	{4,5,6}	3	+∞	+∞	2450	1250	0	250	1150	1650
4	{4,5,6,3}	7	3350	+∞	2450	1250	0	250	1150	1650
5	{4,5,6,3,7}	2	3350	3250	2450	1250	0	250	1150	1650
6	{4,5,6,3,7,2} {4,5,6,3,7,2,1}	1	3350	3250	2450	1250	0	250	1150	1650

그림 6.12 최단 경로 알고리즘에 의한 미국 도시 최단 경로 처리 결과.

6.5.2 Single source/all destinations: general weights

어떤 edge가 negative length을 갖는 경우에 그림 6.12와 같이 동작하는 Edsger Dijkstra의 ShortestPath(greedy algorithm)은 correct results를 주지 못한다 그 이유는 greedy-method이기 때문이다. 그림 6.13처럼 negative-length edge를 갖는 directed graph에서 출발점 0에 대한 1,2번 vertex의 dist[1] = 7, dist[2] = 5가 된다[1]. dist[u]는 source vertex v로부터 u로 가는 length이다. 그리고 set S = {0,1,2}가 된다. 그런데 0 → 2로 가는 shortest path는 0,1,2이며 dist[2] = 2가 된다.

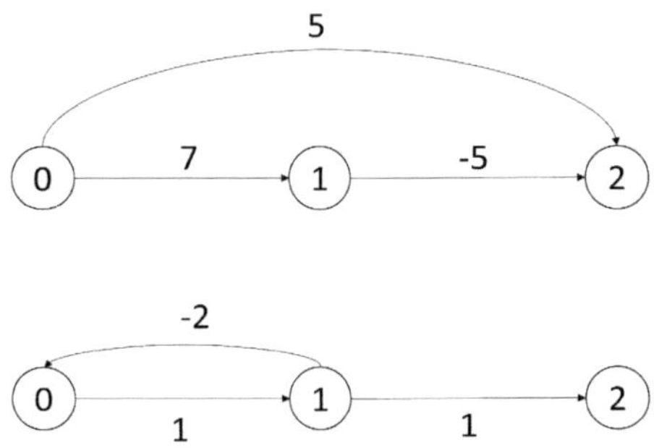

그림 6.13 Negative length를 갖는 edge가 있는 경우.

그래프 G에 negative length의 cycle 이 없다고 가정한다. shortest paths는 유한개의 edges로 구성된다. n-vertex를 갖는 graph에서 2개의 vertics 간의 shortest path는 많아야 n-1 edges를 갖는다.

$dist^{l}[u]$를 v → u로 가는 shortest path의 length라 하자. 이때 shortest path는 많아야 l edges를 포함한다. $dist^{1}[u]$ = length[v][u]는 1개의 edge를 사용하는 경우이다. 많아야 k edges를 포함할 수 있는 v → u 경로의 shortest path가 k-1 edges만 포함하는 경우에는 $dist^{k}[u] = dist^{k-1}[u]$가 된다. 많아야 k edges를 포함할 수 있는 v → u 경로의 shortest path가 k edges를 포함하는 경우에는 “최대 k-1 edges를 포함하는 v→j 경로의 shortest path” + edge <j, u>이다. v → j 경로의 path는 k-1 edges를 포함하며 path length는 $dist^{k-1}[j]$이다. $dist^{k-1}[i]$ + length[i][u]를 최소화하는 i를 찾고 $dist^{k-1}[j]$와 비교하여 min을 선택한다.

$dist^{2}[2]$=min{$dist^{1}[2]$, min{$dist^{1}[I]$+length[I][2]}, $dist^{1}[3]$+length[3][2]}로 계산되며 min{5, 5+-2}이므로 = 3이 된다. void Graph::BellmanFord2(const int v)[1]은 single source - all destinations[1]에 대한 최단 경로를 그림 6.14처럼 구한다.

$$dist^k[u] = \min\{dist^{k-1}[u], \min_i\{dist^{k-1}[i] + length[i][u]\}\}$$

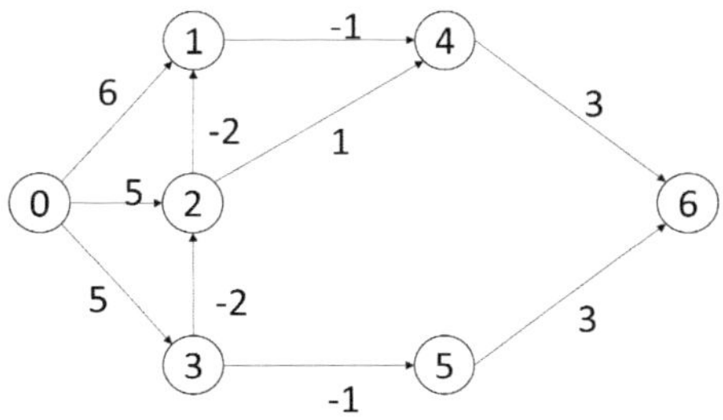

(a) A directed graph

k	$dist^k$ [7]						
	0	1	2	3	4	5	6
1	0	6	5	5	∞	∞	∞
2	0	3	3	5	5	4	∞
3	0	1	3	5	2	4	7
4	0	1	3	5	0	4	5
5	0	1	3	5	0	4	3
6	0	1	3	5	0	4	3

(b) $dist^k$

그림 6.14 BellmanFord 알고리즘 처리 결과.

6.5.3 All-pairs shortest paths

vertices u와 v의 모든 쌍에 대한 shortest paths를 구하는 알고리즘이 all-pairs shortest path이다. G의 n vertices를 출발점으로 간주하여 single-source/all-destinations problems를 n번 반복 실행으로 구할 수 있다. 이 경우엔 time complexity는 $O(n^4)$이 되어 비효율적이다.

$A^k[i][j]$를 i → j로 가는 경로의 shortest path의 length라 하고 k보다 큰 vertex of index를 중간 경유하지 않는다. $A^{-1}[i][j]$ = length[i][j], i→j paths는 어떠한 중간 경우 노드가 없다. all-pairs shortest path 알고리즘은 A^{-1}, A^0, A^1, ..., A^{n-1}을 연속적으로 계산하여 나가는 방식이다. A^{k-1}을 먼저 구했으면 $A^k[i][j]$가 다음 2가지 경우에 대하여 계산된다.

1) i→j로 가는 경로의 shortest path가 k보다 큰 vertex를 경유하지 않는 경우의 length는 vertex k를 경유하지 않는 length와 같다. 따라서 $A^k[i][j] = A^{k-1}[i][j]$이다.
2) i→j로 가는 경로의 shortest path가 vertex k를 경유하는 경우로서 i→k로 가는 경로의 length + k→j로 가는 경로의 length이다. $A^k[i][j] = A^{k-1}[i][k] + A^{k-1}[k][j]$이다.

$$A^k[i][j] = \min\{A^{k-1}[i][j], A^{k-1}[i][k] + A^{k-1}[k][j], k \geq 0$$

$$A^{-1}[i][j] = length\ [i][j]$$

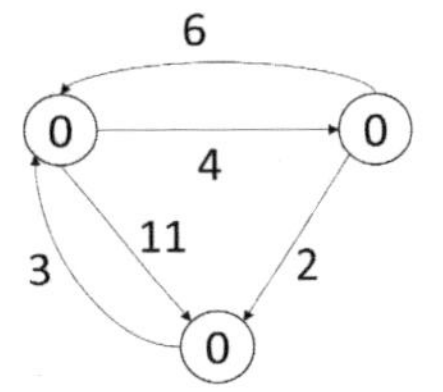

(a) 방향성 그래프

A^{-1}	0	1	2
0	0	4	11
1	6	0	2
2	3	∞	0

(b) A^{-1}

A^{0}	0	1	2
0	0	4	11
1	6	0	2
2	3	7	0

(c) A^{0}

A^{1}	0	1	2
0	0	4	6
1	6	0	2
2	3	7	0

(d) A^{1}

A^{2}	0	1	2
0	0	4	6
1	5	0	2
2	3	7	0

(e) A^{2}

그림 6.15 All-pairs 최단 경로.

그림 6.15처럼 $A^{-1}[2][1]$은 2 → 1로 경로에 다른 vertex를 경유하지 않는다. $A^{0}[2][1]$은 2 → 1로 가는 경로에 vertex 0을 경유하는 것을 말한다. $A^{0}[2][1] = \min\{A^{-1}[2][1], A^{-1}[2][0] + A^{-1}[0][1]\} = \min\{\infty, 3 + 4\} = 7$이 된다. void Graph::AllLengths( )에 의한 all-pairs shortest path를 구한다[1].

greedy 알고리즘은 매번 선택할 때마다 best를 선택(차선책을 선택하는 양보 없이 항상 best만 선택하므로 greedy하다고 보는 것이다)하는 방식이다. greedy-method 로 풀 수 있는 activity selection problem(또는 interval scheduling maximization problem)은 주어진 시간대에서 특정 시간에 하나의 activity만 처리할 수 있는 공간에서 최대 많은 activity를 처리할 수 있는 해를 구하는 것이다. 각 activity는 시작 시간 s_i와 종료 시간 f_i가 있다. 두개의 activity a_i와 a_j가 시간적으로 겹치지 않으면 선택될 수 있다. fractional knapsack problem은 가치의 합이 최대가 되도록 배낭에 넣을 짐을 고르는 최적 해를 구한다. v_i를 가치, w_i를 무게이고 배낭의 최대 무게 제한이 있을 때 최적의 무게 대비 가치를 넣을 수 있는 최적 해를 구하는 문제이다. 무게가 초과될 경우에는 쪼개서 넣을 수 있다. 무게가 초과되어 쪼갤 수 있는 경우를 fractional knapsack problem이라 하고, 짐을 쪼갤 수 없는 경우를 0-1 knapsack problem이라 한다. 고수준의 알고리즘 코딩 시험 문제로 knapsack 알고리즘을 코딩하는 실습이 유익하다.

그림 6.16에 대하여 Edsger Dijkstra의 ShortestPath(greedy algorithm)을 사용하여 출발점을 0으로 하여 모든 다른 노드에 대한 최단 경로를 구한다. 그리고 다른 응용 예제로서 edge의 weight가 -2일 때 greedy 알고리즘이 동작하는지 그리고 void Graph::BellmanFord2(const int v)와 void Graph::AllLengths( )의 실행 결과를 확인한다.

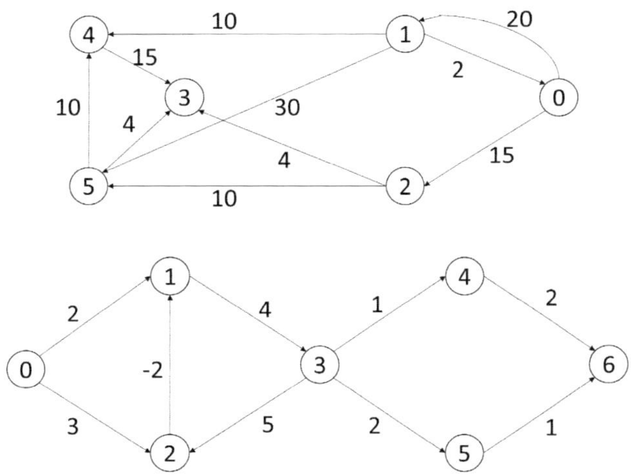

그림 6.16 최단 경로 알고리즘 적용 실습 예제.

6.6 Activity networks

6.6.1 AOV(Activity-On-Vertex) networks

AOV(activity-on-vertex) network는 vertices가 tasks 또는 activities를 나타낸다. edges는 tasks 간의 precedence relations를 나타낸다. AOV network G에서 vertex i는 i→j로 가는 경로가 존재하면 vertex j의 predecessor라 한다. <i, j>가 방향성 그래프 G의 한 edge이면 i는 j의 immediate predecessor라 한다. transitive이고 irreflexive 인 precedence relation은 partial order 라 한다.

edges로 정의된 precedence relation으로 주어진 방향성 그래프 G가 irreflexive인지를 찾는 문제는 network가 어떤 directed cycle을 포함하는지 찾는 문제와 같다. 이것을 AOV network가 feasible 한 지를 test하는 문제라 한다. feasible의 의미는 cycle이 없어 어떤 linear한 순서를 만들 수 있는 것을 말한다. network에서 vertex 간에 선수 관계를 정할 수 있다는 의미이다. 즉, linear ordering, v_0, v_1, ..., v_{n-1}를 만드는 문제와 같다. network에서 vertex i가 j의 predecessor이면 linear ordering에서 i precedes j 라고 한다. 이것을 topological ordering라 부른다.

topological order로 tasks를 sort하는 algorithm 문제는 network에서 predecessor가 없는 vertex를 삭제하는 것과 같다. vertex가 어떤 predecessors가 있는 지를 파악하기 위해서 각 vertex에 immediate predecessors의 개수를 기록한다. immediate predecessors 가 없는 (count = 0) vertex를 출력하고, 그리고 삭제된 vertex에 딸려 있는 모든 incident edges에 표시된 vertex를 따라가 출력한다. 해당 vertex가 출력되면 count 값을 감소(-1)한다.

network을 adjacency lists로 표현할 때 head list에 count를 추가한다. immediate predecessors가 없는 vertex v는 count = 0이며 연결된 list node의 모든 edges를 따라가 count 값을 감소한다. 즉, 그림 6.18처럼 adjacency list에서 삭제되는 노드에 딸려 있는 edge를 따라가면서 edge의 adjacent to인 vertex의 predecessor count를 감소하여 topological order를 출력한다[1]. void Graph::TopologicalOrder( )[1]가 AOV network의 topological order를 출력한다. count가 0인 vertices list는 stack으로 유지하며 stack은 head nodes의 count field를 사용하여 link된다. void Graph::TopologicalOrder( )가 주어진 graph에 대한 topological order를 출력한다.

```
void Graph::TopologicalOrder( )
input the AOV network, Let n be the number of vertices
 for (int i=0;i<n;i++) //output the vertices
 {
       if (every vertex has a predecessor) return;//network has a cycle and is infeasible
       pick a vertex v that has no predecessors;
       cout << v;
       delete v and all edges leading out of v from the network;
 }

class Graph {
private:
       List<int> *HeadNodes;
       int *count;
       int n;
public:
       Graph(const int vertices=0): n(vertices) {
              HeadNodes = new List<int>[n];
              count = new int[n];
       };

       void TopologicalOrder( );
};
```

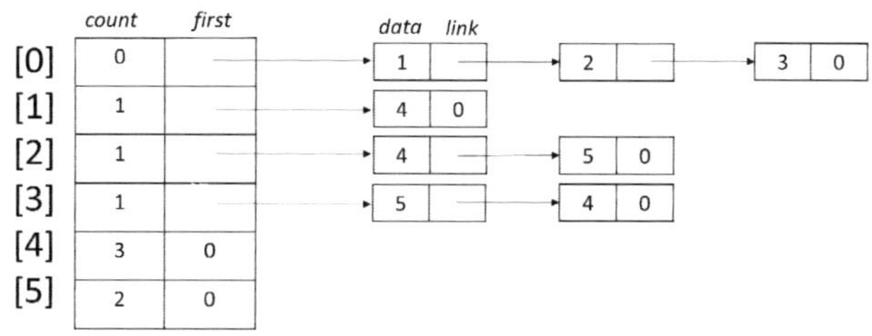

그림 6.17 Inverse Adjacency List.

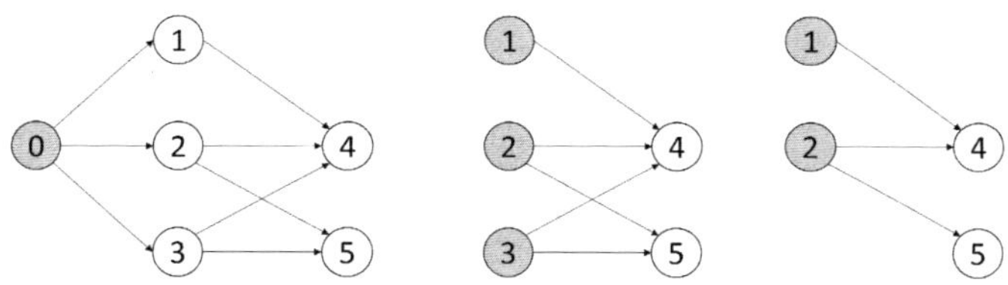

(a) 초기 (b) Vertex 0 삭제후 (c) Vertex 3 삭제후

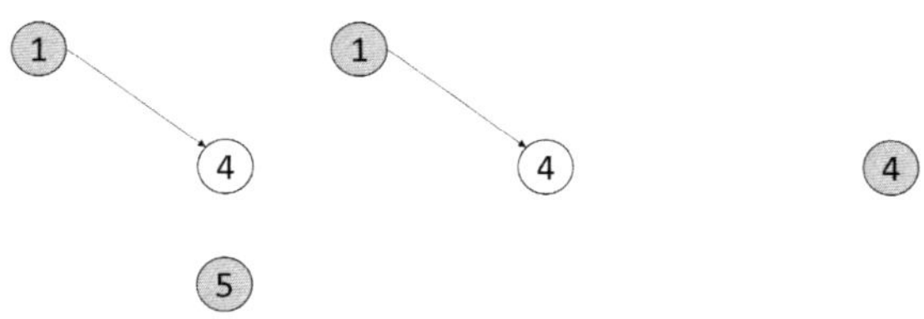

(d) Vertex 2 삭제후 (e) Vertex 5 삭제후 (f) Vertex 1 삭제후

Topological order 생성: 0, 3, 2, 5, 1, 4

그림 6.18 Topological Order.

```
//소스 코드 6.5: AOE network
#include <iostream>
#include <string>

using namespace std;

namespace topo {

	class Pair {
	public:
		int vertex, dur;
		Pair( ) { }
```

```
    Pair(int vertex, int dur) :vertex(vertex), dur(dur) { }
};

enum Boolean { FALSE, TRUE };

template <class Type> class List;
template <class Type> class ListIterator;

template <class Type>
class ListNode {
    friend class List<Type>;
    friend class ListIterator<Type>;
private:
    Type data;
    ListNode* link;
    ListNode(Type);
};

template <class Type>
ListNode<Type>::ListNode(Type Default)
{
    data = Default;
    link = 0;
}

template <class Type>
class List {
    friend class ListIterator<Type>;
public:
    List( ) { first = 0; };

    void Insert(Type);
    void Delete(Type);
private:
    ListNode<Type>* first;
};

template <class Type>
void List<Type>::Insert(Type k)
{
    ListNode<Type>* newnode = new ListNode<Type>(k);
    newnode->link = first;
    first = newnode;
```

```
}

/*
template <class Type>
void List<Type>::Delete(Type k)
{
	ListNode<Type> *previous = 0;
	for (ListNode<Type> *current = first; current && current->data != k;
	previous = current, current = current->link);
	if (current)
	{
		if (previous) previous->link = current->link;
		else first = first->link;
		delete current;
	}
}
*/

template <class Type>
class ListIterator {
public:
	ListIterator(const List<Type>& l) : list(l) { current = l.first; }
	Type* First( );
	Type* Next( );
	Boolean NotNull( );
	Boolean NextNotNull( );
private:
	const List<Type>& list;
	ListNode<Type>* current;
};

template <class Type>
Type* ListIterator<Type>::First( ) {
	if (current) return &current->data;
	else return 0;
}

template <class Type>
Type* ListIterator<Type>::Next( ) {
	current = current->link;
	return &current->data;
}

template <class Type>
```

```
Boolean ListIterator<Type>::NotNull( )
{
        if (current) return TRUE;
        else return FALSE;
}

template <class Type>
Boolean ListIterator<Type>::NextNotNull( )
{
        if (current->link) return TRUE;
        else return FALSE;
}

//template <class Type>
ostream& operator<<(ostream& os, List<char>& l) {
        ListIterator<char> li(l);
        if (!li.NotNull( )) return os;
        os << *li.First( ) << endl;
        while (li.NextNotNull( ))
                os << *li.Next( ) << endl;
        return os;
}

class Graph {
private:
        List<Pair>* HeadNodes; //adjacency Lists
        int* count; //incoming degree count
        int* ee; // earliest event occurence time
        int* le;//late event occurence time
        int n; //total event number, or node number
public:
        Graph(const int vertices = 0) : n(vertices) {
                HeadNodes = new List<Pair>[n];
                count = new int[n];
                ee = new int[n];
                le = new int[n];
                for (int i = 0; i < n; i++) {
                        count[i] = 0;
                        ee[i] = 0;
                        le[i] = 0;
                }
        };

        ~Graph( ) {
```

```
        delete[ ] count;
        delete[ ] ee;
        delete[ ] le;
        delete[ ] HeadNodes;
}
void Setup4( );
void EarlyActivity( );
void EarlyActivity_display( );
void LateActivity( );
void LateActivity_display( );

void display_early_late_criticalActivity( );

void TopologicalOrder( );

void addEdge(int start, int end, int duration) {
        if (start < 0 || end >= n) {
                cout << "the insert node is out of bound" << endl;
                return;
        }
        ListIterator<Pair> iter(HeadNodes[start]);//check duplication
        for (Pair* first = iter.First( ); iter.NotNull( ); first = iter.Next( )) {
                if (first->vertex == end) {
                        cout << "already exists" << endl;
                        return;
                }
        }
        Pair pair(end, duration);
        HeadNodes[start].Insert(pair);
        count[end]++;
}

void printAdjacencyLists( ) {
        cout << "adjacency list: " << endl;
        for (int i = 0; i < n; i++) {
                List<Pair> list = HeadNodes[i];
                cout << "in-degree count=" << count[i] << ", " << i << " ";
                ListIterator<Pair> iter(list);

                if (!iter.NotNull( )) {
                        cout << "->null" << endl;
                }
                else {
                        for (Pair* first = iter.First( ); iter.NotNull( ); first = iter.Next( )) {
```

```
                        cout << "->(vertex " << first->vertex << ",dur=" << first->dur << ")";
                    }
                    cout << endl;
                }
            }

        }

        Graph* inverseGraph( ) const {// the size is n
            Graph* newG = new Graph(n);;
            for (int i = 0; i < n; i++) {
                List<Pair> list = HeadNodes[i];
                ListIterator<Pair> iter(list);
                if (iter.NotNull( )) {
                    for (Pair* first = iter.First( ); iter.NotNull( ); first = iter.Next( )) {
                        newG->addEdge(first->vertex, i, first->dur);
                    }
                }
            }
            return newG;
        }

private:
        void displayArr(int* arr, int size) const {
            if (!arr) return;
            for (int i = 0; i < size; i++) {
                if (arr[i] < 10) cout << arr[i] << "  ";
                else cout << arr[i] << " ";
            }
            //cout << endl;
        }

        void displayStack(int top, int* countArr) const {
            cout << "stack=[ ";
            for (int i = 0; i < n; i++) {
                cout << top << ", ";
                top = countArr[top];
                if (top == -1) break;
            }
            cout << " ]" << endl;
        }

        List<Pair>* getAdjacencyLists( ) {
            return this->HeadNodes;
```

```
	}

	int* getCountArr( ) {
		return this->count;
	}

};

void Graph::TopologicalOrder( )
	// The n vertices of a network are listed in topological order
{
	int top = -1;
	for (int i = 0; i < n; i++)    // create a linked stack of verices with
		if (count[i] == 0) { count[i] = top; top = i; } // no predecessors
	for (int i = 0; i < n; i++)
		if (top == -1) { cout << " network has a cycle" << endl; return; }
		else {
			int j = top; top = count[top]; // unstack a vertex
			cout << j << endl;
			ListIterator<Pair> li(HeadNodes[j]);
			if (!li.NotNull( )) continue;
			int k = (*li.First( )).vertex;
			while (1) {
				count[k]--;
				if (count[k] == 0) { count[k] = top; top = k; }
				if (li.NextNotNull( )) k = (*li.Next( )).vertex;
				else break;
			}
		}
}

void Graph::Setup4( ) {

	addEdge(0, 3, 5);
	addEdge(0, 2, 4);
	addEdge(0, 1, 6);

	addEdge(1, 4, 1);

	addEdge(2, 4, 1);

	addEdge(3, 5, 2);
	addEdge(4, 7, 7);
	addEdge(4, 6, 9);
```

```
        addEdge(5, 7, 4);
        addEdge(6, 8, 2);
        addEdge(7, 8, 4);
}

void Graph::display_early_late_criticalActivity( ) {
        EarlyActivity( );
        LateActivity( );

        cout << endl << endl;
        for (int i = 0; i < n; i++) {
                List<Pair> list = HeadNodes[i];

                ListIterator<Pair> iter(list);

                /*if (count[i] == 0) {
                        cout << "edge(" << i << "->" << i << "), early time=0, late time=0" << endl;
                }*/
                if (iter.NotNull( )) {
                        for (Pair* first = iter.First( ); iter.NotNull( ); first = iter.Next( )) {
                                int earlyTime = ee[i];
                                int lateTime = le[first->vertex] - first->dur;
                                int slack = lateTime - earlyTime;

                                string critical;
                                if (slack == 0) critical = "Yes";
                                else critical = "No";

                                cout << "edge(" << i << "->"
                                        << first->vertex << "), early time="
                                        << earlyTime << ", late time="
                                        << lateTime
                                        << ", slack=" << slack
                                        << ", critical=" << critical << endl;
                        }
                }
        }
}

void Graph::LateActivity_display( ) {
        for (int i = 0; i < n; i++) {
                ee[i] = 0;
        }
```

```
EarlyActivity( );

Graph* inversedG = this->inverseGraph( );
List<Pair>* inversedHeadNodes = inversedG->getAdjacencyLists( );
int* inversedCount = inversedG->getCountArr( );

cout << endl;
inversedG->printAdjacencyLists( );//print

//get and set max value in ee
int max = -1;
for (int i = 0; i < n; i++) {
	if (ee[n - 1] > max) max = ee[n - 1];
}
for (int i = 0; i < n; i++) {
	le[i] = max;
}

int top = -1;//store the first vertice with no predecessors
for (int i = 0; i < n; i++) {	// create a linked stack of verices with no predecessors
	if (inversedCount[i] == 0) {
		inversedCount[i] = top;
		top = i;
	}
}

cout << endl << "Display le (late event occurence time) " << endl;
cout << "initial    ";
displayArr(le, n);
displayStack(top, inversedCount);

for (int i = 0; i < n; i++)
	if (top == -1) {
		cout << " network has a cycle" << endl;
		return;
	}
	else {
		int j = top;
		top = inversedCount[top]; // unstack a vertex

		cout << "output " << j << "; ";
		ListIterator<Pair> li(inversedHeadNodes[j]);
		if (!li.NotNull( )) continue;
		Pair p = *li.First( );
		while (1) {
```

```
                                int k = p.vertex;
                                if (le[k] > le[j] - p.dur)
                                        le[k] = le[j] - p.dur;
                                inversedCount[k]--;
                                if (inversedCount[k] == 0) {//update the vertice with no
predecessors
                                        inversedCount[k] = top;
                                        top = k;
                                }
                                if (li.NextNotNull( ))
                                        p = *li.Next( );
                                else
                                        break;
                        }

                        displayArr(le, n);
                        displayStack(top, inversedCount);

                }

        displayArr(le, n);
        delete inversedG;
}

// The n vertices of a network are listed in topological order
void Graph::LateActivity( ) {
        for (int i = 0; i < n; i++) {
                ee[i] = 0;
        }

        EarlyActivity( );

        Graph* inversedG = this->inverseGraph( );
        List<Pair>* inversedHeadNodes = inversedG->getAdjacencyLists( );
        int* inversedCount = inversedG->getCountArr( );
        //get and set max value in ee
        int max = -1;
        for (int i = 0; i < n; i++) {
                if (ee[n - 1] > max) max = ee[n - 1];
        }
        for (int i = 0; i < n; i++) {
                le[i] = max;
        }
        int top = -1;//store the first vertice with no predecessors
        for (int i = 0; i < n; i++) {   // create a linked stack of verices with no predecessors
```

```
                if (inversedCount[i] == 0) {
                        inversedCount[i] = top;
                        top = i;
                }
        }
        for (int i = 0; i < n; i++)
                if (top == -1) {
                        cout << " network has a cycle" << endl;
                        return;
                }
                else {
                        int j = top;
                        top = inversedCount[top]; // unstack a vertex
                        ListIterator<Pair> li(inversedHeadNodes[j]);
                        if (!li.NotNull( )) continue;
                        Pair p = *li.First( );
                        while (1) {
                                int k = p.vertex;
                                if (le[k] > le[j] - p.dur)
                                        le[k] = le[j] - p.dur;
                                inversedCount[k]--;
                                if (inversedCount[k] == 0) {//update the vertice with no
predecessors
                                        inversedCount[k] = top;
                                        top = k;
                                }
                                if (li.NextNotNull( ))
                                        p = *li.Next( );
                                else
                                        break;
                        }
                }
        delete inversedG;
}

// The n vertices of a network are listed in topological order
void Graph::EarlyActivity( ) {
        int* countArr = new int[n];
        for (int i = 0; i < n; i++) {
                countArr[i] = count[i];
        }

        int top = -1;//store the first vertice with no predecessors
        for (int i = 0; i < n; i++) {   // create a linked stack of verices with no predecessors
                if (countArr[i] == 0) {
```

```
                countArr[i] = top;
                top = i;
            }
        }
        for (int i = 0; i < n; i++)//initialize ee
            ee[i] = 0;

        for (int i = 0; i < n; i++)
            if (top == -1) {
                cout << " network has a cycle" << endl;
                return;
            }
            else {
                int j = top;
                top = countArr[top]; // unstack a vertex

                //cout << j << endl;
                ListIterator<Pair> li(HeadNodes[j]);
                if (!li.NotNull( )) continue;
                Pair p = *li.First( );
                while (1) {
                    int k = p.vertex;
                    if (ee[k] < ee[j] + p.dur)
                        ee[k] = ee[j] + p.dur;
                    countArr[k]--;
                    if (countArr[k] == 0) {//update the vertice with no predecessors
                        countArr[k] = top;
                        top = k;
                    }
                    if (li.NextNotNull( ))
                        p = *li.Next( );
                    else
                        break;
                }
            }
        for (int l = 0; l < n; l++) {
            //cout << ee[l] << " ";
        }

        delete[ ] countArr;
}


// The n vertices of a network are listed in topological order
void Graph::EarlyActivity_display( ) {
```

```
int* countArr = new int[n];
for (int i = 0; i < n; i++) {
	countArr[i] = count[i];
}

int top = -1;//store the first vertice with no predecessors
for (int i = 0; i < n; i++) {   // create a linked stack of verices with no predecessors
	if (countArr[i] == 0) {
		countArr[i] = top;
		top = i;
	}
}
cout << "Display ee (early event occurence time) " << endl;
cout << "initial    ";
for (int i = 0; i < n; i++) ee[i] = 0; //initialize ee

displayArr(ee, n);
displayStack(top, countArr);

for (int i = 0; i < n; i++) {
	if (top == -1) { cout << " network has a cycle" << endl; return; }
	else {
		int j = top;
		top = countArr[top]; // unstack a vertex

		cout << "output " << j << "; ";
		ListIterator<Pair> li(HeadNodes[j]);
		if (!li.NotNull( )) continue;
		Pair p = *li.First( );
		while (1) {
			int k = p.vertex;
			if (ee[k] < ee[j] + p.dur)
				ee[k] = ee[j] + p.dur;
			countArr[k]--;
			if (countArr[k] == 0) {//update the vertice with no predecessors
				countArr[k] = top;
				top = k;
			}
			if (li.NextNotNull( ))
				p = *li.Next( );
			else
				break;
		}

		displayArr(ee, n);
```

```
                    displayStack(top, countArr);
                }
            }
            displayArr(ee, n);
            delete[ ]countArr;
        }
}

int main(void)
{
        topo::Graph* g = nullptr;
        int select = 0, n, start = -1, end = -1, weight = -1;
        topo::Graph* inversedG = nullptr;;
        cout << "1: custom setup, 2: default setup ";
        cin >> select;
        if (select == 1) {
                cout << "Input the total node number: ";
                cin >> n;
                g = new topo::Graph(n);
        }
        else if (select == 2) {
                g = new topo::Graph(9);
                g->Setup4( );

        }

        while (select != '0')
        {
                cout << "₩nSelect command 1: Add edge, 2: AdjacencyLists, 3: Inversed
AdjacencyList" <<
                        "4: Early Activity, 5: Late Activity, 6:Critical activity 7. TopologicalOrder,
8. Quit => ";
                cin >> select;
                switch (select) {
                case 1:
                        cout << "Add an edge: " << endl;
                        cout << "--------Input start node: ";
                        cin >> start;
                        cout << "--------Input destination node: ";
                        cin >> end;
                        cout << "--------Input weight: ";
                        cin >> weight;

                        g->addEdge(start, end, weight);
                        break;
```

```
            case 2:
                    //display
                    g->printAdjacencyLists( );
                    break;
            case 3:
                    inversedG = g->inverseGraph( );
                    inversedG->printAdjacencyLists( );
                    delete inversedG;
                    break;
            case 4:
                    g->EarlyActivity_display( );
                    break;
            case 5:
                    g->LateActivity_display( );
                    break;
            case 6:
                    g->display_early_late_criticalActivity( );
            case 7:
                    g->TopologicalOrder( );
                    break;
            case 8:
                    exit(0);
            default:
                    cout << "WRONG INPUT  " << endl;
                    cout << "Re-Enter" << endl;
                    break;
            }
    }
    delete g;
    return 0;
}
```

6.6.2 Activity-On-Edge(AOE) Networks

AOE에서 vertices는 events를 나타낸다. events는 어떤 activities(edges가 어떤 공정을 표현)가 완료된 signal이다. edge는 공정 시간과 같은 task를 나타낸다. critical path는 start vertex 로부터 finish vertex까지의 longest length 을 갖는 path이다. 전체 공정 기간이 늘어날 수 있는 대단히 중요한 (공정) 경로를 critical path라 한다. 한 network는 한개 이상의 critical path를 가질 수 있다.

event i가 일어날 수 있는 earliest time은 start vertex 0로부터 vertex i로 가는 longest path의 length이다. event가 일어날 수 있는 earliest time은 edge의 activity의 earliest start time을 결정한다. 그래프 G의 vertex가 event이며 edge가 activity를 나타내는 AOE이다.

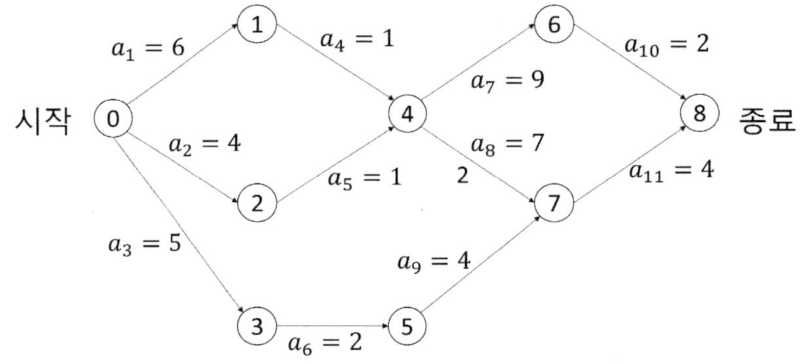

그림 6.19 AOE 네트워크.

그림 6.19에서 vertex 4에 대한 ee[4] = 7이다[1]. ee[i]는 vertex i로 부터 시작되는 모든 edges의 earliest start time를 결정한다. 따라서 a_7, a_8은 7에서 시작할 수 있다. e(i)를 activity a_i의 <u>earliest start time</u>이라 한다. edge a_7, a_8에 대하여 : e(7) = e(8) = 7이다. latest start time, l(i)은 duration 의 증가 없이 activity가 가장 늦게 시작할 수 있는 시간이다. e(6) = 5, l(6) = 8, e(8) = 7, l(8) = 7이 된다. critical activities는 e(i) = l(i)가 되는 edge a_i를 말한다.

early/late activity time의 계산[1]을 위해서는 event j의 <u>earliest event time</u> ee[j]와 <u>latest event time</u> le[j]를 먼저 계산한다. activity a_i가 edge <k,l>일 때 e(i), l(i)은 다음과 같이 계산된다[1].

$$e(i) = ee[\mathrm{k}]$$

$$l(i)=le[l]\text{-duration of activity } a_i$$

activity a_k의 <u>earliest start time인</u> e(k), latest start time인 l(k)을 계산[1]하기 위해서 2 stages 로 ee[j]와 le[j]를 계산한다. forward stage는 ee[0] = 0부터 시작한다. i ∈ P(j)이고 P(j)는 vertex j에 adjacent to인 모든 vertices의 집합이다. 방향성 edge <i,j>에 대한 i ∈ P(j) 표현에서 P(j)는 vertex i로 부터 분기되어 vertex j로 들어오는 vertex i들의 집합이다.

그림 6.21처럼 ee[4] = max{ee[1]+dur<1,4>} = 6+1=7로 계산이 된다. topological order로 계산한다[1].

$$ee[j] = \max_{i\in P(j)} \{ee[i] + duration\ of < i,j >\}$$

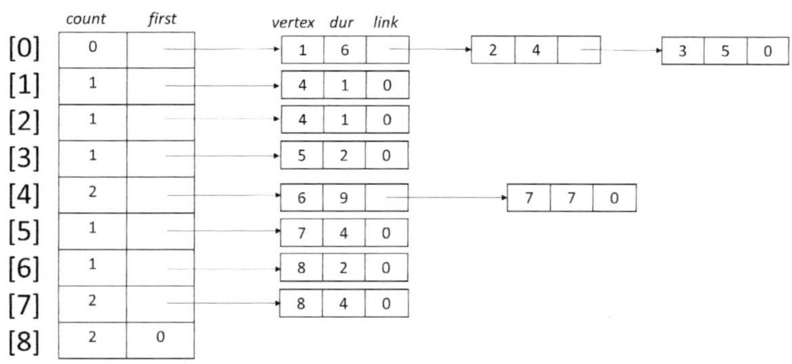

그림 6.20 count를 포함한 adjacency list.

ee	[0]	[1]	[2]	[3]	[4]	[5]	[6]	[7]	[8]	Stack
Initial	0	0	0	0	0	0	0	0	0	[0]
output 0	0	6	4	5	0	0	0	0	0	[3, 2, 1]
output 3	0	6	4	5	0	7	0	0	0	[5, 2, 1]
output 5	0	6	4	5	0	7	0	11	0	[2, 1]
output 2	0	6	4	5	5	7	0	11	0	[1]
output 1	0	6	4	5	7	7	0	11	0	[4]
output 4	0	6	4	5	7	7	16	14	0	[7, 6]
output 7	0	6	4	5	7	7	16	14	18	[6]
output 6	0	6	4	5	7	7	16	14	18	[8]
output 8										

그림 6.21 ee의 계산 예.

le[j]는 backward stage로 처리한다. 그림 6.22처럼 le[n-1] = ee[n-1]이므로 le[8] = 18이다. 방향성 edge <j,i>에 대한 i ∈ S(j) 표현에서 S(j)는 vertex j로 부터 분기되어 vertex i로 나갈 때 vertex i들의 집합이다. le[4] = min {le[6]-9, le[7]-7} = 7이 된다. le[ ]는 inverse adjacency lists 을 사용하여 latest event time 을 계산한다[1].

$$le\ [j] = \min_{i\in S(j)} \{le\ [i]\ \text{- duration of} <j,i> \}$$

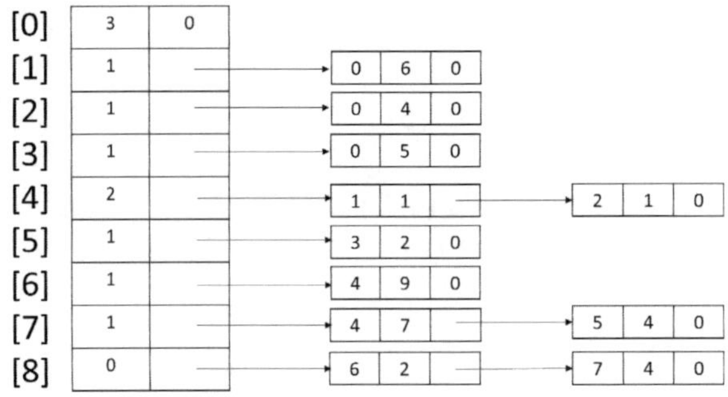

그림 6.22 Inverse adjacency list.

ee	[0]	[1]	[2]	[3]	[4]	[5]	[6]	[7]	[8]	Stack
Initial	18	18	18	18	18	18	18	18	18	[8]
output 8	18	18	18	18	18	18	16	14	18	[7, 6]
output 7	18	18	18	18	7	10	16	14	18	[5, 6]
output 5	18	18	18	8	7	10	16	14	18	[3, 6]
output 3	3	18	18	8	7	10	16	14	18	[6]
output 6	3	18	18	8	7	10	16	14	18	[4]
output 4	3	6	6	8	7	10	16	14	18	[2, 1]
output 2	2	6	6	8	7	10	16	14	18	[1]
output 1	0	6	6	8	7	10	16	14	18	[0]

그림 6.22 le의 계산.

다음 AOE network에 대하여 그림 6.23에 대하여 topological order와 critical path를 구한다. critical path를 구하기 위해 ee, le, e, l 값을 계산하기 위하여 소스 코드를 사용하여 테스트한다.

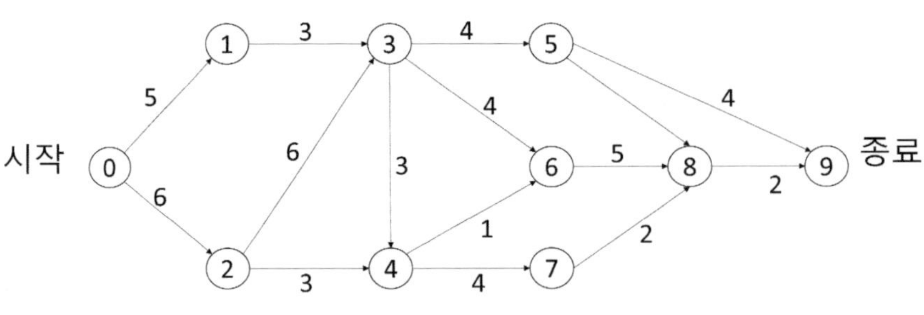

그림 6.23 AOE network 알고리즘을 적용할 예제 그래프.

| 참고문헌 |

1. Ellis Horowitz, Sartaj Sahni, Dinesh Mehta, "Fundamentals of Data Structures in C++", 2/E, 2007, Silicon Press
2. Sartaj Sahni, "Data Structures, Algorithms and Applications in C++", 1998, McGraw-Hill.
3. Michael T. Goodrich, Roberto Tamassia, David Mount, "Data Structures & Algorithms in C++", 2nd Ed., 2011, John Wiley & Sons.
4. George J. Pothering & Thomas L. Naps, "Introduction to Data Structures and Algorithm Analysis with C++", 1995, West Publishing Company.
5. Adam Drozdek, "Data Structures and Algorithms in C++", 3rd Edition, 2005, Course Technology.
6. 홍봉희, "SW 코딩 역량을 위한 C++ 프로그래밍", 2017, 정익사.
7. Siddhartha Rao, "Sams Teach Yourself C++", 8th Ed., 2017, SAMS.
8. Stephen Prata, "C++ Primer Plus", 6th Ed, 2012, Addison Wesley.
9. Stephen Prata, "C Primer Plus", 6th Ed, 2014, Addison Wesley.
10. Thomas H. Cormen, Charles E. Leiserson, Ronald L. Rivest, Clifford Stein, "Introduction to Algorithms", 3rd Ed, 2009, The MIT Press
11. Gayle Laakmann Mcdowell, "Cracking the Coding Interview", 6th Ed, 2015, CareerCup.
12. Aditya Y. Bhargava, "grokking algorithms: An illustrated guide for programmers and other curious people", 2016, Manning Publications.
13. https://docs.oracle.com/javase/8/docs/api/java/util/Collection.html
14. https://docs.oracle.com/javase/8/docs/api/java/util/ArrayList.html
15. https://en.cppreference.com/w/cpp/container/vector
16. https://stackoverflow.com/questions/23119046/c-template-allocator-for-template-container
17. https://en.cppreference.com/w/cpp/algorithm/copy
18. https://cplusplus.com/reference/stl/